**코치되어
코칭하기**

코치되어 코칭하기

초판 1쇄 인쇄 | 2023년 12월 15일
초판 1쇄 발행 | 2023년 12월 20일

지은이 | 강승천 · 유용린
발행인 | 박금희
펴낸곳 | 지공재기

편집 · 디자인 | 부카
교 정 교 열 | 서이화
출 판 등 록 | 제25100-2022-000025호
본   사 | 경기도 용인시 처인구 포곡읍 포곡로 123번길 7
            전화_031-334-2919 053-423-1912 / 1577-1912   팩스_ 053-639-1912   이메일_golddiesel@naver.com
bookaa@hanmail.net
ⓒ ISBN 979-11-985699-0-5979-11-92432-70-0

• 이책에 수록된 내용은 저작권법의 보호를 받는 저작물이므로 무단전재와 복제를 금합니다.
• 잘못 만들어진 책은 구입처에서 바꿔 드립니다.

COACH & COACHING
코치되어 코칭하기

강승천 · 유용린 공저

지식을 공유하고 재능을 기부하는
사람들의 모임

프롤로그

오늘 여러분들이 손에 들고 있는 이 책은 코칭에 대한 입문서로서, 코칭의 가치와 가능성을 알리며, 코칭을 시작하고자 하는 분들에게는 코칭의 기술과 방법론을 제공하고 코치 자격을 취득할 수 있는 정보를 제공한다.

우리는 모두 자신의 잠재력을 최대한 발휘하고 성공적인 삶을 살고자 한다. 그것을 위해서는 자신의 능력을 인식하고 발전시키는 과정이 필요하다. 코칭은 이러한 과정에 중요한 역할을 한다. 코칭은 자신의 잠재력을 발휘하고, 목표를 이루기 위한 방향성을 제시해주며, 동기부여와 성취감을 높여준다.

이 책은 코칭에 대한 개념과 원리, 그리고 실제 적용되는 기술과 방법론 등을 다루고 있다. 또한, 자격취득에 대한 정보도 제공하고 있어, 코치로서 자신의 능력을 인증하고 더욱 전문성 있는 코칭을 제공할 수 있게 도와줄 것이다.

이 책은 코치가 되어 더 나은 세상을 만들기 위해 노력하는 모든 분에게 코칭의 가치와 가능성을 알리고 새로운 도전과 성취를 위한 지침서가 될 것이다.

코치되어
코칭하기
COACH & COACHING

차례

프롤로그   4

PART 1 코치되기

1장 코칭의 기본
1. 코칭의 유래   12
2. 코칭의 정의   14
3. 코칭의 철학   15
4. 일반 대화와 코칭 대화의 차이   17
5. 코칭에 관한 윤리   18

2장 코칭 역량 모델
1. (사)한국코치협회(KCA) 역량 모델   48
2. (사)한국코치협회(KCA) 코칭 역량과 해설   49
3. 국제코칭연맹(ICF) 핵심역량 모델   87

3장 코치 자격취득
1. (사)한국코치협회(KCA) 코치 자격취득   104
2. 국제코칭연맹(ICF) 코치 자격취득   119
3. 역량 진단   131
4. 코치가 되기 위한 조건과 자질   225
5. 코치가 가져야 할 태도, 역량, 자신감, 윤리   227
6. 코치로서 계속 성장   229

4장 코칭 스킬

1. 질문　238
2. 경청　249
3. 피드백　258

5장 미래 트렌드와 VUCA시대에 대응하는 코치의 역량과 역할

1. 코칭의 미래 트렌드와 코칭의 미래　264
2. VUCA 시대에 요구되는 코치의 역량　273
3. VUCA 시대에 요구되는 코치의 역할　275
4. VUCA 시대에 요구되는 코치의 태도　277
5. VUCA 시대에 요구되는 코치의 지식　278
6. VUCA 시대에 요구되는 코치의 스킬　281
7. VUCA 시대에 요구되는 코치의 윤리　283
8. ChatGPT가 보는 코칭　284

PART 2 코칭하기

6장 코칭 대화 프로세스

1. GROW 대화 모델   296
2. GROW 대화 모델의 적용 사례   298
3. GROW 대화 모델의 질문 예시   300
4. GROW 대화 모델을 적용한 코칭 대화 사례   302
5. 실제 코칭 진행 프로세스   308
6. 코칭 대화 연습을 위한 상황 설정 사례   310

7장 코칭 분야와 코칭 비즈니스

1. 코칭 분야   316
2. 코칭 관련 비즈니스   328
3. 비즈니스 코칭   332
4. 라이프 코칭   338
5. 커리어 코칭 (진로 코칭)   346

8장 코칭 사례   352

에필로그   372

PART 1
코치되기
COACH & COACHING

Chapter 01

코칭의 기본

1 코칭의 유래
2 코칭의 정의
3 코칭의 철학
4 일반 대화와 코칭 대화의 차이
5 코칭에 관한 윤리

1. 코칭의 유래

코칭은 개인 또는 조직의 성장과 발전을 돕는 전문적인 지원 및 동기 부여를 제공하는 과정 또는 방법을 가리킨다. '코칭'이라는 용어는 스포츠, 경영, 교육, 인간관계, 개인 발전, 직업 전환, 건강, 재무 등 다양한 영역에서 사용된다.

코칭이라는 용어는 스포츠에서 사용하는 용어인 '코치'에서 유래한다. 스포츠 코칭은 선수들이 개인적인 역량을 키우고 경기에서 뛰는 데 필요한 기술과 전략을 개발하는 데 도움을 주는 것이었다. 1971년, 하버드 대학의 테니스부 주장 출신의 티모시 갤웨이(Timothy Gallwey)는 사람들에게 테니스를 가르치면서 기술적인 방법을 가르치기보다는 그들 안에 잠재되어 있는 잠재 능력에 의식을 집중시키는 방법을 사용하면 사람들이 테니스를 쉽고 재미있게 배운다는 것을 발견했다. 그는 이러한 교육 방식을 이너게임(Inner Game)이라고 명명하고, 테니스 뿐만 아니라 스키, 골프 등 여러 분야의 스포츠를 가르치는데 활용했다.

이후 비즈니스 분야로 확장되면서, 조직 내에서 직원들의 역량 개발, 리더십 강화, 목표 달성 지원 등에 적용되었고, 개인의 문제 해결이나 동기 부여 등의 분야로 확대되었다. 그 이전에는 "멘토"나 "조언자"가 조직 내에서 일방적으로 도움을 주는 방식이 일반적이었다. 그러나 1980년대에 "코칭"이라는 개념이 등장하면서, 상호적인 방식으로 개인 또는 조직의 성장과 발전을 돕는 접근 방법이 강조되었다. 존 휘트모어(John Whitmore)는 1980년대 초반, 이너게임의 원리를 비즈니스에 접목시켜 유럽에 소개하고 티모시 갤웨이와 함께 이너게임사를 설립했다. 한편, 재무설계사였던 토머스 레너드(Thomas Leonard)는 1992년에 코칭 전문 훈련기관인 '코치대학(Coach U)'을 설립했다. 공인회계사였던 로라 휘트워스(Laura Whitworth)도 같은 해에 '코치훈련원(CTI)'을 설립했다. 1995년에는 토머스 레너드를 중심으로 '국제코칭연맹(ICF, International Coaching Federation)'이 설립되었다. 2003년에는 토머스 레너드를 중심으로 '국제코칭협회(IAC, International Association of Coaching)'가 설립되었다.

이후 코칭은 조직 내에서 리더와 직원 간의 상호작용, 목표 설정, 심사 평가, 개발 계획 수립 등을 통해 조직의 성과 향상을 위해 활용되고, 개인의 문제 해결과 성장, 발전을 위해 사용되고 있다. 현재는 (사)한국코칭협회나 국제코칭연맹 등의 코칭 인증 기관을 중심으로 코칭의 표준화와 전문화가 진행되고 있다.

> **? 생각해봅시다**
> 1. 코칭, 멘토링, 조언을 받거나 다른 사람에게 해준 경험이 있나요?
> 2. 그때의 느낌은 어땠나요?
> 3. 그 효과는 얼마나 오래 지속되었나요?

2. 코칭의 정의

코칭은 코치와 코칭을 받는 사람(고객)이 파트너가 되어, 고객이 스스로 목표를 설정하고 효과적으로 달성하며, 성장할 수 있도록 지원하는 과정이다. 코칭은 고객의 문제를 새롭게 보고, 느끼고, 생각하고, 가능성을 열어주는 것이며, 고객이 바라는 목표를 향해 자발적인 행동을 하도록 이끄는 커뮤니케이션 수단이기도 하다.

코칭에 대해서는 여러 기관, 학자, 전문가들이 다양하게 정의하고 있다. (사)한국코치협회와 국제코칭연맹의 정의는 각각 다음과 같다.

1) (사)한국코치협회의 정의

개인과 조직의 잠재력을 극대화하여 최상의 가치를 실현할 수 있도록 돕는 수평적 파트너십

2) 국제코칭연맹의 정의

고객의 개인적, 전문적 가능성을 최대화시키기 위해 영감을 불어넣는 사고를 자극하고 창의적인 프로세스 안에서 고객과 파트너 관계를 맺는 것(ICF defines coaching as partnering with clients in a thought-provoking and creative process that inspires them to maximize their personal and professional potential)

> **? 생각해봅시다**
> 1. 수평적 파트너십이란 어떤 모습일까요?
> 2. 수평적 파트너십이 되기 위해 필요한 것은 무엇일까요?
> 3. 누군가의 도움으로 자신의 가능성을 극대화하거나 어떤 영감을 얻은 경험이 있나요? 그때의 느낌은 어떤가요? 무엇이 그런 경험을 만들었을까요?

3. 코칭의 철학

1) (사)한국코치협회의 코칭 철학

고객 스스로가 자신의 사생활 및 직업생활에 있어 그 누구보다도 잘 알고 있는 전문가로서 존중하며, 모든 사람은 창의적이고, 완전성을 추구하고자 하는 욕구가 있으며, 누구나 내면에 자신의 문제를 스스로 해결할 수 있는 자원을 가지고 있다.

2) 국제코칭연맹의 코칭 철학

국제코칭연맹은 과거 코칭 철학과 윤리강령에서 '모든 고객은 창의적이고, 많은 자원을 가지고 있고, 온전하다(Every client is creative, resourceful, and whole)'라고 정의했었다.

그러나, 2015년에 윤리강령을 개정하면서 여러 코칭 관련 기관들의 다양한 관점을 수용하고, 개별 코치의 자율성과 창의성을 존중하기 위하여 통일된 코칭 철학 표현을 삭제하였다. 따라서 개별 코치들은 자신만의 코칭 철학을 정의하고 활용할 수 있다.

3) 에노모토 히데타케(榎本英剛)의 정의

일본의 에노모토 히데타케 코치가 '마법의 코칭'이라는 책에서 정의했던 3가지 코칭 철학이 우리나라에서 많이 인용되어 사용되기도 한다.

- 제1 철학 : 모든 사람에게는 무한한 가능성이 있다.
- 제2 철학 : 그 사람에게 필요한 해답은 모두 그 사람 내부에 있다.
- 제3 철학 : 해답을 찾기 위해서는 파트너가 필요하다.

> ❓ 생각해봅시다
> 1. 당신 만의 코칭 철학은 무엇인가요?
> 2. 당신은 '고객이 창의적이고, 자원이 풍부하며, 온전하다'는 표현에 동의하나요? 동의하지 않는다면 무엇 때문인가요?
> 3. '고객이 창의적이고, 자원이 풍부하고, 온전하다'면 무엇이 가능해질까요?

4. 일반 대화와 코칭 대화의 차이

첫째, 코칭 대화는 코칭 철학의 바탕 위에서 진행된다. 코칭 대화는 고객의 성장과 성과의 향상을 위해 진행한다.

둘째, 코칭 대화는 구조화된 대화이다. 특별한 구조가 없이 진행되는 일반적인 대화와는 달리 코칭 대화는 목표를 정의하고, 대안을 찾으며, 결과를 정리하는 프로세스를 가지는 대화 방법으로, 성과를 얻고 의지를 다지며 마음가짐을 정리할 수 있다.

셋째, 핵심적인 대화 기술들을 사용한다. 경청, 질문, 피드백, 인정, 축하 등의 대화 기술을 조화롭게 활용하여 진행하는 대화 방법이다.

> **? 생각해봅시다**
> 1. 코칭 철학을 바탕으로 진행하는 대화는 어떤 장점이 있을까요?
> 2. 구조화된 대화는 어떤 효과가 있을까요?
> 3. '대화 기술을 조화롭게 사용하면 어떤 효과가 있을까요?

5. 코칭에 관한 윤리

1) (사)한국코치협회 윤리 규정

[윤리강령]

1. 코치는 개인적인 차원뿐 아니라 공공과 사회의 이익도 우선으로 한다.
2. 코치는 승승의 원칙에 의거하여 개인, 조직, 기관, 단체와 협력한다.
3. 코치는 지속적인 성장을 위해 학습한다.
4. 코치는 신의 성실성의 원칙에 의거하여 행동한다.

[윤리규칙]
제1장 기본윤리

제1조 (사명)
1. 코치는 한국코치협회의 윤리규정에 준거하여 행동한다.
2. 코치는 코칭이 고객의 존재, 삶, 성공, 그리고 행복과 연결되어 있음을 인지한다.
3. 코치는 고객의 잠재력을 극대화하고 최상의 가치를 실현하도록 돕기 위해 부단한 자기성찰과 끊임없이 공부하는 평생학습자(Life Learner)가 되어야 한다.

4. 코치는 자신의 전문분야와 삶에 있어서 고객의 Role모델이 되어야 한다.

제2조 (외국윤리의 준수)

코치는 국제적인 활동을 함에 있어 외국의 코치 윤리규정도 존중하여야 한다.

제 2 장 코칭에 관한 윤리

제3조 (코칭 안내 및 홍보)
1. 코치는 코칭에 대한 전반적인 이해나 지지를 해치는 행위는 일절 하지 않는다.
2. 코치는 코치와 코치단체의 명예와 신용을 해치는 행위를 하지 않는다.
3. 코치는 고객에게 코칭을 통해 얻을 수 있는 성과에 대해서 의도적으로 과장하거나 축소하는 등의 부당한 주장을 하지 않는다.
4. 코치는 자신의 경력, 실적, 역량, 개발 프로그램 등에 관하여 과대하게 선전하거나 광고하지 않는다.

제4조 (접근법)
1. 코치는 다양한 코칭 접근법(Approach)을 존중한다. 코치는 다른 사람들의 노력이나 공헌을 존중한다.

2. 코치는 고객이 자신 이외의 코치 또는 다른 접근 방법(심리치료, 컨설팅 등)이 더 유효하다고 판단되어질 때 고객과 상의하고 변경을 실시하도록 촉구한다.

제5조 (코칭 연구)

1. 코치는 전문적 능력에 근거하며 과학적 기준의 범위 내에서 연구를 실시하고 보고한다.
2. 코치는 연구를 실시할 때 관계자로부터 허가 또는 동의를 얻은 후 모든 불이익으로부터 참가자가 보호되는 형태로 연구를 실시한다.
3. 코치는 우리나라의 법률에 준거해 연구한다.

제 3 장 직무에 대한 윤리

제6조 (성실의무)

1. 코치는 고객에게 항상 친절하고 최선을 다하며 성실하여야 한다.
2. 코치는 자신의 능력, 기술, 경험을 정확하게 인식한다.
3. 코치는 업무에 지장을 주는 개인적인 문제를 인식하도록 노력한다. 필요할 경우 코칭의 일시 중단 또는 종료가 적절할지 등을 결정하고 고객과 협의한다.
4. 코치는 고객의 모든 결정을 존중한다.

제7조 (시작 전 확인)

1. 코치는 최초의 세션 이전에 코칭의 본질, 비밀을 지킬 의무의 범위, 지불 조건 및 그 외의 코칭 계약 조건을 이해하도록 설명한다.
2. 코치는 고객이 어느 시점에서도 코칭을 종료할 수 있는 권리가 있음을 알린다.

제8조 (직무)

1. 코치는 고객, 혹은 고객 후보자에게 오해를 부를 우려가 있는 정보전달이나 충고를 하지 않는다.
2. 코치는 고객과 부적절한 거래 관계를 가지지 않으며 개인적, 직업적, 금전적인 이익을 위해 의도적으로 이용하지 않는다.
3. 코치는 고객이 고객 스스로나 타인에게 위험을 미칠 의사를 분명히 했을 경우 한국코치협회 윤리위원회에 전달하고 필요한 절차를 취한다.

제 4 장 고객에 대한 윤리

제9조 (비밀의 의무)

1. 코치는 법이 요구하는 경우를 제외하고 고객의 정보에 대한 비밀을 지킨다.
2. 코치는 고객의 이름이나 그 외의 고객 특정 정보를 공개 또는 발표하기 전에 고객의 동의를 얻는다.

3. 코치는 보수를 지불하는 사람에게 고객 정보를 전하기 전에 고객의 동의를 얻는다.
4. 코치는 코칭 실시에 관한 모든 작업 기록을 정확하게 작성, 보존, 보관, 파기한다.

제10조 (이해의 대립)
1. 코치는 자신과 고객의 이해가 대립되지 않게 노력한다. 만일 이해의 대립이 생기거나 그 우려가 생겼을 경우, 코치는 그것을 고객에게 숨기지 않고 분명히 하며, 고객과 함께 좋은 대처 방법을 찾기 위해 검토한다.
2. 코치는 코칭 관계를 해치지 않는 범위 내에서 코칭 비용을 서비스, 물품 또는 다른 비금전적인 것으로 상호교환(Barter)할 수 있다.

[부칙]
제1조 이 윤리규정은 2011.01.01부터 시행한다.
제2조 이 윤리규정에 언급되지 않은 사항은 한국코치협회 윤리위원회의 내규에 준한다.

[윤리규정에 대한 맹세]
나는 전문코치로서 (사)한국코치협회 윤리규정을 이해하고 다음의 내용에 준수한다.

1. 코치는 개인적인 차원뿐 아니라 공공과 사회의 이익을 우선으로 한다.
2. 코치는 승승의 원칙에 의거하여 개인, 조직, 기관, 단체와 협력한다.
3. 코치는 지속적인 성장을 위해 학습한다.
4. 코치는 신의 성실성의 원칙에 의거하여 행동한다.

만일 내가 (사)한국코치협회의 윤리규정을 위반하였을 경우, (사)한국코치협회가 나에게 그 행동에 대한 책임을 물을 수 있다는 것에 동의하며, (사)한국코치협회 윤리위원회의 심의를 통해 법적인 조치 또는 (사)한국코치협회의 회원자격, 인증코치자격이 취소될 수 있음을 분명히 인지하고 있습니다.

? 생각해봅시다

1. 윤리규정이 중요한 이유는 무엇일까요?.
2. 코치가 평생학습자가 되고, 고객의 롤모델이 되어야 한다는 것은 어떤 의미가 있을까요?
3. 코치가 다른 사람들의 노력이나 공헌을 존중하기 위해 어떤 것들을 실천할 수 있는지 생각해봅시다.
4. 코칭의 일시 중단이나 종료 여부를 고객과 협의해야 하는 상황들로 어떤 것들이 있는지 생각해봅시다.
5. 코칭을 시작하기 전에 코칭계약서(또는 코칭동의서)를 작성하면 어떤 유익이 있을까요?
6. 고객의 오해를 부르는 활동이나 코치로서 부적절한 활동에는 어떤 것들이 있을까요?
7. 코치가 고객의 정보에 관한 내용을 공개할 수 있는 전제 조건은 무엇일까요?
8. (사)한국코치협회 홈페이지를 방문하여 윤리위원회 심의 사례를 찾아봅시다.

2) 국제코칭연맹 윤리 강령(ICF Code of Ethics)

The International Coaching Federation (ICF) Code of Ethics is composed
of five (5) main parts :
1. Introduction
2. Key Definitions
3. ICF Core Values and Ethical Principles
4. Ethical Standards
5. Pledge

ICF 윤리강령은 5가지 주요 부분으로 구성된다.

1. 도입
2. 핵심 정의
3. ICF 핵심 가치와 윤리 원칙
4. 윤리 기준
5. 서약

(1) Introduction 도입

The ICF Code of Ethics describes the core values of the International Coaching Federation (ICF Core Values), ethical principles and ethical standards of behavior for all ICF

Professionals (see definitions). Meeting these ICF ethical standards of behavior is the first of the ICF core coaching competencies (ICF Core Competencies)- "Demonstrates ethical practice: understands and consistently applies coaching ethics and standards."

The ICF Code of Ethics serves to uphold the integrity of ICF and the global coaching profession by :

ICF 윤리강령은 국제코칭연맹(ICF 핵심 가치)의 핵심 가치와 모든 ICF 전문가를 위한 윤리원칙 및 행동 윤리표준을 설명한다(정의 참조). 이러한 ICF 행동 윤리표준을 충족하는 것이 ICF 핵심코칭역량(ICF 핵심역량) 중 첫 번째 "윤리적 실천을 보여준다 : 코칭윤리와 및 코칭표준을 이해하고 지속적으로 적용한다."이다. ICF 윤리강령은 다음을 통해 ICF 및 글로벌 코칭 직업의 완전성을 유지한다.

• Setting standards of conduct consistent with ICF Core Values and ethical principles

ICF 핵심가치 및 윤리원칙에 부합하는 행동 기준을 설정한다.

• Guiding ethical reflection, education and decision-making

윤리적 성찰, 교육 및 의사 결정을 지도한다.

• Adjudicating and preserving ICF coach standards through the ICF Ethical Conduct Review (ECR) process

ICF 윤리 행동 검토(ECR, Ethical Conduct Review) 과정을 통해 ICF 코치 표준을 조정하고 보존한다.

• Providing the basis for ICF ethics training in ICF-accredited training programs

ICF 인증 프로그램에서 ICF 윤리 교육의 기초를 제공한다.

The ICF Code of Ethics applies when ICF Professionals represent themselves as such, in any kind of coaching-related interaction. This is regardless of whether a coaching relationship (see definitions) has been established. This Code articulates the ethical obligations of ICF Professionals who are acting in their different roles as coach, coach supervisor, mentor coach, trainer or student coach-in-training, or serving in an ICF Leadership role, as well as Support Personnel (see definitions).

ICF 윤리강령은 ICF 전문가가 모든 종류의 코칭 관련 상호 작용에서 자신을 대변할 때 적용된다. 이는 코칭 관계(정의 참조)가 설정되었는지의 여부와 관계가 없다. 이 강령은 코치, 코치 수퍼바이저, 멘토 코치, 트레이너 또는 교육훈련 중에 있는 코치 등의 여러 역할을 수행하거나 ICF 리더십 역할 및 지원 담당자(정의 참조)로 봉사하는 ICF 전문가의 윤리적 의무를 설명한다.

Although the Ethical Conduct Review (ECR) process is only applicable to ICF Professionals, as is the Pledge, the ICF Staff are also committed to ethical conduct and the Core Values and Ethical Principles that underpin this ICF code of ethics.

윤리 행동 검토(ECR) 과정은 서약과 마찬가지로 ICF 전문가에게만 적용되지만 ICF 직원 또한 이 ICF 윤리강령을 뒷받침하는 윤리행동과 핵심가치 및 윤리원칙에 헌신한다.

The challenge of working ethically means that members will inevitably encounter situations that require responses to unexpected issues, resolution of dilemmas and solutions to problems. This Code of Ethics is intended to assist those persons subject to the Code by directing them to the variety of ethical factors that may need to be taken into consideration and helping to identify alternative ways of approaching ethical behavior.

윤리적으로 일한다는 도전은 회원들이 예상치 못한 문제에 대한 대응, 딜레마의 해결 및 문제에 대한 해결책이 필요한 상황에 필연적으로 직면하게 됨을 의미한다. 이 윤리강령은 고려해야 할 다양한 윤리적 요소를 안내하고 윤리적 행동에 접근하는 대안을 식별하는 데 도움을 줌으로써 강령 적용 대상자를 지원하기 위한 것이다.

ICF Professionals who accept the Code of Ethics strive to be ethical, even when doing so involves making difficult decisions or acting courageously.

윤리강령을 받아들이는 ICF 전문가들은 어려운 결정을 내리거나 용감하게 행동하는 경우에도 윤리적 행동을 취하기 위해 노력한다.

(2) Key Definitions 핵심 정의

• Client - the individual or team/group being coached, the coach being mentored or supervised, or the coach or the student coach being trained.
고객 - 코칭을 받는 개인 또는 팀/그룹, 멘토링 또는 수퍼비전을 받는 코치, 교육훈련을 받는 코치 또는 훈련 중에 있는 코치

• Coaching - partnering with Clients in a thought-provoking and creative process that inspires them to maximize their personal and professional potential.
코칭 - 개인 및 직업적 잠재력을 극대화하도록 영감을 주는, 생각을 자극하고 창의적인 과정을 고객과 협력하는 것

• Coaching Relationship - a relationship that is established by the ICF Professional and the Client(s)/Sponsor(s) under an agreement or a contract that defines the responsibilities and expectations of each party.
코칭 관계 - 각 당사자의 책임과 기대를 정의하는 협의 또는 계약에 따라 ICF 전문가와 고객/후원자가 설정한 관계

• Code - ICF Code of Ethics
강령 - ICF 윤리강령

• Confidentiality - protection of any information obtained around the coaching engagement unless consent to release is given.

비밀유지 - 공개에 대한 동의가 주어지지 않는 한 코칭 참여와 관련하여 얻은 모든 정보의 보호

• Conflict of Interest - a situation in which an ICF Professional is involved in multiple interests where serving one interest could work against or be in conflict with another. This could be financial, personal or otherwise.

이해 상충 - ICF 전문가가 여러 이해 관계에 관여하는 상황으로, 하나의 이해를 제공하는 것이 다른 이해에 반하거나 충돌할 수 있다. 이것은 재정적, 개인적 또는 기타의 사유일 수 있다.

• Equality - a situation in which all people experience inclusion, access to resources and opportunity, regardless of their race, ethnicity, national origin, color, gender, sexual orientation, gender identity, age, religion, immigration status, mental or physical disability, and other areas of human difference.

평등 - 인종, 민족, 국적, 피부색, 성별, 성적 지향, 성 정체성, 연령, 종교, 이민 신분, 정신적 또는 신체적 장애 및 그 외 영역에서의 차이점에 관계없이 모든 사람들이 포용, 자원 및 기회에 대한 접근을 경험하는 상황

• ICF Professional - individuals who represent themselves as an ICF Member or ICF Credential-holder, in roles including but not limited to Coach, Coach Supervisor, Mentor Coach,

Coach Trainer and Student of Coaching

ICF 전문가 - 코치, 코치 수퍼바이저, 멘토 코치, 코치 트레이너 및 훈련 중에 있는 코치를 포함하되 이에만 한정되지는 않는 역할에서 ICF 회원 또는 ICF 인증자격 보유자로 자신을 대표하는 개인

• ICF Staff - the ICF support personnel who are contracted by the managing company that provides professional management and administrative services on behalf of ICF.

ICF 직원 - ICF를 대표하여 전문적인 관리 및 행정 서비스를 제공하는 관리 회사와 계약한 ICF 지원 직원

• Internal Coach - an individual who is employed within an organization and coaches either part-time or full-time the employees of that organization.

내부 코치 - 조직 내에서 고용되어 해당 조직의 직원을 파트 타임 또는 풀 타임으로 코치하는 개인

• Sponsor - the entity (including its representatives) paying for and/or arranging or defining the coaching services to be provided.

후원자 - 제공할 코칭 서비스에 대한 비용을 지불 또는 주선하거나 정의하는 주체(대표자 포함)

• Support Personnel - the people who work for ICF Professionals in support of their Clients.

지원 담당자 - 그들의 고객을 지원하기 위해 ICF 전문가와 일하는 사람들

• Systemic equality - gender equality, race equality and other forms of equality that are institutionalized in the ethics, core values, policies, structures, and cultures of communities, organizations, nations and society.

체계적 평등 - 공동체, 조직, 국가 및 사회의 윤리, 핵심 가치, 정책, 구조 및 문화에 제도화된 성 평등, 인종 평등 및 기타 형태의 평등

(3) ICF Core Values and Ethical Principles
ICF 핵심 가치와 윤리 원칙

The ICF Code of Ethics is based on the ICF Core Values and the actions that flow from them. All values are equally important and support one another. These values are aspirational and should be used as a way to understand and interpret the standards. All ICF Professionals are expected to showcase and propagate these Values in all their interactions.

ICF 윤리강령은 ICF 핵심가치(https://coachfederation.org/about)와 그로부터 나오는 행동을 기반으로 한다. 모든 가치는 똑같이 중요하며 서로를 지원한다. 이 가치들은 지향점을 가지고 있으며 표준을 이해하고 해석하는 방법으로 사용해야 한다. 모든 ICF 전문가는 모든 상호 작용에서 이러한 가치를 보여주고 전파해야 한다.

(4) Ethical Standards 윤리 기준

The following ethical standards are applied to the professional activities of ICF Professionals:
ICF 전문가의 직업 활동에는 다음과 같은 윤리 기준이 적용된다.

SECTION I - Responsibility to Clients
제 1 장 고객에 대한 책임

As an ICF Professional, I :
ICF 전문가로서 나는,

1. Explain and ensure that, prior to or at the initial meeting, my coaching Client(s) and Sponsor(s) understand the nature and potential value of coaching, the nature and limits of confidentiality, financial arrangements, and any other terms of the coaching agreement.

최초 미팅 전이나 그 미팅에서 나의 코칭 고객 및 후원자가 코칭의 성격과 잠재적 가치, 비밀 유지의 성격과 한계, 재정적 합의 및 기타 코칭 협의 조건을 이해하고 있음을 설명하고 확인한다.

2. Create an agreement / contract regarding the roles, responsibilities and rights of all parties involved with my

Client(s) and Sponsor(s) prior to the commencement of services.

서비스를 시작하기 전에 내 고객(들) 및 후원자(들)와 관련된 모든 당사자의 역할, 책임 및 권리에 관한 협의/계약을 작성한다.

3. Maintain the strictest levels of confidentiality with all parties as agreed upon. I am aware of and agree to comply with all applicable laws that pertain to personal data and communications.

합의된 대로 모든 당사자와 가장 엄격한 수준의 비밀을 유지한다. 나는 개인정보 및 통신과 관련된 모든 관련 법률을 알고 있으며 준수할 것에 동의한다.

4. Have a clear understanding about how information is exchanged among all parties involved during all coaching interactions.

모든 코칭 상호작용 중에 관련된 모든 당사자간에 정보가 교환되는 방식을 명확하게 이해한다.

5. Have a clear understanding with both Clients and Sponsors or interested parties about the conditions under which information will not be kept confidential (e.g., illegal activity, if required by law, pursuant to valid court order or subpoena; imminent of likely risk of danger to self or others; etc.).

Where I reasonably believe one of the above circumstances

is applicable, I may need to inform appropriate authorities.

정보가 비밀로 유지되지 않는 조건(예: 불법 활동-유효한 법원 명령 또는 소환장에 따라 법이 요구하는 경우, 자신 또는 타인에게 위험이 임박했거나 발생할 가능성이 있는 경우)에 대해 고객 및 후원자 또는 이해 관계자와 명확한 이해가 있어야 한다. 위의 상황 중 하나가 적용 가능하다고 합리적으로 믿는 경우 적절한 당국에 알려야 할 수 있다.

6. When working as an Internal Coach, manage conflicts of interest or potential conflicts of interest with my coaching Client(s) and Sponsor(s) through coaching agreement(s) and ongoing dialogue. This should include addressing organizational roles, responsibilities, relationships, records, confidentiality and other reporting requirements.

내부 코치로 일할 때, 코칭 협의 및 지속적인 대화를 통해 나의 코칭 고객 및 후원자와의 이해 상충 또는 잠재적 이해 상충을 관리한다. 여기에는 조직의 역할, 책임, 관계, 기록, 비밀유지 및 기타 보고 요구 사항을 다루는 것이 포함되어야 한다.

7. Maintain, store and dispose of any records, including electronic files and communications, created during my professional interactions in a manner that promotes confidentiality, security and privacy, and complies with any applicable laws and agreements. Furthermore, I see to make proper use of emerging and growing technological developments that are being used in coaching services (technology-assisted coaching services) and to be aware of

how various ethical standards apply to them.

비밀 유지, 보안 및 개인정보 보호를 장려하고 관련 법률 및 협의를 준수하는 방식으로 업무상 상호 작용 중에 생성된 모든 기록(전자 파일 및 통신 포함)을 유지, 저장 및 폐기한다. 또한 코칭 서비스(기술 지원형 코칭 서비스)에 사용되는 신흥 기술 개발을 적절하게 활용하고 다양한 윤리 표준이 적용되는 방식을 인지한다.

8. Remain alert to indications that there might be a shift in the value received from the coaching relationship. If so, make a change in the relationship or encourage the Client(s) / Sponsor(s) to seek another coach, seek another professional or use a different resource.

코칭 관계로부터 받은 가치에 변화가 있을 수 있다는 조짐에 주의를 기울인다. 그리고 실제 그럴 경우 관계에 변화를 주거나, 고객/후원자가 다른 코치 또는 다른 전문가를 찾거나, 다른 자원을 활용하도록 권장한다.

9. Respect all parties' right to terminate the coaching relationship at any point for any reason during the coaching process subject to the provisions of the agreement.

협의 조항에 따라 코칭 프로세스 중 어떤 이유로든 어떤 시점에서든 코칭 관계를 종료 할 수 있는 모든 당사자의 권리를 존중한다.

10. Am sensitive to the implications of having multiple contracts and relationships with the same Client(s) and Sponsor(s) at the same time in order to avoid conflict of

interest situations.

이해 상충 상황을 피하기 위해 동일한 고객(들) 및 후원자(들)와 동시에 여러 계약 및 관계를 맺는 것이 초래할 수 있는 결과를 민감하게 받아들인다.

11. Am aware of an actively manage any power or status difference between the Client and me that may be caused by cultural, relational, psychological or contextual issues.

문화적, 관계적, 심리적 또는 맥락적 문제로 인해 발생할 수 있는 고객과 나 사이의 권한 또는 지위의 차이를 인식하고 적극적으로 관리한다.

12. Disclose to my Clients the potential receipt of compensation and other benefits I may receive for referring my Clients to third parties.

내 고객을 제3자에게 추천함으로써 받을 수 있는 잠재적 보상 수령 및 기타 혜택을 고객에게 공개한다.

13. Assure consistent quality of coaching regardless of the amount or form of agreed compensation in any relationship.

어떤 관계에서든 합의된 보상의 양이나 형태에 관계없이 일관된 코칭 품질을 보장한다.

SECTION II - Responsibility to Practice and Performance
제 2 장 실습 및 수행에 대한 책임

As an ICF Professional, I :
ICF 전문가로서 나는,

14. Adhere to the ICF Code of Ethics in all my interactions. When I become aware of a possible breach of the Code by myself or I recognize unethical behavior in another ICF Professional, I respectfully raise the matter with those involved. If this does not resolve the matter, I refer to a formal authority (e.g., ICF Staff) for resolution.

모든 상호작용에서 ICF 윤리강령을 준수한다. 본인이 강령 위반 가능성을 스스로 인지하거나 다른 ICF 전문가의 비윤리적 행동을 인지할 경우 관련자들과 함께 문제를 정중하게 제기한다. 이 방법으로 문제가 해결되지 않으면 공식 기관(예: ICF Global)에 문의하여 해결한다.

15. Require adherence to the ICF Code of Ethics by all Support Personnel.

모든 지원 담당자는 ICF 윤리강령을 준수해야 한다.

16. Commit to excellence through continued personal, professional and ethical development.

지속적인 개인적, 전문적, 윤리적 개발을 통해 탁월함에 헌신한다.

17. Recognize my personal limitations or circumstances that may impair, conflict with or interfere with my coaching performance or my professional coaching relationships. I will reach out for support to determine the action to be taken and, if necessary, promptly seek relevant professional guidance.

This may include suspending or terminating my coaching relationship(s).

나의 코칭 성과 또는 전문 코칭관계를 손상시키거나, 충돌하거나, 방해할 수 있는 나의 개인적인 한계 또는 상황을 인식한다. 취해야 할 조치를 결정하기 위해 지원을 요청하고 필요한 경우 즉시 관련 전문 지침을 구한다. 여기에는 나의 코칭 관계의 중단 또는 종료가 포함될 수 있다.

18. Resolve any conflict of interest or potential conflict of interest by working through the issue with relevant parties, seeking professional assistance, or suspending temporarily or ending the professional relationship.

관련 당사자와 함께 문제를 해결하거나, 전문적인 도움을 구하거나, 일시적으로 중단하거나 전문적인 관계를 종료하여 이해 상충 또는 잠재적 이해 상충을 해결한다.

19. Maintain the privacy of ICF Members and use the ICF Member contact information (email addresses, telephone numbers, and so on) only as authorized by ICF or the ICF Member.

ICF 회원의 프라이버시를 유지하고 ICF 회원의 연락처 정보(이메일 주소, 전화번호 등)를 ICF 또는 ICF 회원이 승인한 대로만 사용한다.

SECTION III - Responsibility to Professionalism
제 3 장 전문성에 대한 책임

As an ICF Professional, I :
ICF 전문가로서 나는,

20. Identify accurately my coaching qualifications, my level of coaching competency, expertise, experience, training, certifications and ICF Credentials.

나의 코칭 자격, 코칭 역량 수준, 전문성, 경험, 교육, 인증 및 ICF 자격 인증을 정확하게 확인한다.

21. Make verbal and written statements that are true and accurate about what I offer as an ICF Professional, what is offered by ICF, the coaching profession and the potential value of coaching.

내가 ICF 전문가로서 제공하는 것, ICF가 제공하는 것, 코칭 직업 및 코칭의 잠재적 가치에 대해 진실하고 정확한 구두 및 서면 진술을 한다.

22. Communicate and create awareness with those who need to be informed of the ethical responsibilities established by

this Code.

이 강령에서 정한 윤리적 책임에 대해 알아야 하는 사람들과 소통하고 인식을 제고한다.

23. Hold responsibility for being aware of and setting clear, appropriate and culturally sensitive boundaries that govern interactions, physical or otherwise.

물리적 또는 기타 상호 작용을 지배하는 명확하고 적절하며 문화적으로 민감한 경계를 인식하고 설정하는 책임을 진다.

24. Do not participate in any sexual or romantic engagement with Client(s) or Sponsor(s). I will be ever mindful of the level of intimacy appropriate for the relationship. I take the appropriate action to address the issue or cancel the engagement.

고객 또는 후원자와 성적인 관계를 맺거나 연애를 하지 않는다. 나는 관계에 적합한 친밀함의 수준을 항상 염두에 둔다. 문제를 해결하거나 계약을 취소하기 위해 적절한 조치를 취한다.

SECTION IV - Responsibility to Society
제 4 장 사회에 대한 책임

As an ICF Professional, I :
ICF 전문가로서 나는,

25. Avoid discrimination by maintaining fairness and equality in all activities and operations, while respecting local rules and cultural practices. This includes, but is not limited to, discrimination on the basis of age, race, gender expression, ethnicity, sexual orientation, religion, national origin, disability or military status.

모든 활동과 운영에서 공정성과 평등을 유지하면서 지역의 규칙과 문화 관행을 존중함으로써 차별을 피한다. 여기에는 연령, 인종, 성별 표현, 민족성, 성적 취향, 종교, 출신 국가, 장애 또는 군 복무 상태에 따른 차별이 포함되며 이에 국한되지 않는다.

26. Recognize and honor the contributions and intellectual property of others, only claiming ownership of my own material. I understand that a breach of this standard may subject me to legal remedy by a third party.

다른 사람의 기여와 지적 재산을 인정하고 존중하며 고유한 내 자료에 대한 소유권만 주장한다. 이 표준을 위반하면 제3자에 의해 법적 구제를 받을 수 있음을 이해한다.

27. Am honest and work within recognized scientific standards, applicable subject guidelines and boundaries of my competence when conducting and reporting research.

연구를 수행하고 보고할 때 정직하고 인정된 과학 표준, 적용 가능한 주제 지침 및 내 능력의 경계 내에서 일한다.

28. Am aware of my and my clients' impact on society. I adhere to the philosophy of "doing good" versus "avoiding bad."

나와 내 고객이 사회에 미치는 영향을 인지한다. 나는 "선을 행하는 것"과 "나쁜 것을 피하는 것"의 철학을 고수한다.

(5) The Pledge of Ethics of the ICF Professional 서약

As an ICF Professional, in accordance with the Standards of the ICF Code of Ethics, I acknowledge and agree to fulfill my ethical and legal obligations to my coaching Client(s), Sponsor(s), colleagues and to the public at large.

ICF 전문가로서 나는 ICF 윤리강령의 기준에 따라 나의 코칭 고객(들), 후원자(들), 동료 및 일반 대중에 대한 나의 윤리적 및 법적 의무를 이행하는 데 동의한다.

If I breach any part of the ICF Code of Ethics, I agree that ICF in its sole discretion may hold me accountable for so doing. I further agree that my accountability to ICF for any breach may include sanctions, such as mandatory additional coach training or other education, or loss of my ICF Membership and / or my ICF Credential.

ICF 윤리강령의 일부를 위반하는 경우, ICF가 단독 재량에 따라 그러한 행위에 대한 책임을 물을 수 있다는 데 동의한다. 또한 위반에 대해 ICF에 대한 나의 책임에는 의무적인 추가 코치 교육, 기타 교육 또는 ICF 회원자격 및 또는 ICF 자격상실과 같은 제재가 포함될 수 있다는 데 동의한다.

For more information on the Ethical Conduct Review (ECR) process, including the links to file a complaint, please visit coachingfederation.org/ethics.

불만을 제기할 수 있는 링크를 포함하여 ECR (Ethical Conduct Review) 프로세스에 대한 자세한 정보는 coachingfederation.org/ethics을 참조하십시오.

Adopted by the ICF Global Board of Directors September 2019

2019년 9월 ICF 글로벌 이사회에 의해 채택됨.

> **? 생각해봅시다**
>
> 1. 윤리강령이 중요한 이유는 무엇일까요?
> 2. 코칭을 시작하기 전에 고객과 계약서를 작성해야 하는 이유는 무엇일까요?
> 3. 코칭에서 고객 정보에 대한 비밀 유지를 강조하는 이유는 무엇일까요?
> 4. 실제 상황에서 코치로서 하지 말아야 할 비윤리적인 행동에는 어떤 것들이 있을까요?
> 5. 코치가 고객 또는 후원자와의 관계에서 주의해야 할 것은 실제 상황에서 어떤 것들이 있을까요?

[출처]

1. (사)한국코치협회 홈페이지, http://www.kcoach.or.kr/

2. 국제코칭연맹(ICF) 홈페이지, https://coachingfederation.org/

3. 에노모토 히데타케, 황소연 역(2004), 마법의 코칭, 서울 : 새로운 제안 2장 코칭 역량 모델

4. 코칭 - 위키백과, 우리 모두의 백과사전.₩https://ko.wikipedia.org/wiki/

5. KPC넘어 KSC까지_코칭의 핵심 5가지와 KCA 코칭역량 통찰

   https://m.blog.naver.com/candlite/222667177863

6. Inner Game of Tennis, https://www.youtube.com/watch?v=ieb1lmm9xHk

7. Inner Golf with Tim Gallwey, how to quiet Self 1 before your next round!, https://www.youtube.com/watch?app=desktop&v=fdTmyhdfvZ0

Chapter 02

코칭 역량 모델

1 (사)한국코치협회(KCA) 역량 모델
2 (사)한국코치협회(KCA) 코칭 역량과 해설
3 국제코칭연맹(ICF) 핵심역량 모델

1. (사)한국코치협회(KCA) 역량 모델

형상 : 마차(Coach)의 수레바퀴(Wheel) 상징
색상 : 코치다움은 나무의 뿌리 상징
　　　　코칭다움은 나무의 잎 상징
코치다움 : 코치로서 개인의 삶과 코칭 현장에서 코칭 윤리를 실천하며, 자기 인식과 자기 관리를 바탕으로 전문 계발을 해 나가는 것
코칭다움 : 코칭 현장에서 고객과 관계를 구축하고, 적극 경청과 의식 확장을 통해 고객의 성장을 지원하는 것

2. (사)한국코치협회(KCA) 코칭 역량과 해설

1) 윤리 실천

(1) 정의

(사)한국코치협회에서 규정한 기본 윤리, 코칭에 대한 윤리, 직무에 대한 윤리, 고객에 대한 윤리를 준수하고 실천한다.

(2) 핵심 요소

① 기본윤리

코치는 기본윤리를 준수하고 실천한다.

(사)한국코치협회 소속 코치는 고객의 잠재력을 극대화하고 최상의 가치를 실현하도록 돕기 위해 부단한 자기성찰과 끊임없이 공부하는 평생 학습자가 되어야 하며, 자신의 전문 분야와 삶에서 고객의 롤 모델이 되어야 한다. 국제적으로 코칭 활동을 할 때는 해당 국가의 코치 윤리 규정도 존중하며 코칭에 임한다.

② 코칭에 대한 윤리

코치는 코칭에 대한 윤리를 준수하고 실천한다.

코치는 코칭할 때 고객을 충분히 이해하고 수용하고 지지하는 태도를 보여야 하며, 코치와 (사)한국코치협회의 명예와 신용을 해치는 행위를 하지 않아야 한다. 코치는 고객에게 코칭을 안내하거나 홍보할 때, 코칭을 통해 얻을 수 있는 성과를 의도적으로 과장하거나 축소하는 등의 부당하거나 근거가 없는 주장을 하지 않아야 하며, 자신의 경력, 실적, 역량, 개발 프로그램, 저술 및 활동 내용 등에 관하여 과대하게 선전하거나 광고하지 않아야 한다.

코치는 고객이 자신 이외의 코치 또는 다른 접근 방법(심리치료, 컨설팅 등)이 더 유효하다고 판단될 때 고객과 상의하고 변경을 하도록 촉구하며, 코칭에 도움이 되는 다양한 접근법을 존중하고 수용하며, 이에 기여한 다른 사람들의 노력이나 공헌을 존중하고 인정한다.

코치로서 코칭에 관한 연구 활동을 할 때 코치는 전문적인 근거와 과학적인 기준 그리고 개인 정보 보호법 등 관련 법률에 준거하여 연구하고 보고서나 논문을 작성해야 한다. 또 연구를 할 때 고객과 관련자에게 허가나 동의를 얻어서 참가자가 불이익을 받지 않도록 해야 한다.

③ 직무에 대한 윤리

코치는 직무에 대한 윤리를 준수하고 실천한다.

코치는 어떤 상황에서도 친절하고 성실하게 최선을 다해 고객을 대해야 하며, 자신의 능력, 스킬, 경험을 정확하게 인식하여 자신이 다룰 수 있는 범위 내에서 코칭을 구사하고 적용한다.

코치는 코칭 진행에 지장을 주는 개인적인 문제를 인식하도록 노력하고, 그것이 코칭에 영향을 미친다고 판단할 경우 코칭의 일시 중단이나 종료하는 것이 적절한지 등을 결정하고 고객과 협의한다. 또 코치는 코칭 중에 고객이 내리는 모든 결정을 존중한다.

코치는 코칭 시작하기, 즉 최초의 세션 이전에 코칭의 본질, 비밀을 지킬 의무의 범위, 지급 조건 및 그 외의 코칭 계약 조건을 고객이 충분히 이해하도록 설명한 다음 계약을 체결하며, 코칭 중 어느 시점에서도 고객이 자유롭게 코칭을 종료할 권리가 있음을 알린다.

코치는 고객이나 고객이 될 가능성이 있는 사람에게 코치와 코칭에 대해 오해를 부를 우려가 있는 정보를 전달하거나 개인적인 충고를 하지 않아야 하며, 고객과의 이해관계나 성적 관계를 포함한 어떠한 부적절한 거래 관계도 하지 않으며, 개인적, 직업적, 금전적인 이익을 위해 의도적으로 고객을 이용하지 않는다.

코치는 고객이 고객 자신이나 타인에게 위험을 미칠 의사를 분명히 밝혔을 경우 관련 법이 정한 대로 조치하며, (사)한국코치협회 윤리위원회에 전달하고 필요한 절차를 밟는다.

④ 고객에 대한 윤리

코치는 고객에 대한 윤리를 준수하고 실천한다.

코치는 법이 요구하는 경우를 제외하고 고객의 정보에 대한 비밀을 지키며, 고객의 이름이나 그 외의 고객 특정 정보를 공개하거나 발표하려면 미리 고객의 동의를 얻어야 하며, 보수를 지급하는 사람, 이를테면 기업의 코칭 담당자나 대표자가 고객 정보를 원할 때 반드시 고객의 동의를 얻어야 한다. 만일 고객이 동의하지 않으면 관련 법에 따라 비밀을 준수한다.

  코치는 코칭 실시에 관한 모든 작업 기록을 정확하게 작성, 보존, 보관, 파기한다. 보존 시 고객 정보가 유출되지 않도록 유의하며, 고객과 약속을 한 경우 그 기간이 지나면 자료를 파기한다.

  코치는 자신과 고객의 이해가 대립하지 않도록 노력하여야 한다. 만일 이해가 대립하거나 발생할 우려가 있을 때, 코치는 그것을 고객에게 숨기지 않고 분명하게 전달하고 고객과 함께 좋은 대처 방법을 검토하고 해결방안을 찾는다.

  코치는 코칭 관계를 해치지 않는 범위 내에서 코칭 비용을 금전이 아닌 서비스, 물품 또는 다른 금전적인 것으로 상호 교환할 수 있다.

(3) 행동 지표

① 코치는 기본윤리를 준수하고 실천한다.
② 코치는 코칭에 대한 윤리를 준수하고 실천한다.
③ 코치는 직무에 대한 윤리를 준수하고 실천한다.
④ 코치는 고객에 대한 윤리를 준수하고 실천한다.

> **? 생각해봅시다**
>
> 1. 코칭을 시작하기 전, 고객과 함께 명확하게 합의된 계약이 있나요?
> 2. 고객의 프라이버시와 기밀성을 보호하기 위해 어떠한 조치를 취하고 있나요?
> 3. 고객의 요구와 목표에 부합하는 적절한 코칭 스킬을 사용하고 있나요?
> 4. 코칭 세션에서는 고객을 존중하고 이해하며, 자신의 가치관을 강요하지 않나요?
> 5. 코칭 결과에 대한 책임을 지고 있나요?

2) 자기 인식

(1) 정의

현재 상황에 대한 민감성을 유지하고 직관 및 성찰과 자기평가를 통해 코치 자신의 존재감을 인식한다.

(2) 핵심 요소

① 상황 민감성 유지

지금 여기의 생각, 감정, 욕구에 집중한다.

코치는 자신의 말과 행동에 영향을 미치는 내적 상태, 즉 생각, 감정, 욕구를 살펴서 알아차린다. 코치는 기본적으로 고객의 생각, 감정, 욕구에 관심을 두고 공감하지만, 코치 자신의 내적 상태가 자신도 모르게 코칭에 영향을 줄 수 있으므로 코칭 과정 내내 주의를 기울여야 한다.

생각, 감정, 욕구는 상호 연결되어 있으며 일반적으로 욕구에 의해 감정이 생기며 감정이 생각으로 구체화한다. 또는 생각이 감정을 자극하고 감정이 욕구를 유발하기도 한다. 코치는 이와 같은 내적 상태의 상호 연관성을 이해하고 지금 여기에서 일어나는 생각, 감정, 욕구에 대해 민감성을 지닌다.

생각, 감정, 욕구가 발생하는 배경과 이유를 감각적으로 알아차린다.

코치는 자신의 말과 행동에 영향을 미치는 생각, 감정, 욕구가 어떤 맥락에서 발생하였으며 심리적 요인이 무엇인지 감각적으로 알아차린다. 감각적이라는 것은 그 배경과 이유에 대한 이성적인 판단 이전에 느낌으로 알아차릴 수 있음을 의미하는데, 코치의 생각, 감정, 욕구가 특정 상황에서 반복해서 발생하는 심리적 패턴일 수 있으므로 경험했던 기억을 살려 신체적 느낌으로 알아차릴 수 있어야 한다.

이러한 내적 상태는 고객의 말과 행동에 대한 코치의 반응으로 심리적 방어기제가 작동한 것일 수 있으므로 코치는 평소에 자신의 방어기제에 관한 탐구가 필요하다. 방어기제는 고객에 대한 코치의 판단에서 비롯되므로 코치는 늘 판단 보류 상태에서 고객을 대해야 하며 자신의 심리적 반응을 인식해야 한다.

② 직관과 성찰

직관과 성찰을 통해 자신의 생각, 감정, 욕구가 미치는 영향을 인식한다.

코치는 자신의 생각, 감정, 욕구가 코칭의 내용과 흐름 그리고 고객에게 어떤 영향을 미치는지 직관과 성찰을 통해 알아차린다. 직관은 판단이나 추리 등의 사유 작용을 거치지 않고 대상을 직접 파악하는 작용을 말하는데 코치 자신에 대한 지속적인 모니터링을 통해 가능해진다. 코치는 자신의 내적 상태가 코칭에 영향을 미친다고 직관적으로 알게 되면 즉시 성찰하여 그 내용을 인식해야 한다.

코치의 내적 상태가 코칭 과정에 미치는 영향은 적지 않으므로 코치는 항상 코칭 상황을 지켜보는 자신의 메타인지를 활용할 수 있어야 한다.

③ 자기 평가

자신의 특성, 강약점, 가정과 전제, 관점을 평가하고 수용한다.

코치는 자신의 말과 행동 그리고 생각, 감정, 욕구에 영향을 미치는 자신의 특성, 강약점, 가정과 전제, 관점에 대해 고객과 코칭 상황에 비추어 그 적절성을 평가하고 결과를 수용한다. 이는 코치 고유의 특성과 강약점, 가정과 전제, 관점에 대한 절대적인 평가가 아닌 개별 코칭 현장에 필요한 적합성 평가와 수용을 의미한다.

특성이란 성격적 특성과 행동 특성을 의미하며, 강약점 역시 성격적 측면과 행동적 측면의 강점과 약점을 의미한다. 가정과 전제, 관점은 코치의 선입견으로 작용하거나 고객의 생각을 유도할 수 있으므로 수시로 점검해야 한다.

④ 존재감 인식
자신의 존재를 인식하고 신뢰한다.

코치는 자신의 상태에 대한 전반적인 인식과 지금 여기 코치로서 존재한다는 인식을 확실히 하고 그 존재 방식을 신뢰한다. 코칭에 임하는 코치의 존재 방식은 코치의 말과 행동 그리고 생각, 감정, 욕구의 내용과 작동 방식에 따라 드러나므로 이에 대한 성찰과 신뢰는 코치 자신에 대한 본질적인 신뢰로 이어진다.

코치로서의 존재감에 대한 자기 인식과 자기 신뢰가 미약하면 고객을 신뢰하지 못하게 되고 결과적으로 고객에게 신뢰받지 못하게 된다. 자기 신뢰가 바탕이 되어야 코치는 고객을 위해 자신의 말과 행동을 유연하게 최적화할 수 있다.

(3) 행동 지표

① 지금 여기의 생각, 감정, 욕구에 집중한다.
② 생각, 감정, 욕구가 발생하는 배경과 이유를 감각적으로 알아차린다.
③ 직관과 성찰을 통해 자신의 생각, 감정, 욕구가 미치는 영향을 인식

한다.
④ 자신의 특성, 강약점, 가정과 전제, 관점을 평가하고 수용한다.
⑤ 자신의 존재를 인식하고 신뢰한다.

> **? 생각해봅시다**
>
> 1. 자신의 강점과 약점을 인식하고, 이를 개선하기 위해 노력하고 있나요?
> 2. 자신의 가치관과 신념에 대해 명확히 이해하고 있나요?
> 3. 자신의 행동이나 언어 사용에 대한 피드백을 받아들이고, 이를 개선하려는 노력을 기울이고 있나요?
> 4. 코칭 프로세스에서 자신의 역할과 책임을 명확하게 이해하고 있나요?
> 5. 자신의 코칭 스킬과 지식을 계속해서 업그레이드하려는 노력을 기울이고 있나요?

3) 자기 관리

(1) 정의

신체적, 정신적, 정서적 안정 및 개방적, 긍정적, 중립적 태도를 유지하며 언행을 일치시킨다.

(2) 핵심 요소

① 신체적, 정신적, 정서적 안정

코치는 코칭을 시작하기 전에 신체적, 정신적, 정서적 안정을 유지한다.

'자신의 전문 분야와 삶에 있어서 고객의 롤모델이 되어야' 하는 코치는 자신의 신체적, 정신적, 정서적 최적 상태를 알고, 그에 대한 기본 원칙과 행동지침을 실천하며, 정기적으로 자신의 상태를 점검하고 관리한다. 자신의 개인 상황이나 문제에서 벗어나 고객과의 코칭 대화에 전념하도록 안정적 상태를 유지한다. 코칭 세션을 시작하기 전에 준비 절차에 따라 자신의 상태와 환경을 점검하고, 압박이나 장애를 처리한 다음에 코칭 세션을 시작한다.

코치는 다양한 코칭 상황에서 침착하게 대처한다.

코치는 용기와 겸손함으로 위험을 감수할 수 있고, 고객의 저항과 거절에 유연하게 대응한다. 까다롭고 위태로운 상황이 벌어질 수 있음을 예측하고 대안을 마련하여 대처한다. 정기적으로 멘토 코칭을 받으며 성찰, 학습 및 성장 계획을 세우고 실천한다.

② 개방적, 긍정적, 중립적 태도
코치는 솔직하고 개방적인 태도를 유지한다.

코치는 진심이 아닌 의례적인 표현이나 일방적으로 반응하지 않고, 자신이 발견한 진실과 직관을 알아차리고, 감정, 상충하는 욕구와 생각에 대하여 자신에게 솔직해야 한다. 비판이나 실패를 두려워하지 않으며, 솔직하고 비판 없이 자기를 평가한다. 열린 마음으로 다양한 관점, 새로운 인식, 가능성, 다른 방식과 행동지침을 탐색한다.

코치는 긍정적인 태도를 유지한다.

불확실한 상황이나 어려운 상황에서도 낙관적이고 희망적인 미래에 집중하며, 진전과 향상을 이루는 방향으로 전환한다. 실패를 하나의 과정이나 상황으로 받아들이고 전체 시스템에서 가능성을 넓히고 창조성을 촉진하도록 도전하며, 부정적 생각이나 행위 안에 숨겨진 긍정적 의도를 밝히는 데 초점을 맞춘다.

코치는 고객의 기준과 패턴에 관한 판단을 유보하고 중립적인 태도를 유지한다.

코치는 자신과 내면 대화 및 개인적인 판단에서 벗어나 자신의 인식을 전환하여 온전히 고객과 함께하며 코칭 대화에 집중한다.

③ 언행일치
코치는 말과 행동을 일치시킨다.

코치는 자신의 의도와 말을 정렬하여 모호하게 말하지 않으며,

언어와 비언어적 표현을 자연스럽게 통합한다. 중요한 메시지를 명료하고 구체적으로 정리하여, 듣는 사람과 상황에 맞추어 전달한다. 코치는 말한 것이 행동으로 반영되어 현실로 나타나도록 하고, 자신이 하기로 한 것은 지키며 스스로 책임을 다한다.

자신의 말과 행동의 불일치를 경계하고 성찰하며 개선한다. 외부 관찰자나 멘토 코치에게 주도적으로 피드백을 요청하고, 그 내용을 반영하여 평생학습자로서 끊임없는 학습과 성장을 실천한다.

(3) 행동 지표

① 코치는 코칭을 시작하기 전에 신체적, 정신적, 정서적 안정을 유지한다.
② 코치는 다양한 코칭 상황에서 침착하게 대처한다.
③ 코치는 솔직하고 개방적인 태도를 유지한다.
④ 코치는 긍정적인 태도를 유지한다.
⑤ 코치는 고객의 기준과 패턴에 관한 판단을 유보하고 중립적인 태도를 유지한다.
⑥ 코치는 말과 행동을 일치시킨다.

> **? 생각해봅시다**
>
> 1. 자신의 감정과 행동을 적극적으로 관찰하고, 이를 통해 자신의 강점과 개선이 필요한 부분을 파악하고 있나요?
> 2. 스트레스와 감정적인 압박 속에서도 자신의 감정을 조절하고 적절한 대처 방법을 찾을 수 있나요?
> 3. 충분한 휴식과 자기 관리를 위한 시간을 가져, 자신의 체력과 정신 건강을 유지하고 있나요?
> 4. 자신의 가치와 믿음을 존중하면서도, 다른 사람의 의견과 관점을 존중하고 수용할 수 있는 유연성과 개방성을 갖추고 있나요?
> 5. 자신의 한계를 인식하면서도 지속적인 개인 성장과 발전을 위해 노력하고 있나요?

4) 전문 계발

(1) 정의

코칭 합의와 과정 관리 및 성과 관리를 하고 코칭에 필요한 관련 지식, 스킬, 태도 등의 전문 역량을 계발한다.

(2) 핵심 요소

① 코칭 합의

고객에게 코칭을 제안하고 협의한다.

고객에게 코칭을 소개하고 코칭을 받아보도록 권유하는 활동을 제안이라고 한다. 제안은 구두나 문서로 할 수 있다. 고객의 이슈, 요구사항, 현황 등을 파악한 다음 어떻게 제안할지 구상하는 것이 바람직하다. 제안에는 제안 배경, 코칭 주제와 범위, 코칭 규모, 코칭 기간, 코칭 전개 프로세스, 기대효과, 차별화된 코칭 특장점, 코칭 비용, 코치 소개, 기타 잠재 고객의 상황에 따른 내용으로 구성한다. 고객에게 제안한 뒤, 제안 내용을 중심으로 코칭 주제와 범위, 코칭 기간, 코칭 방법, 코칭 규모, 코칭 비용, 기타 코칭에 필요한 조건 등을 협의하고 설명한다.

고객과 코칭 계약을 하고, 코칭 동의 및 코칭 목표를 합의한다.

고객 또는 고객사와 협의를 거쳐 계약을 체결할 때 고객이 계약서를 제시하거나 코치가 계약서를 제시하는 방법 중에서 선택할 수 있다. 이때 코치가 계약서를 제시하는 경우 (사)한국코치협회의 표준계약서를 활용할 수 있다. 계약을 하면 계약자와 의사결정자, 고객 등 이해관계자와 사전에 회합하고, 코칭에 대한 공감대를 형성하는 것이 바람직하다. 코칭 과정에서 고객의 참여도를 높이고 코칭 성과를 높이기 위하여 코칭을 시작하기 전에 고객과 코칭 동의서를 작성하는 것이 무엇보다 중요하다. 코칭 동의서를 작성하면서, 코칭을 마무리했을 때 코칭 성과를 평가하는 기준이 되는 코칭 목표를 코치와 고객이 함께 협의 및 합의하는 과정을 밟는다.

② 과정 관리

코칭 과정 전체를 관리하고 이해관계자를 포함한 고객과 소통한다.

고객은 실제로 코칭받는 고객과 주변의 이해관계자로 구분할 수 있다. 계약자, 의사결정자, 후원자를 통칭하여 이해관계자라고 한다. 코칭을 일회기가 아닌 다회기로 진행하는 경우, 코치는 코칭을 진행하는 동안 코칭 보고서를 작성하여 고객 및 이해관계자와 공유하는 것이 바람직하다. 이때 코치는 고객에게 코칭 보고서를 이해관계자와 공유하게 됨을 미리 알리고 동의를 구해야 한다. 이는 비밀유지 규정과 연결되기 때문이다.

③ 성과 관리

고객과 합의한 코칭 주제 및 목표에 대한 성과를 관리한다.

코치는 고객과 합의한 코칭 목표를 기준으로 코칭을 진행하고 코칭을 마무리하면 코칭 성과를 평가하고 코칭 성과 보고서를 작성한다. 될 수 있으면 코칭 성과 보고회를 통해 고객 및 이해관계자와 함께 코칭 성과를 공유하는 것이 바람직하다. 코칭 성과 보고회에서 사후 지원 여부와 지원 사항을 협의하는 것이 바람직하다.

④ 전문 역량 계발

코칭에 필요한 관련 지식, 스킬, 태도 등의 전문 역량을 계발한다.

코칭에 필요한 전문 역량에 적용되는 다양한 이론과 개념, 그리고 기법 등이 있다. 또 다양한 종류의 코칭이 있다. 이를 체계적으로 잘 습득하여 전문 역량을 계발하는 것이 필요하다.

(3) 행동 지표

① 고객에게 코칭을 제안하고 협의한다.
② 고객과 코칭 계약을 하고, 코칭 동의와 코칭 목표를 합의한다.
③ 코칭 과정 전체를 관리하고 이해관계자를 포함한 고객과 소통한다.
④ 고객과 합의한 코칭 주제와 목표에 대한 성과를 관리한다.
⑤ 코칭에 필요한 관련 지식, 스킬, 태도 등의 전문 역량을 계발한다.

> **? 생각해봅시다**
>
> 1. 자신의 코칭 스킬과 지식을 계속해서 업그레이드하고, 최신 트렌드와 이론에 대해 학습하고 있나요?
> 2. 고객과의 상호작용에서 발생하는 다양한 문제와 상황에 대응할 수 있는 유연성과 창의성을 갖추고 있나요?
> 3. 다양한 분야의 전문가들과 협력하거나 컨설턴트를 통해 자신의 전문성을 향상시키고 있나요?
> 4. 자신의 코칭 스타일과 방법을 비판적으로 검토하고, 개선할 수 있는 부분을 지속적으로 발견하고 개선하고 있나요?
> 5. 자신의 경험을 지속적으로 평가하고, 성공과 실패 모두에서 배우며 자신의 전문성을 높이기 위해 지속적으로 노력하고 있나요?

5) 관계 구축

(1) 정의

고객과의 수평적 파트너십을 기반으로 신뢰감과 안전감을 형성하며 고객의 존재를 인정하고 진솔함과 호기심을 유지한다.

(2) 핵심 요소

① **수평적 파트너십**
코치는 고객을 수평적인 관계로 인정하며 대한다.

코치는 고객을 상하관계가 아닌 수평적 존재로 인정하며 대하는 것으로, 상호 이익 증대를 목적으로 상하관계가 아닌 동반자적인 계약 관계를 말한다. 코치는 코칭 세션 중 일방적이고 지시적인 태도가 아닌 고객을 수평적인 관계로써 존재를 인정하며, 중요한 결정 시 고객이 선택하고 결정하도록 요청한다. 지시나 명령, 단정 언어, 컨설팅이나 가르치려는 태도, 충고나 훈계하는 언어 사용을 지양한다.

② **신뢰감과 안전감**
고객과 라포를 형성하여 안전한 코칭 환경을 유지한다.
코치가 고객 중심의 코칭 관계를 만들어 가기 위해서는 신뢰감과 안전감이 바탕을 이루어야 한다. 라포 형성은 코칭 관계의 핵심이며, 코칭의 모든 단계에서 활용되는 것으로 고객과의 관계를 맺고 유지하는 데 기초가 되는 중요한 코칭 스킬이다. 코치는 라포를 통해 코칭 세션 중 고객에게 신뢰감과 안전감을 주어 최적의 코칭 환경을 조성하여야 한다. 라포 형성을 위해 공감, 반영, 인정, 칭찬 등의 기법을 사용한다.

고객에게 긍정 반응, 인정, 칭찬, 지지, 격려 등의 언어를 사용한다.

코치는 고객과의 관계에서 믿는 마음과 편안하며 위험하지 않다는 느낌을 들게 하여야 한다. 이를 위해 코치는 고객에게 긍정 반응, 인정, 칭찬, 지지, 격려, 신뢰 등의 언어를 상황에 맞게 사용하여야 한다. 코치는 고객에게 지지와 공감, 관심을 보여주어야 하며, 코칭 세션 중 고객에게 집중하고 관찰하며 적절한 반응을 유지하여야 한다. 그렇지만 상대와 비교하는 언어, 판단, 비평, 강요, 당연시하는 언어 사용은 지양해야 한다.

③ 존재 인정
고객의 특성, 정체성, 스타일, 언어와 행동 패턴을 알아주고 코칭에 적용한다.

코치는 고객을 있는 그대로 존중하고 진정성 있게 대함으로써 코칭 과정에서 고객의 고유한 재능, 통찰, 노력을 인정하고 존중하여야 한다. 또 코칭 대화 중 고객의 특성, 정체성, 스타일, 언어 패턴을 알아주고 이를 코칭에 적용하여야 한다. 코칭 시 매 순간 춤추듯이 고객과 연결하고 자연스럽고 물 흐르듯 코칭 대화를 한다. 그렇지만 고객과의 코칭 관계에서 코치의 주관적인 판단, 평가, 해석은 지양해야 한다.

④ 진솔함
코치는 고객에게 자신의 생각, 느낌, 감정, 알지 못함, 취약성 등을 솔직하게 드러낸다.

고객과의 관계에서 코치가 자신이 경험하고 느낀 바를 있는 그대로 내보이는 것을 말하는 것으로, 코치는 고객과 신뢰를 구축하기 위해 자신의 생각, 느낌, 감정, 알지 못함을 솔직하게 표현하여야 한다. 진솔함은 어떠한 비평과 해석을 개입하지 않는 것으로 코치는 단지 자신이 보는 그대로 말하는 것이다. 진정한 코칭 관계는 기분을 맞추어 주는 것이 아니라 진솔한 태도를 바탕으로 이루어진다. 코치가 진실을 말하는 용기가 있을 때 고객도 올바르게 대처하는 스킬을 익힌다. 코치는 고객이 이해할 수 있는 언어와 적절한 은유를 사용하여 설명해야 한다. 전문적인 용어 사용은 최소화하고 실제적이며 고객에게 맞는 언어를 사용할 때 고객은 코칭 대화 내용을 잘 이해할 수 있다.

⑤ 호기심

코치는 고객의 주제와 존재에 대해서 관심과 호기심을 유지한다.

코칭에서 호기심은 코치와 고객이 서로 협력하여 꾸밈없이 살펴보고 무엇을 발견할지 관심을 갖고 탐구함으로써 고객의 삶 속 깊은 영역으로 들어가게 한다. 코치는 심문하는 사람이 아니므로 탐구하는 과정은 고객 입장에서 이루어져야 한다. 코치는 코칭 세션 중 고객의 주제와 고객의 존재에 관해서 관심과 호기심을 보여야 한다.

(3) 행동 지표

① 코치는 고객을 수평적인 관계로 인정하며 대한다.
② 고객과 라포를 형성하여 안전한 코칭 환경을 유지한다.
③ 고객에게 긍정 반응, 인정, 칭찬, 지지, 격려 등의 언어를 사용한다.
④ 고객의 특성, 정체성, 스타일, 언어와 행동 패턴을 알아주고 코칭에 적용한다.
⑤ 코치는 고객에게 자신의 생각, 느낌, 감정, 알지 못함, 취약성 등을 솔직하게 드러낸다.
⑥ 코치는 고객의 주제와 존재에 대해서 관심과 호기심을 유지한다.

> **? 생각해봅시다**
>
> 1. 고객과의 첫 만남에서 명확하게 코칭 계약과 목표를 설정하고, 이를 통해 상호합의된 방향으로 코칭 세션을 진행하고 있나요?
> 2. 고객의 의견과 관점을 존중하고, 개인적인 성향과 가치를 고려하여 적절한 코칭 방식을 제공하고 있나요?
> 3. 고객의 말에 주의를 기울이고, 질문과 피드백을 통해 고객이 자신의 문제와 목표에 대해 생각하고, 자기 인식을 향상시킬 수 있도록 도와주고 있나요?
> 4. 고객과의 관계에서 적절한 경계를 유지하면서도, 신뢰를 기반으로 상호 존중하고 협력적으로 세션을 진행하고 있나요?
> 5. 고객의 진전과 개발을 적극적으로 지원하고, 성장을 촉진하기 위해 독립적인 학습 및 계획 수립에 대한 지원을 제공하고 있나요?

6) 적극 경청

(1) 정의

고객이 말한 것과 말하지 않은 것을 맥락적으로 이해하고 반영 및 공감하며, 고객 스스로 자신의 생각, 감정, 욕구, 의도를 표현하도록 돕는다.

(2) 핵심 요소

① 맥락적 이해

고객이 말한 것과 말하지 않은 것을 맥락적으로 헤아려 듣고 표현한다.

고객은 '내 마음을 알아주는 코치'를 최고의 코치로 생각한다. 대화로 이루어지는 코칭 과정에서 고객은 마음에 있는 모든 것을 표현하지 못할 수 있다. 그런 상황에서 고객이 미처 표현하지 못한 것까지 코치가 이해하고 알아준다면 코치에 대한 고객의 믿음은 높아질 수 밖에 없다.

맥락적으로 이해하기 위해 코치는 자신의 신념이나 가치관을 철저히 배제하고 고객의 이야기에만 집중해야 한다. 특히 코치의 어설픈 추측이나 추론은 맥락적 이해에 큰 걸림돌이 된다.

코치는 고객의 생각과 감정, 의도, 욕구 및 신념 등 고객을 충분히 이해하고 있어야 한다. 그뿐만 아니라 고객이 처한 상황, 과제에 대한 고객의 관점과 입장까지 고려할 수 있어야 한다.

② 반영

눈 맞추기, 고객 끄덕이기, 동작 따라 하기, 어조 높낮이와 속도 맞추기, 추임새 등을 하면서 경청한다.

코치는 고객의 말에 적절한 반응을 보임으로써 경청하고 있음을 나타낸다. 이러한 행동들은 코치로서 열린 마음으로 고객에게 관심을 보일 때 자연스럽게 나오는 것들이다.

이런 행동을 할 때, 코치는 다음 몇 가지에 주의를 기울여야 한다.

눈맞춤을 한다면서 고객을 지나치게 빤히 쳐다보는 것은 바람직하지 않다.

고개 끄덕이기와 동작 따라 하기 : 적절한 타이밍이 중요하다. 아무 때나 고개를 끄덕이거나 동작을 따라 하는 것은 오히려 고객에게 불쾌감을 준다. 또 동작을 따라 할 때 지나친 표현을 주의해야 한다.

추임새 : 지나친 추임새는 고객의 이야기를 방해할 수 있다. 고객의 말을 재진술, 요약하거나 직면하도록 돕는다.

재진술과 요약하기에는 두 가지 목적이 있다. 첫째, 코치 자신이 고객의 말을 제대로 이해했는지를 고객에게 확인하기 위함이다. 둘째, 고객 스스로 자신을 돌아보고 생각, 감정, 의도, 욕구 등을 정리할 수 있게 도움을 주기 위함이다.

재진술에는 고객이 말한 것을 그대로 이야기해주는 반복하기, 고객이 말한 것을 유사한 단어로 표현하는 바꾸어 말하기, 그리고 고객이 이야기한 내용을 간략하게 묶고 정리하여 핵심적인 생각과 감정을 전달해주는 요약하기 등이 있다. 코치가 재진술할 때는 되도록 고객이 의식하지 못할 정도로 자연스럽게 하는 것이 좋다. 코치의 재진술이 고객의 말보다 많거나 과장된 단어를 포함하는 것은 바람직하지 못하다.

코치는 고객의 말과 행동에서 합리적이지 못한 점이나 모순을 발견할 때 직면을 사용한다. 구체적으로 고객의 말과 행동이 다르거나, 고객의 말과 생각이 다르거나, 고객의 말과 감정이 다를 때 사용한다. 예를 들면, 높은 자존감을 가진 아이로 성장했으면 하는 마음을 가진 부모가 아이의 사소한 것까지 간섭하면서 잔소리를 하는 경우다. 직면을 사용하는 또 다른 예로, 본인이 생각하는 것과 주변 사람들의 생각이 다를 때이다. 부하직원들에게 변화에 둔감하면서 고집이 세다는 평가를 받는 리더가 본인의 장점이 경청이라고 생각하는 경우다. 이러한 직면을 사용할 때, 코치는 매우 유의해야 한다. 자칫 잘못하면 코치가 고객을 가르치려고 한다는 느낌을 줄 수 있다. 무엇보다 코치에 대한 신뢰가 높지 않은 상황에서의 직면은 코치에 대한 불신으로 이어질 수 있다.

③ 공감
고객의 생각이나 감정을 이해하며, 이해한 것을 고객에게 표현한다.

공감이란 고객의 관점을 통해서 세상을 보는 것이다. 그럼으로써 코치는 고객의 패러다임뿐만 아니라 그들의 생각과 감정도 이해할 수 있게 된다. 코치는 마치 고객의 안경을 쓰고 사물을 바라보는 것과 같이, 고객의 세상을 바라보는 마음의 틀을 이용하여 고객의 생각과 감정을 이해해야 한다.

공감은 단순히 고객의 생각과 감정을 이해하는 데에 그치지 않고 이해한 것을 표현해주는 것까지 포함한다.

공감 과정에서 동정이나 동일시가 되지 않도록 주의해야 한다.

동정은 고객 관점이나 입장에 서지 않으면서 걱정만 하는 것이다. 반면에 고객과의 동일시는 동정과는 반대로, 코치가 고객과 감정적으로 지나치게 얽히면서 그 상황에 빠져버리는 것을 말한다.

고객의 의도나 욕구를 이해하며, 이해한 것을 고객에게 표현한다.

코치가 고객의 입장과 관점에서 세상을 바라볼 때, 코치는 겉으로 드러난 고객의 말과 행동을 통해 고객의 마음속에 있는 의도와 욕구를 읽을 수 있다. 코치가 어떠한 선입견이나 편견도 없이 고객의 마음의 들여다보아야 고객의 의도와 욕구를 이해할 수 있다.

공감은 단순히 고객의 의도와 욕구를 이해하는 데에 그치는 것이 아니라 이해한 것을 표현해주는 것까지 포함한다. 코치는 고객의 말과 행동에서 어떤 의도와 욕구를 읽고 이해했는지를 고객에게 전달하면서 필요하다면 왜 그렇게 이해했는지에 관해 설명해야 한다.

④ 고객의 표현 지원
고객이 자신의 생각, 감정, 의도, 욕구를 표현하도록 돕는다.

코치의 다음과 같은 행동은 고객이 자신의 생각, 감정, 의도, 욕구를 표현하도록 돕는다.

첫째, 진심으로 듣는다. 코치가 고객의 이야기를 대충 들으면

안 된다. 고객은 코치가 진심으로 듣는지, 대충 듣는지 직감적으로 알 수 있다. 코치도 고객에게 진심으로 듣고 있음을 표현해야 한다. 고객과 눈 맞추기, 고개 끄덕이기, 동작 따라하기, 어조 높낮이와 속도 맞추기, 추임새 넣기 등을 통해 고객에게 지속해서 신호를 보내야 한다.

둘째, 끝까지 듣는다. 코치는 고객의 말을 중간에 차단하지 않아야 한다. 고객이 어떤 이야기를 하더라도 도중에 끊어서는 안 된다. 코치로서 무엇인가 하고 싶은 말이 있다면 고객의 말이 끝나고 난 다음에 해야 한다.

셋째, 판단하지 않는다. 코치 자신의 내면 기준으로 고객을 판단하지 않는다. 코치가 자신의 가치관이나 신념 등으로 고객을 판단하는 순간, 코치는 고객에게 조언하거나 충고하는 실수를 할 수 있다.

코치가 고객의 말을 판단하지 않으면서 진심으로 끝까지 듣는 것은 쉽지 않다. 다음과 같은 여러 요인이 방해하기 때문이다. 고객의 말을 평가하고 조언하려는 마음을 가지는 것, 선입견과 편견을 가지고 고객의 말을 듣는 것, 고객의 말을 들으면서 머릿속으로 자신이 해야 할 말을 생각하는 것, 지나친 동정심을 가지고 고객의 말을 듣는 것, 고객을 피상적으로 이해하는 것, 피로, 졸음, 공상 등으로 인해 고객에 집중하지 못하는 것 등이다.

(3) 행동 지표

① 고객이 말한 것과 말하지 않은 것을 맥락적으로 헤아려 듣고 표현한다.
② 눈 맞추기, 고개 끄덕이기, 동작 따라하기, 어조 높낮이와 속도 맞추기, 추임새 등을 하면서 경청한다.
③ 고객의 말을 재진술, 요약하거나 직면하도록 돕는다.
④ 고객의 생각이나 감정을 이해하며, 이해한 것을 고객에게 표현한다.
⑤ 고객의 의도나 욕구를 이해하며, 이해한 것을 고객에게 표현한다.
⑥ 고객이 자신의 생각, 감정, 의도, 욕구를 표현하도록 돕는다.

> **? 생각해봅시다**
>
> 1. 고객의 말에 귀 기울이고, 전적으로 이해하려고 노력하고 있나요?
> 2. 고객이 전달하는 감정과 뜻을 정확히 파악하고, 이를 피드백으로 돌려주며 적극적으로 대응하고 있나요?
> 3. 고객의 발언에 대해 비판적이지 않으며, 조언이나 판단을 내리기 전에 고객의 의견을 충분히 이해하고 고려하고 있나요?
> 4. 고객이 자신의 문제와 목표에 대해 말할 수 있는 충분한 시간과 공간을 제공하고, 고객이 자신의 생각과 느낌을 표현할 수 있도록 도와주고 있나요?
> 5. 고객의 발언을 듣는 것에 집중하고, 이를 통해 고객의 개인적인 요구와 욕구를 이해하며, 이에 맞는 적절한 코칭 방법을 제공하고 있나요?

7) 의식 확장

(1) 정의
질문, 기법 및 도구를 활용하여 고객의 의미 확장과 구체화, 통찰, 관점 전환과 재구성, 가능성 확대를 돕는다.

(2) 핵심 요소

① 질문
긍정적, 중립적 언어로 개방적 질문을 한다.

코칭의 본질은 자각과 책임을 불러일으키는 것이다. 자각과 책임감을 일깨우는 가장 좋은 수단은 질문이다. 코칭에서는 폐쇄적 질문보다 개방적 질문이 훨씬 효과적이다. 부정적, 판단적 언어는 지양하고 가능한 긍정적, 중립적 언어를 사용한 긍정, 미래, 확대 등의 의미를 담은 개방적 질문을 하는 것이 바람직하다. 개방적 질문은 일반적으로 누가, 언제, 무엇을, 어떻게 등과 같은 의문사로 시작하는 열린 질문이다. '왜'는 종종 비난의 의미를 함축하고 방어적 대답을 끌어내므로 지양하는 것이 좋다. 질문은 코치가 아닌 고객의 관심과 사고를 따라가는 것이 원칙이다. 고객은 그의 관심 영역을 코치가 집중하여 다룬다고 느낄 때 책임감이 더욱 커진다.

② 기법과 도구 활용

고객의 상황과 특성에 따라 침묵, 은유, 비유 등 다양한 기법과 도구를 활용한다

코칭 시작 전 코치는 고객에 대한 성격 진단, 리더십 진단, 다면 인터뷰 등 다양한 방법을 통해 고객이 처한 상황과 특성을 어느 정도 파악할 수 있다. 코칭을 진행하면서 고객에 집중하여 관찰하면 고객에 대한 이해가 더 깊어질 수 있다. 고객의 표면에 드러난 이슈에 머물지 않고 내면에 잠재된 이슈까지 끌어내려면 고객의 신념, 가치관, 정체성 등을 확인해야 한다. 고객 상황과 특성에 맞춰 대화 중간에 적절히 침묵을 활용하면 대화의 깊이, 완급 및 강약을 조절할 수 있다. 상징이나 이미지 등을 활용한 은유 기법과 사물, 동식물 등에 비유하는 기법은 고객이 객관적으로 자기를 관찰하고 성찰하는 데 도움을 줄 수 있다.

③ 의미 확장과 구체화

고객의 말에서 의미를 확장하도록 돕는다.

고객의 말은 고객의 의식적, 무의식적 생각이 밖으로 표현된 것이다. 고객이 표현한 말과 함께 목소리, 몸짓 등에 집중하여 관찰하고 맥락에 맞춰 질문하면 고객이 가진 생각의 크기, 수준, 범위 등을 확산할 수 있다. 고객이 현재 말하는 수준이 표면적인 이슈에 머물러 있거나 과제에 대한 수단, 방법 차원에서 벗어나지 못

하고 있다면 코치는 그 이면을 탐색할 수 있는 질문을 통해 고객의 생각 수준을 가치 탐색이나 궁극적인 목적 탐색 등으로 확장할 수 있도록 도울 수 있다. 고객의 말을 경청하고 맞춤화된 좋은 질문을 한다면 고객이 미처 알지 못한 잠재적 욕구를 파악할 수 있음은 물론 고객 내면의 가치관과 정체성을 확인하는 데 도움을 줄 수 있다.

고객의 말을 구체화하거나 명료화하도록 돕는다.

코치는 고객의 말에서 의미를 확장하도록 돕는 한편, 그 의미를 수렴하여 더 구체화하고 명료화하는 작업도 필요하다. 질문은 기본적으로 광범위하게 시작하여 깔때기처럼 차차 그 범위를 좁혀 가는 것이 원칙이다. 코치가 고객에게 더 구체적인 대답을 요구하면 고객의 초점과 관심이 계속 유지된다. 고객이 적극성을 보이게 하려면 중요한 핵심 요소들이 그의 의식에 들어가도록 코치가 더 깊고 구체적으로 파고 들어가는 것이 중요하다.

④ 통찰
고객이 알아차림이나 통찰을 하도록 돕는다.

코칭에서 알아차림은 자신과 자신을 둘러싼 주변 환경에 대한 자각, 인식, 의식 등을 의미한다. 통찰은 거기에 '아하'라는 새로운 깨달음을 더하는 것이다. 코칭을 통해서 고객이 얻을 수 있는 중요한 유익은 알아차림과 통찰이다. 알아차림과 통찰을 통해 고객은 변화와 성장을 위한 발걸음을 뗄 수 있다. 코치는 고객의 알아차림과 통찰을 돕기 위해 기본적으로 질문을 사용하며 고객 상황과 특성에 따라 침묵, 은유, 비유 등의 다양한 기법과 도구 등을 활용한다.

⑤ 관점 전환과 재구성
고객이 관점을 전환하거나 재구성하도록 돕는다.

관점은 세상을 바라보는 사고의 틀이라고 할 수 있다. 관점 전환은 세상을 바라보는 사고의 틀을 바꾼다는 의미이다. 패러다임 전환, 상자 밖의 생각, 역지사지 등이 관점 전환과 맥락을 같이 한다. 고객이 가진 관점이 고객이 추구하는 삶의 목적과 한 방향으로 정렬되어 있지 않다면 이를 재구성하여 새롭게 설정할 수 있도록 돕는다. 코치는 평소 깊은 사유를 바탕으로 고객을 관찰하고 고객에게 질문을 던져 고객이 관점을 전환하고 사고의 틀을 재구조화하도록 돕는다.

⑥ 가능성 확대
고객의 상황, 경험, 사고, 가치, 욕구, 신념, 정체성 등의 탐색을 통해 가능성 확대를 돕는다.

코치는 고객과의 코칭 과정 전반에 걸쳐 항상 호기심을 유지하고 고객의 상황, 경험, 사고, 가치, 욕구, 신념, 정체성 등이 고객이 추구하는 삶의 목적과 일치되는지, 한 방향으로 정렬이 잘 되어 있는지 관찰하고 탐색한다. 코칭 중 고객 삶의 목적과 맞지 않거나 도움이 되지 않는 부분이 발견되면 고객 스스로 알아차리거나 통찰할 수 있는 질문을 하여 궁극적으로 고객의 삶이 긍정적인 변화와 성장을 할 수 있게 돕는다. 실행과 목표 달성 가능성을 확대하기 위해서는 고객이 궁극적으로 달성하였을 때의 이미지를 생생하게 상상하게 하고 그를 통해 행동으로 옮길 것을 끌어내는 것이 효과적이다.

(3) 행동 지표

① 긍정적, 중립적 언어로 개방적 질문을 한다.
② 고객의 상황과 특성에 따라 침묵, 은유, 비유 등 다양한 기법과 도구를 활용한다.
③ 고객의 말에서 의미를 확장하도록 돕는다.
④ 고객의 말을 구체화하거나 명료화하도록 돕는다.
⑤ 고객이 알아차림이나 통찰을 하도록 돕는다.
⑥ 고객이 관점을 전환하거나 재구성하도록 돕는다.
⑦ 고객의 상황, 경험, 사고, 가치, 욕구, 신념, 정체성 등의 탐색을 통해 가능성 확대를 돕는다.

> **? 생각해봅시다**
>
> 1. 고객의 시야를 넓히고, 새로운 관점을 제시해주는 등 의식적인 확장을 도와주고 있나요?
> 2. 고객이 자신의 생각과 감정을 조사하고, 자기 인식을 개선할 수 있는 기회를 제공하고 있나요?
> 3. 고객이 자신의 가치관, 목표, 도전과제 등에 대해 깊게 생각하고, 확장된 의식을 바탕으로 새로운 선택과 행동을 취할 수 있도록 돕고 있나요?
> 4. 고객의 자기평가를 돕고, 고객이 스스로 자신의 성장과 발전을 평가할 수 있도록 돕고 있나요?
> 5. 고객이 자신의 역량을 높이고 새로운 가능성을 발견할 수 있도록, 자신이 가지고 있는 지식, 경험, 인사이트 등을 공유하고 있나요?

8) 성장 지원

(1) 정의

고객의 학습과 통찰을 정체성과 통합하고, 자율성과 책임을 고취한다. 고객의 행동 전환을 지원하고, 실행 결과를 피드백하며 변화와 성장을 축하한다.

(2) 핵심 요소

① 정체성과의 통합 지원

고객의 학습과 통찰을 자신의 가치관 및 정체성과 통합하도록 지원한다.

학습은 배우고 익히는 것이며, 통찰은 그것에서 새로운 발견과 깨달음을 찾는 것이다. 코치는 고객이 코칭을 통하여 얻은 학습과 통찰을 자신의 정체성과 가치관에 통합하게 함으로써 실행력을 강화하고 지속적인 변화와 성장을 이룰 수 있게 지원한다.

② 자율성과 책임 고취
고객이 행동 설계와 실행을 자율적이고 주도적으로 하도록 고취한다.

코치는 고객이 목표를 수립하고 그 목표를 이루기 위한 실행 방법을 설계하고 실행하는 과정에서 고객 스스로 생각하고 판단하여 결정하도록 고취한다. 이는 고객 스스로 선택하고 선택한 것에 책임을 지도록 지지하고 격려한다는 뜻이다. 인간은 타인의 강압이 아닌 자신의 자율성에 기반을 둔 내적 동기에 따라 행동할 때 자기 실현 경향성이 훨씬 더 높아진다.

③ 행동 전환 지원
고객이 실행 계획을 실천할 수 있는 후원 환경을 만들도록 지원한다.

고객이 코칭을 통하여 새로운 학습과 통찰이 일어나더라도 그것이 실천으로 이어지지 않으면 의미가 없다. 학습과 통찰이 실천으로 연결되고 실천을 통한 성과 창출을 경험할 때 고객은 비로소 지속적인 변화와 성장 가능성을 실감할 것이다. 코칭 과정에서 고객의 실행력을 높이기 위해 코치는 고객 스스로 후원환경을 만들도록 지원하는 것이 중요하다. 후원환경을 만든다는 것은 실천과 점검 등 모든 것을 고객 혼자서 하게 하지 않고 관련 이해관계자와 협력 관계를 맺으라는 뜻이다. 실행 과정에서 예상되는 장애는 누구의 도움을 받아 헤쳐갈 것인지, 실행의 가속도를 높이기 위해서는 누구의 지지와 격려가 필요한지 등 코치는 고객 스스로 체계적인 후원환경을 구축하도록 지원하는 것이 바람직하다

고객이 행동 전환을 지속하도록 지지하고 격려한다.

코치는 실천 과정에서 고객의 행동 전환을 가능하게 한 동기와 성공 요소를 활성화하여 행동 변화의 지속성을 유지하도록 지지하고 격려하는 것이 중요하다. 행동 전환이 지속되려면 무엇보다 고객의 내적 동기에 의한 자율적 실천 행동이 이루어져야 한다. 고객이 하는 행동이 궁극적으로 그의 삶의 목적에 어떻게 연결되는지, 얻을 수 있는 가치는 무엇인지, 정말 고객의 삶을 즐겁고 재미있게 하는지 등을 확인하고 지지, 격려해야 한다.

코치는 고객이 계획한 실행 과제를 성공적으로 수행했을 때는 그 과정에서의 노력과 성과를 인정, 칭찬 등을 통해 지지한다. 만

약 실행 계획을 달성하지 못했거나 실패했을 경우에는 실패를 통해 얻은 교훈을 확인하고 다음 시도에서는 성공할 수 있도록 격려한다.

④ 피드백
고객이 실행한 결과를 성찰하도록 돕고, 차기 실행에 반영하도록 지원한다.

코치는 실행 결과에 대해 고객과 함께 점검하고 실천 과정을 성찰할 수 있도록 도우며, 성찰을 통해 알게 된 긍정적 요소를 강화하고 부정적 요소를 제거하여 다음 실행의 성공 가능성을 높일 수 있도록 지원한다. 고객이 실행하면서 성찰한 것을 차기 실행에 반영하도록 돕기 위해서는 코칭 세션과 세션 간, 그리고 세션 종료 시 고객이 실행한 것을 직접 요약, 정리하게 하고 그 과정에서 알아차린 것을 표현하도록 요청하는 것이 효과적이다. 코치의 피드백은 고객의 긍정적인 변화 성장과 미래 가능성에 초점을 맞추는 것이 중요하다. 고객 자신이 받는 피드백이 고객의 성장과 발전을 바라는 코치의 선한 의도에서 나온 것이라 느낄 때 고객 스스로 긍정적으로 피드백을 수용하고 차기 실행에 적극적으로 적용하게 될 것이다

⑤ 변화와 성장 축하
고객의 변화와 성장을 축하한다

코치는 실행 과정에서 관찰한 고객의 노력을 격려하고, 성공적인 결과를 함께 기뻐하며, 고객 스스로 주체가 되어 이루어 낸 변화와 성공을 축하한다. 코치는 코칭 전체 과정 동안 고객의 언어, 행동, 가시적인 성과 등은 물론 고객의 의식, 태도, 가치, 신념 등 내재적인 변화와 성장을 함께 알아차리는 것이 중요하다. 코치가 고객의 작은 성취 하나, 행동 변화 하나도 놓치지 않고 감지하고 고객이 새롭게 알아차린 것을 그때 그때 인지하고 축하한다면 코칭 자체가 즐거운 이벤트가 될 것이다.

코치는 마지막 코칭 세션이 끝나면 코칭 전반에 대한 평가를 하고 마무리한다.

고객 스스로 학습하고 실행하고 성찰한 내용을 이해관계자들과 함께 공유하고 그들에게 변화와 성장에 대한 따뜻한 격려와 지지를 받고 상호 축하하는 자리로 마무리하면 더할 나위 없이 좋다.

(3) 행동 지표

① 고객의 학습과 통찰을 자신의 가치관 및 정체성과 통합하도록 지원한다.
② 고객이 행동 설계 및 실행을 자율적이고 주도적으로 하도록 고취한다.
③ 고객이 실행계획을 실천할 수 있는 후원 환경을 만들도록 지원한다.

④ 고객이 행동 전환을 지속하도록 지지하고 격려한다.
⑤ 고객이 실행한 결과를 성찰하도록 돕고, 차기 실행에 반영하도록 지원한다.
⑥ 고객의 변화와 성장을 축하한다.

> **? 생각해봅시다**
>
> 1. 고객의 성장을 위해 명확하고 구체적인 목표를 설정하고, 이를 실현하기 위한 계획을 함께 세우고 있나요?
> 2. 고객의 강점과 발전 가능성을 파악하고, 이를 바탕으로 개인 맞춤형 성장 전략을 제시하고 있나요?
> 3. 고객이 새로운 경험과 도전을 통해 성장할 수 있도록, 안전하게 실험하고 적극적으로 도전하도록 돕고 있나요?
> 4. 고객이 성장하는 과정에서 발생하는 어려움과 갈등을 인정하고, 고객이 이를 극복할 수 있도록 지원하고 있나요?
> 5. 고객이 성장과 발전을 지속적으로 이루어 나갈 수 있도록, 자기주도적인 성장과 개발을 촉진하고, 필요한 지원을 제공하고 있나요?

3. 국제코칭연맹(ICF) 핵심 역량 모델

1) Foundation
기초 세우기

(1) Demonstrates Ethical Practice
윤리적 실천을 보여준다.

Definition : Understands and consistently applies coaching ethics and standards of coaching
정의 : 코칭 윤리와 코칭 표준을 이해하고 지속적으로 적용한다.

Demonstrates personal integrity and honesty in interactions with clients, sponsors and relevant stakeholders
고객, 스폰서 및 이해 관계자와의 상호작용에서 코치의 진실성과 정직성을 보여준다.

Is sensitive to clients' identity, environment, experiences, values and beliefs
고객의 정체성, 환경, 경험, 가치 및 신념에 민감하게 대한다.

Uses language appropriate and respectful to clients, sponsors and relevant stakeholders
고객, 스폰서 및 이해 관계자에게 적절하고, 존중하는 언어를 사용한다.

Abides by the ICF Code of Ethics and upholds the Core Values

ICF 윤리 강령을 준수하고 핵심 가치를 지지한다.

Maintains confidentiality with client information per stakeholder agreements and pertinent laws
이해 관계자 합의 및 관련 법률에 따라 고객 정보에 대해 비밀을 유지한다.

Maintains the distinctions between coaching, consulting, psychotherapy and other support professions
코칭, 컨설팅, 심리치료 및 다른 지원 전문직과의 차별성을 유지한다.

Refers clients to other support professionals, as appropriate
필요한 경우, 고객을 다른 지원 전문가에게 추천한다.

(2) Embodies a Coaching Mindset
코칭 마인드셋을 구현한다.

Definition : Develops and maintains a mindset that is open, curious, flexible and client-centered
정의 : 개방적이고 호기심이 많으며, 유연하고 고객 중심적인 사고방식(마인드셋)을 개발하고 유지한다.

Acknowledges that clients are responsible for their own choices
코치는 선택에 대한 책임이 고객 자신에게 있음을 인정한다.

Engages in ongoing learning and development as a coach
코치로서 지속적인 학습 및 개발에 참여한다.

Develops an ongoing reflective practice to enhance one's coaching

코치는 코칭능력을 향상시키기 위해 성찰훈련을 지속한다.

Remains aware of and open to the influence of context and culture on self and others

코치는 자기 자신과 다른 사람들이 상황과 문화에 의해 영향 받을 수 있음을 인지하고 개방적 태도를 취한다.

Uses awareness of self and one's intuition to benefit clients

고객의 유익을 위해 자신의 인식과 직관을 활용한다.

Develops and maintains the ability to regulate one's emotions

감정 조절 능력을 개발하고 유지한다.

Mentally and emotionally prepares for sessions

정신적, 정서적으로 매 세션을 준비한다.

Seeks help from outside sources when necessary

필요하면 외부자원으로부터 도움을 구한다.

> **? 생각해봅시다**
>
> 1. 고객과의 관계에서 상호신뢰와 존중을 기반으로 하며, 고객의 인간성과 가치를 인정하고 존중하며 대면하고 있나요?
> 2. 고객과 함께 명확하고 구체적인 목표를 수립하고, 이를 위해 효과적인 계획을 수립하고 이행하며, 적극적으로 결과를 추적하고 있나요?
> 3. 고객의 성격과 특성, 강점과 발전 가능성 등을 고려한 맞춤형 코칭을 제공하고 있나요?
> 4. 고객의 감정과 경험에 민감하게 대응하며, 효과적인 대화 스킬과 감정조절 스킬 등을 활용하여 고객의 심리적 안정과 안락함을 증진시키고 있나요?
> 5. 고객의 성장과 발전에 대한 지속적인 관심을 가지며, 고객이 스스로 성장할 수 있는 환경을 조성하고 필요한 지원을 제공하며 지속적인 성장을 촉진하고 있나요?

2) Co-Creating the Relationship
관계의 공동구축

(3) Establishes and Maintains Agreements
합의를 도출하고 유지한다.

Definition : Partners with the client and relevant stakeholders to create clear agreements about the coaching relationship, process, plans and goals.

Establishes agreements for the overall coaching engagement as well as those for each coaching session.

정의 : 고객 및 이해 관계자와 협력하여 코칭 관계, 프로세스, 계획 및 목표에 대한 명확한 합의를 한다. 개별 코칭세션은 물론 전체 코칭 과정에 대한 합의를 도출한다.

Explains what coaching is and is not and describes the process to the client and relevant stakeholders

코칭인 것과 코칭이 아닌 것에 대해 설명하고 고객 및 이해 관계자에게 프로세스를 설명한다.

Reaches agreement about what is and is not appropriate in the relationship, what is and is not being offered, and the responsibilities of the client and relevant stakeholders

관계에서 무엇이 적절하고 적절하지 않은지, 무엇이 제공되고 제공되지 않는지, 고객 및 이해 관계자의 책임에 관하여 합의한다.

Reaches agreement about the guidelines and specific parameters of the coaching relationship such as logistics, fees, scheduling, duration, termination, confidentiality and inclusion of others

코칭 진행 방법 (Logistics), 비용, 일정, 기간, 종결, 비밀 보장, 다른 사람의 포함 등과 같은 코칭 관계의 지침 및 특이사항에 대해 합의한다.

Partners with the client and relevant stakeholders to establish an overall coaching plan and goals

고객 및 이해 관계자와 함께 전체 코칭 계획 및 목표를 설정한다.

Partners with the client to determine client-coach compatibility

고객과 코치 간에 서로 맞는지 (Client-Coach Compatibility)를 결정하기 위해 파트너십을 갖는다.

Partners with the client to identify or reconfirm what they want to accomplish in the session

고객과 함께 코칭 세션에서 달성하고자 하는 것을 찾거나 재확인한다.

Partners with the client to define what the client believes they need to address or resolve to achieve what they want to accomplish in the session

고객과 함께 세션에서 달성하고자 하는 것을 얻기 위해 고객 스스로가 다뤄야 하거나 해결해야 한다고 생각하는 것을 분명히 한다.

Partners with the client to define or reconfirm measures of

success for what the client wants to accomplish in the coaching engagement or individual session

고객과 함께 코칭 과정 또는 개별 세션에서 고객이 달성하고자 하는 목표에 대한 성공 척도를 정의하거나 재확인한다.

Partners with the client to manage the time and focus of the session.

고객과 함께 세션의 시간을 관리하고 초점을 유지한다.

Continues coaching in the direction of the client's desired outcome unless the client indicates otherwise

고객이 달리 표현하지 않는 한 고객이 원하는 성과를 달성하기 위한 방향으로 코칭을 계속한다.

Partners with the client to end the coaching relationship in a way that honors the experience

고객과 함께 코칭 경험을 존중하며 코칭관계를 종료한다.

(4) Cultivates Trust and Safety

신뢰와 안전감을 조성한다.

Definition : Partners with the client to create a safe, supportive environment that allows the client to share freely. Maintains a relationship of mutual respect and trust.

정의 : 고객과 함께, 고객이 자유롭게 나눌 수 있는 안전하고 지지적인 환경을 만든다. 상호 존중과 신뢰 관계를 유지한다.

Seeks to understand the client within their context which may include their identity, environment, experiences, values and beliefs
고객의 정체성, 환경, 경험, 가치 및 신념 등의 맥락 안에서 고객을 이해하려고 노력한다.

Demonstrates respect for the client's identity, perceptions, style and language and adapts one's coaching to the client
고객의 정체성, 인식, 스타일 및 언어를 존중하고 고객에 맞추어 코칭한다.

Acknowledges and respects the client's unique talents, insights and work in the coaching process
코칭 과정에서 고객의 고유한 재능, 통찰 및 노력을 인정하고 존중한다.

Shows support, empathy and concern for the client
고객에 대한 지지, 공감 및 관심을 보여준다.

Acknowledges and supports the client's expression of feelings, perceptions, concerns, beliefs and suggestions
고객이 자신의 감정, 인식, 관심, 신념, 및 제안하는 바를 그대로 표현하도록 인정하고 지원한다.

Demonstrates openness and transparency as a way to display vulnerability and build trust with the client
고객과의 신뢰를 구축하기 위해 코치의 취약성을 드러내고 개방성과 투명성을 보여준다.

(5) Maintains Presence

프레즌스(Presence)를 유지한다.

Definition : Is fully conscious and present with the client, employing a style that is open, flexible, grounded and confident

정의 : 개방적이고 유연하며 중심이 잡힌 자신감 있는 태도로 완전히 깨어서 고객과 함께 한다.

Remains focused, observant, empathetic and responsive to the client

고객에게 집중하고 관찰하며 공감하고 적절하게 반응하는 것을 유지한다.

Demonstrates curiosity during the coaching process

코칭 과정 내내 호기심을 보여준다.

Manages one's emotions to stay present with the client

고객과 프레즌스(현존)를 유지하기 위해 감정을 관리한다.

Demonstrates confidence in working with strong client emotions during the coaching process

코칭과정에서 고객의 강한 감정 상태에 대해 자신감 있는 태도로 함께 한다.

Is comfortable working in a space of not knowing

코치가 알지 못함의 영역을 코칭할 때도 편안하게 임한다.

Creates or allows space for silence, pause or reflection

침묵, 멈춤, 성찰을 위한 공간을 만들거나 허용한다.

> **? 생각해봅시다**

1. 고객과 함께 신뢰와 존중을 바탕으로 상호작용하며, 고객과의 관계를 공동으로 구축하고 유지하는데 최선을 다하고 있나요?
2. 고객과의 상호작용에서, 고객의 성격, 문화, 가치관 등을 존중하고 이를 이해하며, 고객과의 관계에서 상호학습과 상호발전을 추구하고 있나요?
3. 고객과의 관계에서, 고객의 개인적 경험과 감정에 대해 민감하게 대처하며, 고객과의 관계를 통해 심리적 안정과 안락함을 증진시키고 있나요?
4. 고객과의 관계에서, 고객의 발전 가능성을 최대한으로 확장하고, 이를 위한 다양한 방법을 고민하며, 고객과 함께 협력하여 발전과 성장을 촉진하고 있나요?
5. 고객과의 관계에서, 고객이 효과적인 성과를 이끌어내기 위한 지원을 제공하며, 고객과 함께 성과에 대한 평가와 피드백을 수행하며, 고객의 성과를 공동으로 추적하고 개선하기 위해 최선을 다하고 있나요?

3) Communicating Effectively
효과적으로 의사소통하기

(6) Listens Actively
적극적으로 경청한다.

Definition : Focuses on what the client is and is not saying to fully understand what is being communicated in the context of the client systems and to support client self-expression

정의 : 고객의 시스템 맥락에서 전달하는 것을 충분히 이해하고, 고객의

자기표현(Self-expression)을 돕기 위하여 고객이 말한 것과 말하지 않은 것에 초점을 맞춘다.

Considers the client's context, identity, environment, experiences, values and beliefs to enhance understanding of what the client is communicating

고객이 전달하는 것에 대한 이해를 높이기 위해 고객의 상황, 정체성, 환경, 경험, 가치 및 신념을 고려한다.

Reflects or summarizes what the client communicated to ensure clarity and understanding

고객이 전달한 것에 대해 더 명확히 하고 이해하기 위해 반영하거나 요약한다.

Recognizes and inquires when there is more to what the client is communicating

고객이 소통한 것 이면에 무언가 더 있다고 생각될 때 이것을 인식하고 질문한다.

Notices, acknowledges and explores the client's emotions, energy shifts, non-verbal cues or other behaviors

고객의 감정, 에너지 변화, 비언어적 신호 또는 기타 행동에 대해 주목하고, 알려 주며 탐색한다.

Integrates the client's words, tone of voice and body language to determine the full meaning of what is being communicated

고객이 전달하는 내용의 완전한 의미를 알아내기 위해 고객의 언어, 음성 및 신체 언어를 통합한다.

Notices trends in the client's behaviors and emotions across sessions to discern themes and patterns

고객의 주제(Theme)와 패턴(Pattern)을 분명히 알기 위해 세션 전반에 걸쳐 고객의 행동과 감정의 흐름(Trends)에 주목한다.

(7) Evokes Awareness

알아차림을 불러일으킨다.

Definition : Facilitates client insight and learning by using tools and techniques such as powerful questioning, silence, metaphor or analogy

정의 : 강력한 질문, 침묵, 은유(Metaphor) 또는 비유(Analogy)와 같은 도구와 스킬을 사용하여 고객의 통찰과 학습을 촉진한다.

Considers client experience when deciding what might be most useful

가장 유용한 것이 무엇인지 결정할 때 고객의 경험을 고려한다.

Challenges the client as a way to evoke awareness or insight

알아차림이나 통찰을 불러일으키기 위한 방법으로 고객에게 도전한다.

Asks questions about the client, such as their way of thinking, values, needs, wants and beliefs

고객의 사고방식, 가치, 욕구 및 원함. 그리고 신념 등 고객에 대하여 질문한다.

Asks questions that help the client explore beyond current thinking

고객이 현재의 생각을 뛰어넘어 탐색하도록 도움이 되는 질문을 한다.

Invites the client to share more about their experience in the moment
고객이 자신의 경험에 대해 이 순간 더 많은 것을 나누도록 요청한다.

Notices what is working to enhance client progress
고객의 발전 (client's progress)을 위해 무엇이 잘되고 있는지에 주목한다.

Adjusts the coaching approach in response to the client's needs
고객의 욕구에 맞추어 코칭 접근법을 조정한다.

Helps the client identify factors that influence current and future patterns of behavior, thinking or emotion
고객이 현재와 미래의 행동, 사고 또는 감정 패턴에 영향을 미치는 요인을 식별하도록 도와준다.

Invites the client to generate ideas about how they can move forward and what they are willing or able to do
고객이 어떻게 앞으로 나아갈 수 있는지, 무엇을 하려고 하고 할 수 있는지 생각해 내도록 초대한다.

Supports the client in reframing perspectives
관점을 재구성(Reframing) 할 수 있도록 고객을 지원한다.

Shares observations, insights and feelings, without attachment, that have the potential to create new learning for the client
고객이 새로운 학습을 할 수 있는 잠재력을 갖도록 관찰, 통찰 및 느낌을 있는 그대로 공유한다.

> **？ 생각해봅시다**
>
> 1. 고객과의 상호작용에서, 명확하고 간결한 언어로 의사소통하며, 고객이 이해할 수 있는 방식으로 정보를 제공하고 있나요?
> 2. 고객과의 상호작용에서, 질문 스킬을 효과적으로 활용하여 고객의 핵심적인 문제와 목표를 파악하고, 이를 해결하기 위한 계획을 수립하고 있나요?
> 3. 고객과의 상호작용에서, 적극적인 청취자로서 고객의 말을 주의 깊게 듣고, 이를 기반으로 고객의 필요와 욕구를 파악하며, 이를 해결하기 위한 적절한 대처 방법을 모색하고 있나요?
> 4. 고객과의 상호작용에서, 비언어적인 요소를 포함하여 의사소통을 전반적으로 고려하여 상호작용을 진행하고 있나요?
> 5. 고객과의 상호작용에서, 고객이 피드백을 제공하거나 의견을 제시할 때, 이를 열린 마음으로 수용하고, 이를 적극적으로 고려하여 의사결정을 내리고 있나요?

4) Cultivating Learning and Growth
학습과 성장 북돋우기

(8) Facilitates Client Growth
고객의 성장을 촉진한다.

Definition : Partners with the client to transform learning and insight into action. Promotes client autonomy in the coaching process.

정의 : 고객이 학습과 통찰을 행동으로 전환할 수 있도록 협력한다. 코칭

과정에서 고객의 자율성을 촉진한다.

Works with the client to integrate new awareness, insight or learning into their world view and behaviors
새로운 알아차림, 통찰, 학습을 세계관 및 행동에 통합하기 위해 고객과 협력한다.

Partners with the client to design goals, actions and accountability measures that integrate and expand new learning
새로운 학습을 통합하고 확장하기 위해 고객과 함께 고객의 목표와 행동, 그리고 책임 측정 방안(Accountability Measures)을 설계한다.

Acknowledges and supports client autonomy in the design of goals, actions and methods of accountability
목표, 행동 및 책임 방법을 설계하는 데 있어서 고객의 자율성을 인정하고 지지한다.

Supports the client in identifying potential results or learning from identified action steps
고객이 잠재적 결과를 확인해보거나 이미 수립한 실행단계로부터 배운 것을 지지한다.

Invites the client to consider how to move forward, including resources, support and potential barriers
고객이 지닌 자원(Resource), 지원(Support) 및 잠재적 장애물 (Potential Barriers)을 포함하여 어떻게 자신이 앞으로 나아갈지에 대해 고려하도록 한다.

Partners with the client to summarize learning and insight within or between sessions

고객과 함께 세션에서 또는 세션과 세션 사이에서 학습하고 통찰한 것을 요약한다.

Celebrates the client's progress and successes

고객의 진전과 성공을 축하한다.

Partners with the client to close the session

고객과 함께 세션을 종료한다.

> **? 생각해봅시다**
>
> 1. 코칭 프로세스에서 고객의 자아 개발을 지원하기 위해 어떤 방식으로 진행하고 있나요?
> 2. 고객의 특성과 요구에 따라 어떤 학습 자료나 자원을 제공하고 있나요?
> 3. 고객의 진전과 성장을 추적하고 이에 대한 피드백과 심사 평가를 제공하고 있나요?
> 4. 고객이 새로운 아이디어나 관점을 수용하고 적극적으로 실행할 수 있도록 도와주는 방법은 무엇인가요?
> 5. 고객의 성장에 대한 계획을 수립하고, 이를 위한 구체적인 단계와 목표를 도출하여 고객이 성장을 이룰 수 있도록 지원하고 있나요?

[출처]

1. (사)한국코치협회 홈페이지, http://www.kcoach.or.kr/
2. 국제코칭연맹(ICF) 홈페이지, https://coachingfederation.org/

Chapter 03

코치 자격취득

1 (사)한국코치협회(KCA) 코치 자격취득
2 국제코칭연맹(ICF) 코치 자격취득
3 역량 진단
4 코치가 되기 위한 조건과 자질
5 코치가 가져야 할 태도, 역량, 자신감, 윤리
6 코치로서 계속 성장

1. (사)한국코치협회(KCA) 코치 자격취득

(사)한국코치협회의 코치인증 자격은 다음과 같이 3종류가 있다.

1) KAC(Korea Associate Coach)
2) KPC(Korea Professional Coach)
3) KSC(Korea Supervisor Coach)

또한, 인증시험 지원방식은 다음 두 종류가 있다.

ACPK 지원방식	(사)한국코치협회가 인증하는 교육 프로그램(ACPK) 수료자들이 지원하는 일반적인 방법
포트폴리오 지원방식	ACPK는 수료하지 않았으나 (사)한국코치협회가 요구하는 역량과 윤리 수준을 갖춘 코치들이 별도로 지원하는 방법 ACPK 프로그램 외 코치 육성 목적 20시간 이상 단일 코칭 프로그램 교육 이수 후 응시할 수 있음

* ACPK : Accredited Coaching Program In Korea

ACPK 인증 프로그램은 기초과정, 심화과정, 역량과정으로 구분되며, (사)한국코치협회의 승인을 받은 프로그램 리스트는 http://www.kcoach.or.kr/03certi/certi0205.html에서 확인할 수 있다.

1) ACPK 지원 요건

코칭인증자격	KAC	KPC	KSC
응시원서	(사)한국코치협회 양식		
교육시간	20시간 이상	60시간 이상	150시간 이상
코칭시간	50시간	200시간 (유료 40시간 필수)	800시간 (유료 500시간 필수)
멘토코칭받기	-	KAC 취득 후 60일 이상 5시간	KPC 취득 후 90일 이상 365일 미만 10시간
1:1 코치더코치 받기	-	KAC 취득 후부터 5시간	KPC 취득 후부터 10시간
고객추천서	2명 각 1통 (총 2통)	2명 각 1통 (총 2통)	-
코치추천서	KAC 이상 2명으로부터 각 1통 (총 2통)	KPC 이상 2명으로부터 각 1통 (총 2통)	KSC 이상 2명으로부터 각 1통 (총 2통)
	실제 코칭을 관찰 후		
필기시험	실시	실시	에세이 제출
실기시험	텔레(전화) 시험		
응시료	20만원	30만원	40만원
코치인증자격기간	3년	5년	5년
코치인증자격 연장 주기	3년 후 연장	5년 후 연장	5년 후 연장
자격유지보수교육	30시간/3년	50시간/5년	50시간/5년
의무사항	· 코치인증자격 유지를 위해서는 협회 정회원 가입 및 정회원 자격을 유지해야 함 · 각 코치인증자격 취득, 자격갱신 후 자격갱신 교육 필수		

- (주) (사)한국코치협회 홈페이지 공지내용 참조.
- 멘토 코칭 : 본인보다 상위 자격을 가진 코치에게 코칭을 받는 것
- 1:1 코치더코치(Coach the Coach) : 본인보다 상위 자격을 가진 코치에게 코칭하는 모습을 보여준 후 자신의 역량, 스킬에 대해 피드백(지도)를 받는 것

2) 포트폴리오 지원 요건

코칭인증자격	KAC	KPC	KSC
응시원서	(사)한국코치협회 양식		
교육시간	20시간 이상	60시간 이상	150시간 이상
코칭시간	50시간	200시간 (유료 40시간 필수)	800시간 (유료 500시간 필수)
멘토코칭받기	-	KAC 취득 후 90일 이상 10시간	KPC 취득 후 90일 이상 365일 미만 15시간
1:1 코치더코치 받기	-	KAC 취득 후부터 8시간	KPC 취득 후부터 15시간
고객추천서	2명 각 1통 (총2통)	2명 각 1통 (총 2통)	-
코치추천서	KAC 이상 2명으로부터 각 1통 (총 2통)	KPC 이상 2명으로부터 각 1통 (총 2통)	KSC 이상 2명으로부터 각 1통 (총 2통)
코칭녹음파일 제출	실제 코칭을 관찰 후		
	1개 제출 (30분 분량)		2개 제출 (각 30분 분량)
필기시험	실시	실시	에세이 제출
실기시험	실시		
응시료	35만원	45만원	60만원

코칭인증자격	KAC	KPC	KSC
코치인증자격기간	3년	5년	5년
코치인증자격 연장 주기	3년 후 연장	5년 후 연장	5년 후 연장
자격유지보수교육	30시간/3년	50시간/5년	50시간/5년
의무사항	·코치인증자격 유지를 위해서는 협회 정회원 가입 및 정회원 자격을 유지해야 함 ·각 코치인증자격 취득, 자격갱신 후 자격갱신 교육 필수		

(주) (사)한국코치협회 홈페이지 공지내용 참조.

2) 자격 취득 안내

코치인증시험은 다음 단계로 진행된다.

1단계 : 서류심사
2단계 : 필기시험
3단계 : 실기시험

(1) 서류심사

(사)한국코치협회가 요구하는 서류를 100% 완비하여 제출하여야 한다. 서류에 작성오류가 있을 경우는 탈락 사유가 된다. 서류심사에 통과된 지원자만 필기시험을 실시하고, 필기시험 합격자만

실기시험을 실시한다. (사)한국코치협회 인증위원회는 제출된 응시서류의 추천자와 고객 리스트 중 몇 명에게 확인할 수도 있다.

• (사)한국코치협회는 매년 연말에 다음 연도 1년간의 자격시험 일정계획을 홈페이지에 공지한다. 이 일정을 확인하고 시험 준비 계획을 세워 학습하고 준비할 수 있다.

• ACPK KAC 자격시험(서류심사 및 실기시험. 필기시험은 제외)은 (사)한국코치협회 또는 (사)한국코치협회가 인증한 코칭 교육기관을 통해서 볼 수 있다. (사)한국코치협회에 신청하여 응시하여 시험을 볼 경우는 서류심사 응시 자료를 (사)한국코치협회로 접수해야 하며, 인증된 코칭 교육기관에서 시험을 볼 경우는 응시 자료를 해당 교육기관으로 접수해야 한다. 다만, 단계별 합격자는 모두 (사)한국코치협회 홈페이지를 통해서만 발표된다. (필기시험은 (사)한국코치협회 홈페이지에서만 진행됨)

• ACPK KPC 이상의 자격시험은 (사)한국코치협회에서만 서류 접수 하고 필기시험 및 실기시험을 볼 수 있다.

(2) 필기전형 (KAC, KPC만 해당함)

필기시험은 (사)한국코치협회 홈페이지에서 인터넷 시험으로 진행된다. 따라서, 필기시험을 보려면 반드시 사전에 (사)한국코치협회 홈페이지에서 회원가입을 해야 한다.

[시험 범위]

(1) 코칭 역량 : 코칭 역량 해설서((사)한국코치협회 홈페이지 자료 참조)

(2) 코칭 개론

① ACPK 프로그램 (코칭 개요, 주요 내용, 코칭 역량, 코칭 스킬 등)

※본인이 교육기관에서 이수한 ACPK 프로그램

② 한국코치협회 홈페이지(협회 소개, 코칭 가이드, 자격인증 관련 사항)

③ 코칭 실무 : 코치인증 자격시험 세부 사항 ((사)한국코치협회 홈페이지 자료 참조)

④ 필기시험 문항 수 : 40문항

⑤ 필기시험 합격 점수 : 70점 이상

⑥ 1문제당 소요 시간 : 60초 (60초 이후 자동으로 다음 문제로 넘어감)

(3) 실기전형

실기전형은 텔레컨퍼런스(전화회의)로 진행되며, 시험 진행 소요 시간 및 합격 기준 점수는 다음과 같다.

자격	총시간	1인당 시연 시간	합격 기준 점수
KAC	약 1시간	15~20분	60점 이상
KPC	약 1시간 15분	25~30분	65점 이상
KSC	약 1시간	35~40분	70점 이상

3) 응시 지원 서류 양식 리스트

KAC	KPC	KSC
윤리규정준수 서약서	윤리규정준수 서약서	윤리규정준수 서약서
응시원서	응시원서	응시원서
교육 리스트	교육 리스트	교육 리스트
코칭일지	코칭일지	코칭일지
고객추천서	고객추천서	-
코치추천서	코치추천서	코치추천서
교육준수 서약서	교육준수 서약서	교육준수 서약서
-	멘토코칭리스트	멘토코칭리스트
-	1:1 코치더코치리스트	1:1 코치더코치리스트
개인정보수집 및 활용동의서	개인정보수집 및 활용동의서	개인정보수집 및 활용동의서
응시서류 체크리스트	응시서류 체크리스트	응시서류 체크리스트

① 응시서류는 수시로 업데이트될 수 있으므로 (사)한국코치협회 홈페이지에서 확인한 후 최신 양식을 다운로드 받아 사용해야 한다.

② 응시서류는 우편으로만 접수하며, 서류접수 마감일의 우체국 소인까지 유효하다. (팩스 및 이메일 접수는 불가함)

③ KAC 자격인증기관(코칭 교육기관)에서 시험을 볼 경우는 모든 서류를 해당 교육기관으로 일정을 준수하여 우편으로 접수한다.

④ 응시서류 접수 시 심사비를 (사)한국코치협회(KAC 시험은 응시원서를 접수하는 교육기관)의 지정 계좌로 입금하여야 한다.
④ (사)한국코치협회 주소 및 계좌 정보는 협회 홈페이지를 참조한다.

4) (사)한국코치협회의 실기시험 심사기준

(1) KAC 실기시험 심사항목

구분	실기 심사항목
코칭 세션 운영	1. 윤리규정 및 태도 비밀유지규정을 고지하였다. 시연시간에 맞추어 입장하였다.
	2. 코칭세션 동의 고객에게 코칭시작 동의를 얻었다. 고객에게 코칭종료 동의를 얻었다.
	3. 코칭세션 시간 운영(15분~20분) 코칭세션을 주어진 시간(15분~20분) 안에 마무리하였다.
	4. 전체 세션 운영의 유연성 전체 코칭세션을 자신감을 가지고 자연스럽게 운영하였다.
전문 계발	5. 코칭 합의 코칭 주제와 목표를 명료화하고 합의하였다.
	6. 성과 관리 코칭세션을 마무리하면서 코칭 성과를 확인하였다.

구분	실기 심사항목
관계 구축	**7. 수평적 파트너십** 고객을 수평적인 관계로서 존재를 인정하며 대하였다. **8. 라포 형성** 고객과 라포를 형성하며 편안한 코칭 환경을 유지하였다. **9. 신뢰감과 안전감** 고객에게 긍정반응, 인정, 칭찬, 지지, 격려, 신뢰 등의 언어를 사용하였다.
적극 경청	**10. 반영** 어조 높낮이, 속도 맞추기, 추임새 또는 맞장구 등을 하면서 경청하고, 고객의 이야기를 재진술, 요약 확인 등을 확인하였다. **11. 공감** 고객의 생각이나 감정을 이해하며, 이해한 것을 고객에게 표현하였다. **12. 고객의 표현지원** 고객이 자신의 생각, 감정을 표현하도록 도왔다.
의식 확장	**13. 질문** 긍정적, 중립적 언어로 개방적 질문을 하였다. **14. 기법 활용** 고객의 상황과 특성에 따라 침묵(완급조절), 은유, 비유 등 다양한 기법을 활용하였다. **15. 의미확장과 구체화** 고객의 말에서 의미를 확장하거나 고객의 말을 구체화 또는 명료화 하도록 도왔다. **16. 통찰** 고객이 알아차림이나 통찰을 하도록 도왔다.

구분	실기 심사항목
성장 지원	17. 자율성과 책임 고취 　　고객이 행동설계 및 실행계획을 세우도록 도왔다.
	18. 행동전환 지원 　　고객이 실행계획을 실천하도록 점검 또는 후원환경을 만들었다.
	19. 변화와 성장 축하 　　고객의 변화와 성장을 축하하였다.
총평	20. 총평 　　심사의 각 항목에서 포착하지 못한 부분과 전체 실기시험의 종합적인 　　측면(전체적인 느낌과 분위기)과 고객 역할에 대한 수행 등을 반영하 　　였다.

(2) KPC 실기시험 심사항목

구분	실기 심사 항목
코칭 세션 운영	1. 윤리규정 및 태도 　- 비밀유지규정을 고지하였다. 　- 시연시간에 맞추어 입장하였다.
	2. 코칭세션 동의 　- 고객에게 코칭시작 동의를 얻었다. 　- 고객에게 코칭종료 동의를 얻었다.
	3. 코칭세션 시간 운영(25분~30분) 　- 코칭세션을 주어진 시간(25분~30분) 안에 마무리하였다.
	4. 전체세션 운영의 유연성 　- 전체 코칭세션을 자신감을 가지고 자연스럽게 운영하였다.

구분	실기 심사 항목
전문 계발	**5. 코칭 합의** 코칭 주제와 목표를 명료화하고 합의하였다. **6. 성과관리** 코칭세션을 마무리하면서 코칭 성과를 확인하였다.
관계 구축	**7. 수평적 파트너십** 고객을 수평적인 관계로서 존재를 인정하며 대하였다. **8. 신뢰감과 안전감** 고객에게 긍정반응, 인정, 칭찬, 지지, 격려, 신뢰 등의 언어를 상황에 맞게 사용하였다. **9. 호기심** 고객의 주제와 존재에 대해서 관심과 호기심을 보였다.
적극 경청	**10. 반영** 어조 높낮이, 속도 맞추기, 추임새 또는 맞장구 등을 하면서 경청하고, 고객의 이야기를 재진술, 요약하거나 직면하도록 도왔으며, 침묵(Space)을 활용하면서 경청하였다. **11. 공감** 고객의 생각이나 감정, 의도나 욕구를 이해하며, 이해한 것을 고객에게 표현하였다. **12. 고객의 표현지원** 고객이 자신의 생각, 감정, 의도, 욕구를 표현하도록 도왔다.-

구분	실기 심사 항목
의식 확장	13. 질문 긍정적, 중립적 언어로 개방적 질문을 하였다.
	14. 기법 활용 고객의 상황과 특성에 따라 침묵(완급 조절), 은유, 비유 등 다양한 기법을 활용하였다.
	15. 의미확장과 구체화 고객의 말에서 의미를 확장하거나 고객의 말을 구체화 또는 명료화 하도록 도왔다.
	16. 통찰 고객이 알아차림이나 통찰을 하도록 도왔다.
	17. 관점전환과 재구성 고객이 관점을 전환하거나 재구성하도록 도왔다.
성장 지원	18. 정체성과의 통합 지원 고객의 학습과 통찰을 자신의 가치관 및 정체성과 통합하도록 지원하였다.
	19. 자율성과 책임 고취 고객이 행동 설계와 실행을 자율적이고 주도적으로 하도록 고취하였다.
	20. 행동전환 지원 고객이 실행계획을 실천하도록 점검 또는 후원환경을 만들었다.
총평	21. 총평 심사의 각 항목에서 포착하지 못한 부분과 전체 실기시험의 종합적인 측면(전체적인 느낌과 분위기)과 고객 역할에 대한 수행 등을 반영하였다

(3) KSC 실기시험 심사항목

구분	실기 심사 항목
전문 계발	1. 코칭합의 코칭 주제와 목표를 명료화하고 합의하였다.
	2. 성과관리 코칭세션을 마무리하면서 코칭 성과를 확인하였다.
관계 구축	3. 수평적 파트너십 고객을 수평적인 관계로서 존재를 인정하며 대하였다.
	4. 신뢰감과 안전감 고객에게 긍정반응, 인정, 칭찬, 지지, 격려, 신뢰 등의 언어를 상황에 맞게 사용하였다.
	5. 존재 인정 고객의 특성, 정체성, 스타일, 언어 패턴을 알아주고 적용하였다.
	6. 호기심 고객의 주제와 존재에 대해서 관심과 호기심을 보였다.
적극 경청	7. 맥락적 이해 고객이 말한 것과 말하지 않은 것을 맥락적으로 헤아려 듣고 표현하였다.
	8. 반영 어조 높낮이, 속도 맞추기, 추임새 또는 맞장구 등을 하면서 경청하고, 고객의 이야기를 재진술, 요약하거나 직면하도록 도왔으며, 침묵(Space)을 활용하면서 경청하였다.
	9. 공감 고객의 생각이나 감정, 의도나 욕구를 이해하며, 이해한 것을 고객에게 표현하였다.
	10. 고객의 표현지원 고객이 자신의 생각, 감정, 의도, 욕구를 표현하도록 도왔다.

구분	실기 심사 항목
의식 확장	**11. 질문** 긍정적, 중립적 언어로 개방적 질문을 하였다. **12. 기법 활용** 고객의 상황과 특성에 따라 침묵(완급 조절), 은유, 비유 등 다양한 기법을 활용하였다. **13. 의미확장과 구체화** 고객의 말에서 의미를 확장하거나 고객의 말을 구체화 또는 명료화 하도록 도왔다. **14. 통찰** 고객이 알아차림이나 통찰을 하도록 도왔다. **15. 관점전환과 재구성** 고객이 관점을 전환하거나 재구성하도록 도왔다. **16. 가능성 확대** 고객의 상황, 경험, 사고, 가치, 욕구, 신념, 정체성 등의 탐색을 통해 가능성 확대를 도왔다.
성장 지원	**17. 정체성과의 통합 지원** 고객의 학습과 통찰을 자신의 가치관 및 정체성과 통합하도록 지원하였다. **18. 자율성과 책임 고취** 고객이 행동 설계와 실행을 자율적이고 주도적으로 하도록 고취하였다. **19. 행동전환 지원** 고객이 실행계획을 실천하도록 점검 또는 후원환경을 만들었다.
총평	**20. 총평(에세이 등)** 코칭 윤리, 태도, 코칭 시간 엄수(35분~40분), 응시환경 조성을 하였다 코치로서의 특성/장점이 드러났다.

(4) 자격별 심사 영역 비교

역량	KAC 심사 영역	KPC 심사 영역	KSC 심사 영역
코칭 세션 운영	1. 윤리규정 및 태도	1. 윤리규정 및 태도	
	2. 코칭 세션 동의	2. 코칭세션 동의	
	3. 코칭세션운영 (15~20분)	3. 코칭세션운영 (25~30분)	
	4. 전체 세션 운영의 유연성	4. 전체 세션 운영의 유연성	
전문 계발	5. 코칭합의	5. 코칭합의	1. 코칭합의
	6. 성과관리	6. 성과관리	2. 성과관리
관계 구축	7. 수평적 파트너십	7. 수평적 파트너십	3. 수평적 파트너십
	8. 라포형성		
	9. 신뢰감과 안전감	8. 신뢰감과 안전감	4. 신뢰감과 안전감
			5. 존재인정
		9. 호기심	6. 호기심
적극 경청			7. 맥락적 이해
	10. 반영	10. 반영	8. 반영
	11. 공감	11. 공감	9. 공감
	12. 고객의 표현지원	12. 고객의 표현지원	10. 고객의 표현지원
의식 확장	13. 질문	13. 질문	11. 질문
	14. 기법 활용	14. 기법 활용	12. 기법 활용
	15. 의미확장과 구체화	15. 의미확장과 구체화	13. 의미확장과 구체화
	16. 통찰	16. 통찰	14. 통찰
		17. 관점 전환과 재구성	15. 관점 전환과 재구성
			16. 가능성 확대

역량	KAC 심사 영역	KPC 심사 영역	KSC 심사 영역
성장 지원		18. 정체성과 통합 지원	17. 정체성과 통합 지원
	17. 자율성과 책임 고취	19. 자율성과 책임 고취	18. 자율성과 책임 고취
	18. 행동전환 지원	20. 행동전환 지원	19. 행동전환 지원
	19. 변화와 성장 축하		
총평	20. 총평	21. 총평	20. 총평 (에세이 등)

2. 국제코칭연맹(ICF) 코치 자격취득

국제코칭연맹(ICF: International Coaching Federation)은 1995년 설립된 세계에서 가장 큰 코치들의 연합체중 하나이다. 전 세계 140여 국에 지부가 있으며 우리나라에는 ICF Korea Chapter가 있다.

ICF 홈페이지: coachingfederation.org
ICF Korea Chapter 홈페이지: www.icfkorea.or.kr

1) 자격 요건

국제코칭연맹의 국제코치 자격증은 다음의 3종류가 있다.

(1) ACC(Associate Certified Coach)

코치 인증 프로그램 교육 60시간 이수, 100시간 이상 코칭 경험(유료 코칭 75시간 포함)

(2) PCC(Professional Certified Coach)

코치 인증 프로그램 교육 125시간 이수, 500시간 이상 코칭 경험(유료 코칭 450시간 포함)

(3) MCC(Master Certified Coach)

코치 인증 프로그램 교육 200시간 이수, 2,500시간 이상 코칭 경험(유료 코칭 2,250시간 포함)

2) 자격취득 방법

ICF의 국제코치 자격인증 요건은 다음과 같다.

자격	ACC			PCC			MCC
구분	ACTP	ACSTH	포트롤리오	ACTP	ACSTH	포트롤리오	포트롤리오

자격	ACC		PCC			MCC
교육 이수 조건	ACTP 인증 전체 이수	ACTP 혹은 ACSTH 인증 60시간 이상 이수 / 일반 코칭 교육 60시간 이상 이수	ACTP 인증 전체 이수	ACTP 혹은 ACSTH 인증 125시간 이수	일반 코칭 교육 125시간 이상 이수	일반 코칭 교육 200시간 이상 이수
멘토코칭	-	ACC PCC MCC로부터 최소 3개월 이상, 10시간 이상	-	PCC MCC로부터 최소 3개월 이상, 10시간 이상		MCC로부터 최소 3개월 이상, 10시간 이상 (PCC 멘토 코칭 받은 분으로부터의 멘토코칭 중복불가)
코칭 시간 - 전체	100 시간		500 시간			2500 시간
코칭 시간 - 유료 코칭	75 시간		450 시간			2250 시간
코칭 시간 - 최근 18개월 이내	25 시간		50 시간			250 시간
코칭 고객수	8명 이상		25명 이상			35명 이상
CKA 점수	70% 이상		70% 이상 (ACC 취득 시 CKA 통과하였으면 불필요)			70% 이상 (ACC, PCC 보유시 불필요)
소요시간	4주	14주	4주	14주	18주	18주
지원비 ($) 회원	100	300	400	300	575	675	575
지원비 ($) 비회원	300	500	600	500	775	875	775
코칭 녹음 파일 및 대본(한글+영문)제출	--	1개	-	2개		2개

(1) 시험 응시 시점 세부 내용은 ICF 및 ICF Korea Chapter 홈페이지에서 확인해야 한다.

(2) 포트폴리오 방식 추가서류 안내

① 강사와 참가자가 실제로 만나 진행된 교육과정(토의, 관찰, 실습 피드백, 멘토링 등)을 포함하며, 교육과정에 ICF 8가지 핵심역량이 모두 들어가야 함. (ACC 48시간 / PCC 100시간 / MCC 160시간 이상)

② 숙제/개인과제는 참가자가 직접 수행했는지 증빙해야 하며(읽기, 쓰기, 연구조사 등의 과제가 교육 시간 외에 개인적으로 수행하도록 진행되었을 경우), ICF 핵심역량 없어도 됨. (ACC 12시간 / PCC 25시간 / MCC 40시간 이내)

* CKA: Coach Knowledge Assessment(객관식 필기시험)
* ACTP(Accredited Coach Training Program): ICF 전문 코치인증 교육 프로그램으로 125시간 이상 진행됨.
* ACSTH(Approved Coach Specific Training Hours): ICF 코치 양성 승인 교육 프로그램으로 125시간 이하로 진행되며, 코치의 특정한 역량 강화를 위한 개별 프로그램.

3.) ICF 자격의 갱신

ICF 인증 코치 자격은 3년마다 갱신해야 한다.

(1) ACC (Associate Certified Coach) 자격갱신

① 2018년 12월 31일까지 자격만료일 경우 (자격취득 후 3년이 되는 시점)
- ▶ 최초 자격취득일 또는 가장 최근의 자격갱신일 이후 3년 동안 받은 10시간의 멘토 코칭 시간을 제출해야 함.
- ▶ 최초 자격취득일 또는 가장 최근의 자격갱신일 이후 3년 동안 받은 최소 30시간 이상의 CCE(Continuing Coach Education)를 제출해야 함.

– 이 중에 최소 11시간 이상은 핵심 코칭 역량(Core Competencies)과 관련된 것이어야 함.
– 최소 3시간 이상은 코칭 윤리에 대한 것이어야 함. (ICF 홈페이지에서 무료 온라인 코칭 윤리 교육으로 이수 가능)
– 나머지 시간은 Resource Development이어도 됨.

② 2017년 12월 31일까지 자격 만료였던 경우 (자격취득 후 3년이 되는 시점)
- ▶ 최초 자격취득일 또는 가장 최근의 자격갱신일 이후 3년 동안 받은 10시간의 멘토코칭 시간을 제출해야 함.
- ▶ 최초 자격취득일 또는 가장 최근의 자격갱신일 이후 3년 동안 받은 최소 40시간 이상의 CCE(Continuing Coach Education)를 제출해야 함.

- 이 중에 최소 21시간 이상은 핵심 코칭 역량과 관련된 것이어야 함.
- 최소 3시간 이상은 코칭 윤리에 대한 것이어야 함. (ICF 홈페이지에서 무료 온라인 코칭 윤리 교육으로 이수 가능)
- 나머지 시간은 Resource Development이어도 됨.

③ 2018년 12월 31일까지 또는 그 이후 자격 만료의 경우, 갱신을 위해서는 다음 사항을 확인해야 함.

- 2018년 8월부터는 멘토코치가 ACC일 경우 최소 1번 이상은 ACC 자격을 갱신했던 코치여야 함. (최초 ACC 자격취득 이후로 3년이 지난 시점에 갱신을 1번 이상 했던 코치)
- 멘토코치가 PCC, MCC 일 경우에도 최소 1번 이상은 PCC, MCC 자격을 갱신한 코치여야 함.

(2) PCC (Professional Certified Coach) 자격갱신

최초 자격취득일 또는 가장 최근의 자격갱신일 이후 3년 동안 받은 최소 40시간 이상의 CCE를 제출해야 함.

- 이 중에 최소 21시간 이상은 핵심 코칭 역량과 관련된 것이어야 함.
- 최소 3시간 이상은 코칭 윤리에 대한 것이어야 함. (ICF 홈페이지에서 무료 온라인 코칭 윤리 교육으로 이수 가능)

- 나머지 시간은 Resource Development이어도 됨.

(3) MCC (Master Certified Coach) 자격갱신

최초 자격취득일 또는 가장 최근의 자격갱신일 이후 3년 동안 받은 최소 40시간 이상의 CCE를 제출해야 함.

- 이 중에 최소 21시간 이상은 핵심 코칭 역량과 관련된 것이어야 함.
- 최소 3시간 이상은 코칭 윤리에 대한 것이어야 함. (ICF 홈페이지에서 무료 온라인 코칭 윤리 교육으로 이수 가능)
- 나머지 시간은 Resource Development이어도 됨.

(4) 갱신을 위한 CCE(Continuing Coach Education) 안내

갱신을 위한 CCE에 해당하는 것은 다음과 같다.

- 코칭 교육
- 코치 전문성 개발을 위한 모임, 행사 등의 이벤트
- 코칭 관련 툴(Coaching tools) 교육

4) ICF 인증 교육과 교육 시간

(1) ICF 인증 교육

① **ICF 챕터에서 제공되는 CCE 인증 시간**
챕터에서 발행한 인증서를 제출해야 함. 인증서에는 모임/행사명, 날짜, 인증 시간, CCE 구분(핵심역량/자원개발)이 명시되어 있어야 함.

② **ICF 인증 교육기관의 CCE 인증 시간**
수료증 또는 기관에서 만든 인증서 양식을 제출해야 함. 모임/행사명, 날짜, 인증 시간, CCE 구분(핵심역량/자원개발)이 명시되어 있어야 함.

③ **ICF 지역 및 글로벌 컨퍼런스 또는 행사에서 제공되는 CCE 인증 시간**
ICF에서 발행한 인증서를 제출해야 함. 행사명, 날짜, 인증 시간, CCE 구분(핵심역량/자원개발)이 명시되어 있어야 함.

④ **ICF ACSTH 또는 ACTP 프로그램 이수**
수료증 또는 기관에서 만든 인증서 양식을 제출해야 함. 교육명, 날짜, 인증 시간이 명시되어 있어야 함.

⑤ ICF에서 사전 승인된 특별 프로젝트나 활동들

(2) 그 외의 교육 시간

① ICF에서 사전에 승인되지 않은 교육 이수 시간

수료증 또는 기관에서 만든 인증서 양식을 제출해야 함. 교육명, 날짜, 인증 시간이 명시되어 있어야 함. 또한, 교육과정 커리큘럼과 진행 방법 및 강의내용의 요약, 참가자 또는 강사 매뉴얼, 참가자 교재 또는 배부자료 등 교육과정을 설명할 수 있는 추가 자료를 제출해야 함.

② ICF 인증 교육을 강의한 시간

ICF 인증 교육기관에서 만든 인증서를 제출해야 함. 교육명, 날짜, 강의 시간이 명시되어 있어야 함. 단, 같은 교육과정을 여러 번 강의하더라도 1회 진행한 강의 시간 한 번만 인정됨.

③ 멘토코치 또는 슈퍼바이저로서 멘토코칭 또는 슈퍼바이징을 진행한 시간

고객명, 고객연락처, 날짜, 진행한 시간을 명시한 양식을 제출해야 함.

④ ICF 인증 코치에게 ICF 핵심역량에 대해서 멘토코칭을 받은 시간

멘토코치의 이름, 이메일 주소, 멘토코치의 ICF 인증 자격, 멘

토코칭 시작일과 종료일, 총 받은 시간을 제출해야 함.

⑤ 코칭스킬의 개발과 향상을 위해 코칭 대화에 대해 점검해보는 통합적인 슈퍼비전을 받은 시간

코칭 슈퍼바이저의 이름, 이메일주소, 시작일과 종료일, 총 받은 시간을 제출해야 함.

⑥ ICF의 CCE, ACSTH, ACTP 프로그램 인증을 받기 위해 기 제출했던 교육과정 개발시간

ICF에 서류 접수한 날짜를 제출해야 함.

⑦ 코칭관련 책 집필 시간

출판일을 제출해야 함. SNS에 올리는 글은 해당하지 않음.

⑧ 코칭관련 연구보고서 집필 시간

출간일을 증명해야 함.

(3) 혼자서 공부한 시간

① 혼자서 공부한 시간은 자원개발(Resource Development) 시간에 해당된다.

갱신 시 최대 16시간까지 혼자서 공부한 시간을 제출할 수 있다.

② 코칭 교육이 아닌 다른 교육

ICF 핵심역량과 관련된 교육은 아니지만 코치로서의 자기개발에 도움이 되는 교육을 이수한 시간(해당 교육기관에서 만든 인증서를 제출해야 한다. 교육기관명, 교육명, 날짜, 교육 시간이 명시되어 있어야 함.)

③ ICF 핵심역량과 관련되지 않은 활동

읽기, 쓰기, 연구 활동 또는 다른 경험들. 그 활동이 코치로서의 자기개발에 어떻게 기여하였는지와 활동에 대한 요약정보를 제출해야 한다.

④ ICF에 저장된 온라인동영상 등을 본 시간

세션 이름, 영상을 본 날짜 등을 제출해야 한다.

⑤ ICF 인증 교육 ACSTH 또는 ACTP를 혼자서 공부한 시간

해당 교육기관에서 만든 인증서를 제출해야 함. 교육기관명, 교육명, 날짜, 공부한 시간이 명시되어 있어야 한다.

(4) 인증 교육 프로그램

① ACTP(Accredited Coach Training Program) 인증 코칭 교육 프로그램

ACTP 프로그램은 125시간 이상의 교육을 제공한다. 이 프로그

램에서는 ICF 핵심역량, 윤리강령 및 코칭의 정의에 대한 전반적인 지침 등 코치 교육의 기초에서 마무리까지 전체 과정을 교육한다.

ACTP에는 코칭 관찰 세션, 멘토 코칭 그리고 수강생의 코칭 역량을 평가하는 종합평가 테스트도 포함되어 있다.

ACTP 수강자는 초급, 중급, 고급의 코치 양성과정을 통해 강사진의 지도하에 코칭 스킬을 연마할 수 있는 다양한 기회를 가지며, 코칭에 대한 이론 및 실전적 역량을 두루 갖추게 된다. 수강자는 코칭 과정 가운데 총괄평가를 거친다.

ACTP를 이수하면 별도의 추가 과정 필요 없이 ACC, PCC에 응시할 수 있다.

② ACSTH(Approved Coaching Specific Training Hours) 코치 양성 승인 교육 시간

ACSTH 프로그램은 30시간 이상의 교육을 제공한다.

ACSTH 수강자는 초급, 중급의 코치 양성과정을 통해 강사진의 지도하에 코칭스킬을 연마할 다양한 기회를 가지며, 코칭에 대한 이론 및 실전적 역량을 두루 갖추게 된다.

ACC, PCC, MCC 자격을 취득하기 위해서는 이 프로그램을 이수한 후 별도의 과정(멘토코칭, 녹음파일 제출)을 거쳐야 한다.

③ CCE(Continuing Coach Education) 지속적 코치 교육

ICF 자격증을 갱신하려는 코치를 위한 교육과정으로서 ICF에서 인증한 과정이다. 프로그램만 이수했을 경우 코치인증 자격에 지원할 수 없다.

4) ICF 코치 인증 심사기준

ICF의 자격별 인증심사 기준은 다음과 같다. ICF 홈페이지에서 기준의 개정 여부를 확인할 수 있다.

(참조: https://coachingfederation.org/msr)

3. 역량 진단

1) (사)한국코치협회(KCA) 역량 진단

(1) KAC 역량 진단

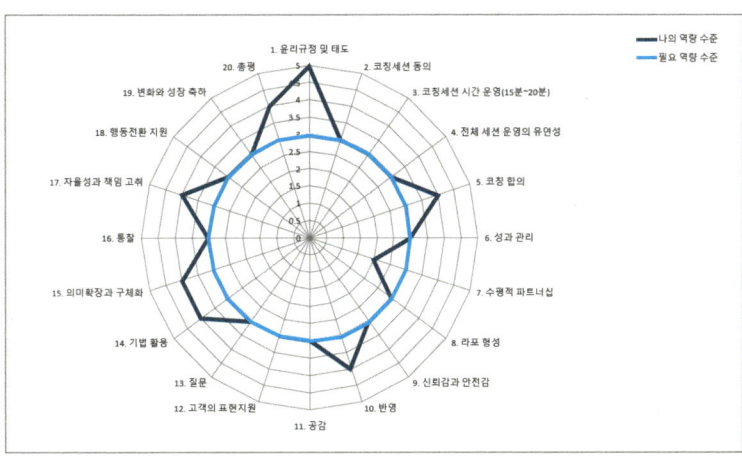

(2) KPC 역량 진단

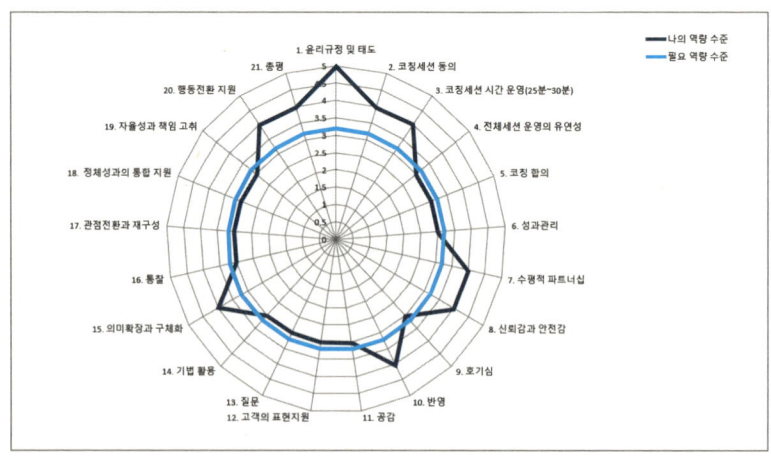

(3) KSC 역량 진단

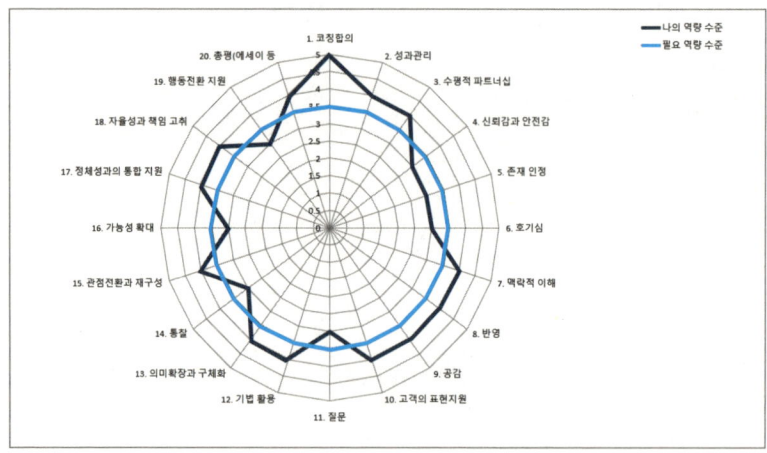

2) 국제코칭연맹(ICF) 역량 진단

Minimum Skills Requirements for ACC Credential
ACC 자격 증명에 대한 최소 기술 요구사항

ICF believes that it has an obligation to support its member coaches in the growth of their skill set. Every Master Certified Coach (MCC) started as a beginner. They progressed through an intermediate level of skill, and became masterful, where the hallmark is deep evidence of the coach's role as learner about the client. ICF's three levels of Credentials reflect the continuum of growth and learning along the coaching journey.

ICF는 회원 코치들의 기술 성장을 지원할 의무가 있다고 믿는다. 모든 MCC(Master Certified Coach)도 초보자로 시작했다. 그들은 중간 수준의 기술을 통과하고 발전하여 능숙해졌으며, 이 특징은 고객에 대한 학습자로서 코치의 역할에 대한 깊은 증거가 된다. ICF의 세 가지 수준의 자격 증명은 코칭 여정에 따른 성장과 학습의 연속성을 반영한다.

This document has been created to support coaches as they prepare for the Associate Certified Coach (ACC) credential performance evaluation. We also hope that this document will assist mentor coaches and supervisors in supporting these coaches; and coaching education and training providers in undertaking accreditation of their programs. The aim is to support coaches in successfully completing the ACC performance evaluation and in continuing to develop their skill set as coaches, in alignment with the updated ICF Core Competencies (2019).

이 문서는 MCC 자격 심사 평가를 준비하는 코치를 지원하기 위해 작성되었다. 또한 이 문서가 멘토 코치와 감독자가 MCC 자격 심사 평가를 위한 코치를 지원하고 코칭 교육 및 훈련 제공자가 프로그램 인증을 수행하는 데 도움이 되기를 바란다. 목표는 코치가 MCC 심사 평가를 성공적으로 완료하고 업데이트된 ICF 핵심 역량(2019)에 맞춰 코치로서 갖추어야 할 기술을 지속적으로 개발할 수 있도록 지원하는 것이다.

For those seeking a credential, this document will provide an understanding of what assessors evaluate in relation to each ICF Core Competency. It will offer the minimum level of skill necessary to successfully demonstrate an ACC level of competency, and also help you understand what non-coaching behaviors might prevent successful completion of the ACC performance evaluation. This document can help each individual coach answer the following queries:

자격 증명을 원하는 사람들에게 이 문서는 평가자가 각 ICF 핵심 역량과 관련하여 평가하는 내용에 대한 이해를 제공한다. 이는 ACC 수준의 역량을 성공적으로 입증하는 데 필요한 최소 수준의 기술을 제공하고, ACC 심사 평가의 성공적인 완료를 방해할 수 있는 비코칭 행동이 무엇인지 이해하는 데도 도움이 된다. 이 문서는 각 코치가 다음 질문에 답하는 데 도움이 될 수 있다.

What does it mean to be an ACC coach?
ACC 코치가 된다는 것은 무엇을 의미하는가?

What do ICF assessors listen for when they are evaluating an ACC coach?
ICF 평가자는 ACC 코치를 평가할 때 무엇을 듣는가?

As I progress on my coaching journey, what are my strengths and what are the skill set areas that I need to grow to pass the ACC performance evaluation?
코칭 여정을 진행하면서 나의 강점은 무엇이며 ACC 심사 평가를 통과하기 위해 성장해야 하는 기술 영역은 무엇인가?

Finally, ICF strongly believes that clients receive real and substantive value from ACC coaches. That value rests always in the coach's attention to the client and what the client wishes to accomplish, as well as the coach's complete support of the client's agenda. We honor each and every coach on their journey and look forward to supporting your path of growth as a coach and your credentialing path within ICF.
마지막으로, ICF는 고객이 ACC 코치로부터 실제적이고 실질적인 가치를 받는다고 굳게 믿는다. 그 가치는 항상 고객과 고객이 달성하고자 하는 것에 대한 코치의 관심과 고객의 계획에 대한 코치의 완전한 지원에 있다. 우리는 코치의 여정에 있는 모든 코치를 존경하며 코치로서 성장하는 길과 ICF에서 자격을 취득하는 길을 지원하기를 기대한다.

(1) Demonstrates Ethical Practice

윤리적 실천을 보여준다.

Definition : Understands and consistently applies coaching ethics and standards of coaching

정의 : 코칭 윤리와 코칭 기준을 이해하고 지속적으로 적용한다.

Demonstrates personal integrity and honesty in interactions with clients, sponsors and relevant stakeholders

고객, 스폰서 및 이해 관계자와의 상호작용에서 코치의 진실성과 정직성을 보여준다.

Is sensitive to clients' identity, environment, experiences, values and beliefs

고객의 정체성, 환경, 경험, 가치 및 신념에 민감하게 대한다.

Uses language appropriate and respectful to clients, sponsors and relevant stakeholders

고객, 스폰서 및 이해 관계자에게 적절하고, 존중하는 언어를 사용한다.

Abides by the ICF Code of Ethics and upholds the Core Values

ICF 윤리 강령을 준수하고 핵심 가치를 지지한다.

Maintains confidentiality with client information per stakeholder agreements and pertinent laws

이해 관계자 합의 및 관련 법률에 따라 고객 정보에 대해 비밀을 유지한다.

Maintains the distinctions between coaching, consulting, psychotherapy and other support professions
코칭, 컨설팅, 심리치료 및 다른 지원 전문직과의 차별성을 유지한다.

Refers clients to other support professionals, as appropriate
필요한 경우, 고객을 다른 지원 전문가에게 추천한다.

Important Note: Familiarity with the ICF Code of Ethics and its application is required for all levels of coaching and the standard for demonstrating a strong ethical understanding of coaching is similar for an ICF Credential at any level – Associate Certified Coach (ACC), Professional Certified Coach (PCC) or Master Certified Coach (MCC).
중요 사항 : 모든 수준의 코칭에는 ICF 윤리 강령 및 그 적용에 대한 숙지가 필요하며 코칭에 대한 강력한 윤리적 이해를 입증하기 위한 기준은 모든 수준의 ICF 자격 증명인 Associate Certified Coach (ACC), Professional Certified Coach (PCC) 또는 Master Certified Coach (MCC)와 유사하다.

An applicant must demonstrate alignment with the ICF Code of Ethics in the performance evaluation. An applicant who commits a clear violation of the ICF Code of Ethics within a performance evaluation recording would not pass this competency and would be denied a Credential.
지원자는 심사 평가를 통해 ICF 윤리강령에 부합함을 입증해야 한다. 심사 평가 기록에서 ICF 윤리 강령을 명백히 위반한 지원자는 이 역량을 통과하지 못하며 자격 증명이 거부된다.

An applicant must also remain consistently in the role of coach within the performance evaluation. This includes demonstrating a knowledge of the coaching conversation that is focused on inquiry and exploration, and a focus based on present and future issues. An applicant would not pass this competency if they focuses primarily on telling the client what to do or how to do it (Consulting Mode) or if the conversation is based primarily in the past, particularly the emotional past (Therapeutic Mode).

지원자는 또한 심사 평가 내에서 지속적으로 코치 역할을 수행해야 한다. 여기에는 문의 및 탐색에 초점을 맞추고 현재와 미래 문제에 초점을 맞춘 코칭 대화에 대한 지식을 입증하는 것이 포함된다. 지원자가 주로 고객에게 무엇을 해야 할지 또는 어떻게 해야 하는지 알려주는 데 중점을 두거나(컨설팅 모드) 대화가 주로 과거, 특히 정서적 과거에 기반을 두고 있는 경우(치료 모드) 지원자는 이 역량을 통과하지 못할 것이다.

If an applicant is not clear on basic foundation exploration and evoking skills that underlie the ICF definition of coaching, that lack of clarity in skill use will be reflected in skill level demonstrated in some of the other competencies listed below. For example, if a coach almost exclusively gives advice or indicates that a particular answer chosen by the coach is what the client should do, trust and safety, presence, active listening, evoking awareness, and facilitating client growth will not be present and a credential at any level would be denied.

지원자가 코칭에 대한 ICF 정의의 기초가 되는 기본 기초 탐구 및 일깨우는 기술에 대해 명확하지 않은 경우, 기술 사용에 대한 명확성 부족은 아래 나열된 다른 역량 중 일부에서 입증된 기술 수준에 반영된다. 예를 들어, 코치가 거의 독점적으로 조언을 제공하거나 코치가 선택한 특정 대답이 고객이 해야 할 일임을 나타내는 경우, 신뢰와 안전감, 프레즌스, 적극적인 경청, 알아차림, 불러 일으키기 및 고객 성장 촉진이 존재하지 않을 경우 모든 수준의 자격 취득은 거부될 것이다.

(2) Embodies a Coaching Mindset

코칭 마인드셋을 구현한다.

Definition : Develops and maintains a mindset that is open, curious, flexible and client-centered

정의 : 개방적이고 호기심이 많으며, 유연하고 고객 중심적인 사고방식 (마인드셋)을 개발하고 유지한다.

Acknowledges that clients are responsible for their own choices

코치는 선택에 대한 책임이 고객 자신에게 있음을 인정한다.

Engages in ongoing learning and development as a coach

코치로서 지속적인 학습 및 개발에 참여한다.

Develops an ongoing reflective practice to enhance one's

coaching

코치는 코칭 능력을 향상시키기 위해 성찰훈련을 지속한다.

Remains aware of and open to the influence of context and culture on self and others

코치는 자기 자신과 다른 사람들이 상황과 문화에 의해 영향받을 수 있음을 인지하고 개방적 태도를 취한다.

Uses awareness of self and one's intuition to benefit clients

고객의 유익을 위해 자신의 인식과 직관을 활용한다.

Develops and maintains the ability to regulate one's emotions

감정 조절 능력을 개발하고 유지한다.

Mentally and emotionally prepares for sessions

정신적, 정서적으로 매 세션을 준비한다.

Seeks help from outside sources when necessary

필요하면 외부자원으로부터 도움을 구한다.

Competency 2 : Embodies a Coaching Mindset serves as a foundational competency for coach practitioners, focused primarily on the "Being" of the coach. The related behaviors are typically demonstrated across a coach's practice, more so than in any specific coaching session. This competency area is therefore more difficult to consistently assess within the performance evaluation process. As a result, there are no behavioral or skill statements in this Competency area that are used for assessment purposes. Rather, an applicant's knowledge of and ability to apply Competency 2: Embodies a Coaching Mindset is more directly evaluated in the ICF Credentialing written exam.

역량 2 : 코칭 사고방식 구현은 주로 코치의 "존재"에 초점을 맞춘 코치 실무자를 위한 기본 역량 역할을 한다. 관련 행동은 일반적으로 특정 코칭 세션보다 코치의 연습 전반에 걸쳐 입증된다. 따라서 이 역량 영역은 심사 평가 프로세스 내에서 일관되게 평가하기가 더 어렵다. 결과적으로 이 역량 영역에는 평가 목적으로 사용되는 행동 또는 기술 설명이 없다. 오히려 역량 2: 코칭 사고방식 구현에 대한 지원자의 지식과 적용 능력은 ICF 자격증 필기시험에서 더 직접적으로 평가된다.

(3) Establishes and Maintains Agreements

합의를 도출하고 유지한다.

Definition : Partners with the client and relevant stakeholders to create clear agreements about the coaching relationship, process, plans and goals.

Establishes agreements for the overall coaching engagement as well as those for each coaching session.

정의 : 고객 및 이해 관계자와 협력하여 코칭 관계, 프로세스, 계획 및 목표에 대한 명확한 합의를 한다. 개별 코칭 세션은 물론 전체 코칭 과정에 대한 합의를 도출한다.

Explains what coaching is and is not and describes the process to the client and relevant stakeholders
코칭인 것과 코칭이 아닌 것에 대해 설명하고 고객 및 이해 관계자에게 프로세스를 설명한다.

Reaches agreement about what is and is not appropriate in the relationship, what is and is not being offered, and the responsibilities of the client and relevant stakeholders
관계에서 무엇이 적절하고 적절하지 않은 지, 무엇이 제공되고 제공되지 않는지, 고객 및 이해 관계자의 책임에 관하여 합의한다.

Reaches agreement about the guidelines and specific parameters of the coaching relationship such as logistics, fees, scheduling, duration, termination, confidentiality and inclusion of others
코칭 진행 방법 (Logistics), 비용, 일정, 기간, 종결, 비밀 보장, 다른 사람의 포함 등과 같은 코칭 관계의 지침 및 특이사항에 대해 합의한다.

Partners with the client and relevant stakeholders to establish an overall coaching plan and goals
고객 및 이해 관계자와 함께 전체 코칭 계획 및 목표를 설정한다.

Partners with the client to determine client-coach compatibility
고객과 코치 간에 서로 맞는지 (Client-Coach Compatibility)를 결정하기 위해 파트너십을 갖는다.

Partners with the client to identify or reconfirm what they want to accomplish in the session
고객과 함께 코칭 세션에서 달성하고자 하는 것을 찾거나 재확인한다.

Partners with the client to define what the client believes they need to address or resolve to achieve what they want to accomplish in the session
고객과 함께 세션에서 달성하고자 하는 것을 얻기 위해 고객 스스로가 다뤄야 하거나 해결해야 한다고 생각하는 것을 분명히 한다.

Partners with the client to define or reconfirm measures of success for what the client wants to accomplish in the coaching engagement or individual session
고객과 함께 코칭 과정 또는 개별 세션에서 고객이 달성하고자 하는 목표에 대한 성공 척도를 정의하거나 재확인한다.

Partners with the client to manage the time and focus of the session.
고객과 함께 세션의 시간을 관리하고 초점을 유지한다.

Continues coaching in the direction of the client's desired outcome unless the client indicates otherwise
고객이 달리 표현하지 않는 한 고객이 원하는 성과를 달성하기 위한 방향으로 코칭을 계속한다.

Partners with the client to end the coaching relationship in a way that honors the experience
고객과 함께 코칭 경험을 존중하며 코칭관계를 종료한다.

Key Skills Evaluated 평가되는 주요 기술

The clarity and depth in creating an agreement for the session
세션 합의에 대한 명확성과 깊이

The coach's ability to partner and the depth of partnering with the client in the creation of agreement, measures of success, and issues to be addressed
합의, 성공 척도 및 해결해야 할 문제를 생성하는 데 있어 코치의 협력 능력 및 고객과의 협력 깊이

The coach's ability to attend to the client's agenda throughout the session.

세션 전반에 걸쳐 고객의 의제에 주의를 기울이는 코치의 능력

At an ACC level, the minimum standard of skill that must be demonstrated to achieve a passing score for Competency 3: Establishes and Maintains Agreements is that the coach invites the client to identify what the client wants to accomplish in the session and the coach attends to that agenda throughout the coaching, unless the client indicates otherwise.

ACC 수준에서 역량 3: 합의 수립 및 유지에 대한 합격 점수를 달성하기 위해 시연해야 하는 최소 기술 기준은 코치가 고객이 세션에서 달성하고자 하는 것이 무엇인지 확인하도록 고객을 초대하고 코치가 참석하는 것이다. 고객이 달리 명시하지 않는 한 코칭 전반에 걸쳐 해당 의제를 지정한다.

Specifically, ACC applicants are assessed on the following skills within Competency 3 : Establishes and Maintains Agreements as part of the performance evaluation process

특히, ACC 지원자는 심사 평가 과정의 일부로 '역량 3 : 합의를 도출하고 유지한다'라는 범위 내에서 다음 기술에 대해 평가된다.

Coach and client reach an agreement on what the client wants to accomplish in the session

코치와 고객은 세션에서 고객이 달성하고자 하는 것이 무엇인지에 대해 합의한다.

Coach invites the client to identify their desired coaching outcome

코치는 고객이 원하는 코칭 결과를 확인하도록 초대한다.

Coach attends to the agenda set by the client throughout the session, unless the client indicates otherwise

코치는 고객이 달리 명시하지 않는 한 세션 전반에 걸쳐 고객이 설정한 의제에 참여한다.

Coach shows curiosity about the client and how the client relates to what they want to accomplish

코치는 고객에 대한 호기심을 보여주고 고객이 성취하고자 하는 것과 어떻게 관련되는지 보여준다.

An applicant will not receive a passing score for Establishes and Maintains Agreements on the ACC performance evaluation if the coach chooses the topic for the client or if the coach does not coach around the topic the client has chosen.

코치가 고객을 위한 주제를 선택하거나 코치가 고객이 선택한 주제에 대해 코치하지 않는 경우 지원자는 심사 평가에 있어 '합의를 도출하고 유지한다'에 대한 합격 점수를 받지 못할 것이다.

(4) Cultivates Trust and Safety
신뢰와 안전감을 조성한다.

Definition : Partners with the client to create a safe, supportive environment that allows the client to share freely. Maintains a relationship of mutual respect and trust.

정의 : 고객과 함께, 고객이 자유롭게 나눌 수 있는 안전하고 지지적인 환경을 만든다. 상호 존중과 신뢰 관계를 유지한다.

Seeks to understand the client within their context which may include their identity, environment, experiences, values and beliefs

고객의 정체성, 환경, 경험, 가치 및 신념 등의 맥락 안에서 고객을 이해하려고 노력한다.

Demonstrates respect for the client's identity, perceptions, style and language and adapts one's coaching to the client

고객의 정체성, 인식, 스타일 및 언어를 존중하고 고객에 맞추어 코칭한다.

Acknowledges and respects the client's unique talents, insights and work in the coaching process

코칭 과정에서 고객의 고유한 재능, 통찰 및 노력을 인정하고 존중한다.

Shows support, empathy and concern for the client
고객에 대한 지지, 공감 및 관심을 보여준다.

Acknowledges and supports the client's expression of feelings, perceptions, concerns, beliefs and suggestions
고객이 자신의 감정, 인식, 관심, 신념, 및 제안하는 바를 그대로 표현하도록 인정하고 지원한다.

Demonstrates openness and transparency as a way to display vulnerability and build trust with the client
고객과의 신뢰를 구축하기 위해 코치의 취약성을 드러내고 개방성과 투명성을 보여준다.

Key Skills Evaluated 평가되는 주요 기술

The coach's depth of connection to and support of the client
코치의 고객과의 연결 및 지원의 깊이

The coach's demonstration of trust in and respect for the client and the client's processes of thinking, creating
코치가 고객과 고객의 사고, 창조 과정에 대한 신뢰와 존중을 보여주는 것

The coach's willingness to be open, authentic and vulnerable with the client to build mutual trust
상호신뢰를 구축하기 위해 고객에게 개방적이고 진실하며 취약한 태도를 보이려는 코치의 의지

At an ACC level, the minimum standard of skill that must be demonstrated to receive a passing score for Competency 4: Cultivates Trust and Safety is that the coach shows genuine concern, support and respect for the client and is attuned to client's beliefs, perceptions, learning style, and personal being at a basic level.

ACC 수준에서 '역량 4 : 신뢰와 안전감을 조성한다'에 대한 합격 점수를 받기 위해 입증해야 하는 최소 기술 기준은 코치가 고객에 대해 진정한 관심, 지원 및 존중을 보여주며, 고객의 신념, 인식, 학습 스타일 및 개인 존재에 대해 기본 수준에서 반응하는 것이다.

Specifically, ACC applicants are assessed on the following skills within Competency 4: Cultivates Trust and Safety as part of the performance evaluation process:

특히, ACC 지원자는 '역량 4 : 신뢰와 안전감을 조성한다'는 범위 내에서 심사 평가 과정의 일부분으로 다음 기술에 대해 평가된다

Coach acknowledges client insights and learning in the moment

코치는 고객의 통찰력과 현재 학습을 인정한다.

Coach explores the client's expression of feelings, perceptions, concerns, beliefs, or suggestions

코치는 고객의 감정, 인식, 우려, 신념 또는 제안에 대한 표현을 탐구한다.

Coach expresses support and concern for the client, which

may focus on the client's context, problem or situation, rather than the client holistically

코치는 고객에 대한 지원과 관심을 표현하며, 이는 고객 전체보다는 고객의 상황, 문제 또는 상황에 초점을 맞출 수 있다.

A coach will not receive a passing score for Cultivates Trust and Safety in the ACC performance evaluation if the coach demonstrates significant interest in the coach's own view of the situation rather than the client's view of the situation; if the coach does not seek information from the client about the client's thinking around the situation, if the coach is unsupportive or disrespectful to the client; or if the coach's attention seems to be on their own performance or demonstration of knowledge about the topic rather than on the client.

ACC 심사 평가에서 코치가 상황에 대한 고객의 관점보다는 코치 자신의 관점에 상당한 관심을 보이는 경우, 코치가 상황에 대한 고객의 생각에 대해 고객으로부터 정보를 찾지 않는 경우, 코치가 고객을 지지하지 않거나 무례한 경우 또는 코치의 관심이 고객보다는 자신의 성과나 주제에 대한 지식의 입증에 있는 것처럼 보이는 경우 '신뢰와 안전감을 조성한다'에 대한 합격 점수를 받지 못할 것이다.

(5) Maintains Presence
프레즌스(Presence)를 유지한다.

Definition : Is fully conscious and present with the client, employing a style that is open, flexible, grounded and confident

정의 : 개방적이고 유연하며 중심이 잡힌 자신감 있는 태도로 완전히 깨어서 고객과 함께 한다.

Remains focused, observant, empathetic and responsive to the client

고객에게 집중하고 관찰하며 공감하고 적절하게 반응하는 것을 유지한다.

Demonstrates curiosity during the coaching process

코칭 과정 내내 호기심을 보여준다.

Manages one's emotions to stay present with the client

고객과 프레즌스(현존)를 유지하기 위해 감정을 관리한다.

Demonstrates confidence in working with strong client emotions during the coaching process

코칭 과정에서 고객의 강한 감정 상태에 대해 자신감 있는 태도로 함께 한다.

Is comfortable working in a space of not knowing

코치가 알지 못함의 영역을 코칭할 때도 편안하게 임한다.

Creates or allows space for silence, pause or reflection

침묵, 멈춤, 성찰을 위한 공간을 만들거나 허용한다.

Key Skills Evaluated 평가되는 주요 기술

The coach's depth of focus on and partnership with the client

코치의 고객에 대한 집중과 파트너십의 깊이

The coach's depth of observation and use of the whole of the client in the coaching process

코칭 과정에서 고객 전체를 관찰하고 활용하는 코치의 깊이

The coach's ability to create space for reflection and remain present to the client through both conversation and silence

성찰의 공간을 만들고 대화와 침묵을 통해 고객과 함께 있는 코치의 능력.

At an ACC level, the minimum standard of skill that must be demonstrated to receive a passing score for Competency 5: Maintains Presence is that the coach demonstrates curiosity about the client and the client's agenda and is responsive to the information the client offers throughout the session.

ACC 수준에서 '역량 5 : 프레즌스를 유지한다'에 대한 합격 점수를 받기 위해 입증해야 하는 최소 기술 기준은 코치가 고객과 고객의 의제에 대한 호기심을 보여주고 세션 전반에 걸쳐 고객이 제공하는 정보에 반응한다는 것이다.

Specifically, ACC applicants are assessed on the following skills within Competency 5 : Maintains Presence as part of the performance evaluation process:

특히, ACC 지원자는 심사 평가 과정의 일부분으로 '역량 5: 프레즌스를 유지한다'의 범위 내에서 다음 기술에 대해 평가된다.

Coach is curious throughout the session
코치는 세션 내내 호기심을 유지한다.

Coach acknowledges situations that the client presents
코치는 고객이 제시하는 상황을 인정한다.

Coach allows the client to direct the conversation at least some of the time
코치는 고객이 적어도 일정 시간 동안 대화를 이어갈 수 있도록 허용한다.

The ICF notes that Cultivates Trust and Safety and Maintains Presence are quite related competencies. Therefore, a coach will not receive a passing score for Maintains Presence on the ACC performance evaluation if the coach demonstrates significant interest in the coach's own view of the situation rather than exploring the client's view of the situation, does not seek information from the client about the client's thinking around the situation or is unresponsive to that information, the coach consistently directs the conversation, or the attention seems to be on the coach's own performance or demonstration of knowledge about the topic.

ICF는 '신뢰와 안전감을 조성한다'와 '프레즌스를 유지한다'는 것이 매우 관련된 역량이라고 강조한다. 따라서 코치가 상황에 대한 고객의 관점을 탐구하기보다는 코치 자신의 관점에 상당한 관심을 보이거나 고객에게 정보를 구하지 않는 경우, 상황에 대한 고객의 생각이나 그 정보에 반응하지 않는 경우, 코치가 일관되게 대화를 지시하는 경우, 또는 코치 자신의 성과나 주제에 대한 지식의 표현에 관심이 있는 것처럼 보이는 경우 코치는 ACC 심사 평가에서 '프레즌스를 유지한다'에 대한 합격 점수를 받지 못할 것이다.

(6) Listens Actively
적극적으로 경청한다.

Definition : Focuses on what the client is and is not saying to fully understand what is being communicated in the context of the client systems and to support client self-expression

정의 : 고객의 시스템 맥락에서 전달하는 것을 충분히 이해하고, 고객의 자기표현(Self-expression)을 돕기 위하여 고객이 말한 것과 말하지 않은 것에 초점을 맞춘다.

Considers the client's context, identity, environment, experiences, values and beliefs to enhance understanding of what the client is communicating

고객이 전달하는 것에 대한 이해를 높이기 위해 고객의 상황, 정체성, 환경, 경험, 가치 및 신념을 고려한다.

Reflects or summarizes what the client communicated to ensure clarity and understanding

고객이 전달한 것에 대해 더 명확하게 이해하기 위해 반영하거나 요약한다.

Recognizes and inquires when there is more to what the client is communicating

고객이 소통한 것 이면에 무언가 더 있다고 생각될 때 이것을 인식하고 질문한다.

Notices, acknowledges and explores the client's emotions, energy shifts, non-verbal cues or other behaviors

고객의 감정, 에너지 변화, 비언어적 신호 또는 기타 행동에 대해 주목하고, 알려 주며 탐색한다.

Integrates the client's words, tone of voice and body language to determine the full meaning of what is being communicated

고객이 전달하는 내용의 완전한 의미를 알아내기 위해 고객의 언어, 음성 및 신체 언어를 통합한다.

Notices trends in the client's behaviors and emotions across sessions to discern themes and patterns

고객의 주제(Theme)와 패턴(Pattern)을 분명히 알기 위해 세션 전반에 걸쳐 고객의 행동과 감정의 흐름(Trends)에 주목한다.

Key Skills Evaluated 평가되는 주요 기술

The coach's depth of attention to what the client communicates in relation to the client and the client's agenda

고객 및 고객의 의제와 관련하여 고객이 의사소통하는 내용에 대한 코치

의 관심의 깊이

The coach's ability to hear on multiple levels including both the emotional and substantive content of the words

단어의 정서적, 실질적인 내용을 모두 포함하여 다양한 수준에서 듣는 코치의 능력

The coach's ability to hear underlying beliefs, thinking, creating, and learning that are occurring for the client including recognizing incongruities in language, emotions, and actions

언어, 감정, 행동의 부조화를 인식하는 것을 포함하여 고객에게 발생하는 근본적인 신념, 사고, 창조 및 학습을 듣는 코치의 능력

The coach's ability to hear and integrate the client's language and to invite the client to deeper exploration

고객의 언어를 듣고 통합하며 고객을 더 깊은 탐구로 초대하는 코치의 능력

At an ACC level, the minimum standard of skill that must be demonstrated to receive a passing score for Competency 6: Listens Actively is that the coach listens to what the client communicates in relation to the client's agenda, responds to what the client offers to ensure clarity of understanding, and integrates what the client has communicated to support the client in achieving their agenda. The coach's behaviors in this competency may include listening to what the client has communicated verbally, as well as what the client may communicate in other ways, such as tone of voice, energy or emotional shifts, or body language.

ACC 수준에서 '역량 6: 적극적으로 경청한다'에 대한 합격 점수를 받기 위해 입증해야 하는 최소 기술 기준은 코치가 고객의 의제와 관련하여 고객이 전달하는 내용을 듣고 고객이 제공하는 내용에 응답하여 보장한다는 것이다. 이해의 명확성을 높이고 고객이 전달한 내용을 통합하여 고객의 의제 달성을 지원한다. 이 역량에 대한 코치의 행동에는 고객이 구두로 전달한 내용뿐만 아니라 고객이 목소리 톤, 에너지 또는 감정 변화, 신체 언어와 같은 다른 방식으로 전달할 수 있는 내용을 듣는 것이 포함될 수 있다.

Specifically, ACC applicants are assessed on the following skills within Competency 6: Listens Actively as part of the performance evaluation process:

특히 ACC 지원자는 심사 평가 과정의 일부로 '역량 6: 적극적으로 경청한다'는 범위 내에서 다음 기술에 대해 평가된다.

Coach uses summarizing or paraphrasing to make sure they understood the client correctly

코치는 요약이나 다른 표현을 사용하여 고객을 올바르게 이해했는지 확인한다.

Coach makes observations that support the client in creating new associations

코치는 고객이 새로운 연관을 생성하는 데 도움이 되는 관찰을 한다

Coach co-creates a shared vision with the client

코치는 고객과 공유된 비전을 함께 만든다.

A coach will not receive a passing score for Listens Actively on the ACC performance evaluation if the coach does not demonstrate listening that is focused on and responding to what the client communicates or the coach's responses are not related to what the client is trying to achieve. The coach will not receive a passing grade on the ACC performance evaluation if the coach appears to be listening for the place where the coach can demonstrate their knowledge about the topic or tell the client what to do about the topic.

코치가 고객이 말하는 내용에 집중하고 반응하는 경청을 보여주지 않거나 코치의 반응이 고객이 달성하려는 것과 관련이 없는 경우 코치는 ACC 심사 평가에서 '적극적으로 경청한다'에 대한 합격 점수를 받지 못한다. 코치가 주제에 대한 지식을 보여주거나 고객에게 주제에 대해 무엇을 해야 하는지 말할 수 있는 지점을 찾기 위해 경청하고 있는 것처럼 보이면 코치는 ACC 심사 평가에서 합격 점수를 받지 못할 것이다.

(7) Evokes Awareness

알아차림을 불러일으킨다.

Definition : Facilitates client insight and learning by using tools and techniques such as powerful questioning, silence, metaphor or analogy

정의 : 강력한 질문, 침묵, 은유(Metaphor) 또는 비유(Analogy)와 같은 도구와 스킬을 사용하여 고객의 통찰과 학습을 촉진한다.

Considers client experience when deciding what might be most useful
가장 유용한 것이 무엇인지 결정할 때 고객의 경험을 고려한다.

Challenges the client as a way to evoke awareness or insight
알아차림이나 통찰을 불러일으키기 위한 방법으로 고객에게 도전한다.

Asks questions about the client, such as their way of thinking, values, needs, wants and beliefs
고객의 사고방식, 가치, 욕구 및 원함, 그리고 신념 등 고객에 대하여 질문한다.

Asks questions that help the client explore beyond current thinking
고객에게 그 상황에서 더 자세히 자신의 경험을 나누도록 초대한다.

Invites the client to share more about their experience in the moment
고객이 자신의 경험에 대해 이 순간 더 많은 것을 나누도록 요청한다.

Notices what is working to enhance client progress
고객의 발전 (Client's Progress)을 위해 무엇이 잘되고 있는지에 주목한다.

Adjusts the coaching approach in response to the client's needs
고객의 욕구에 맞추어 코칭 접근법을 조정한다.

Helps the client identify factors that influence current and future patterns of behavior, thinking or emotion

고객이 현재와 미래의 행동, 사고 또는 감정 패턴에 영향을 미치는 요인을 식별하도록 도와준다.

Invites the client to generate ideas about how they can move forward and what they are willing or able to do
고객이 어떻게 앞으로 나아갈 수 있는지, 무엇을 하려고 하고 할 수 있는지 생각해 내도록 초대한다.

Supports the client in reframing perspectives
관점을 재구성(Reframing) 할 수 있도록 고객을 지원한다.

Shares observations, insights and feelings, without attachment, that have the potential to create new learning for the client
고객이 새로운 학습을 할 수 있는 잠재력을 갖도록 관찰, 통찰 및 느낌을 있는 그대로 공유한다.

Key Skills Evaluated 평가되는 주요 기술

The coach's use of inquiry, exploration, silence and other techniques that support the client in achieving new or deeper learning and awareness
고객이 새롭거나 심층적인 학습 및 인식을 달성하도록 지원하는 코치의 탐구, 탐색, 침묵 및 기타 기술 사용

The coach's ability to explore with and evoke exploration by the client of the emotional and substantive meaning of the client's words

고객의 말에 담긴 정서적이고 실질적인 의미에 대해 고객과 함께 탐구하고 고객의 탐구를 불러일으키는 코치의 능력

The coach's ability to explore with and evoke exploration by the client of the underlying beliefs and means of thinking, creating, and learning that are occurring for the client

고객에게 발생하는 사고, 창조, 학습의 기본 신념과 수단을 탐구하고 고객의 탐구를 불러일으키는 코치의 능력

The coach's ability to support the client in exploring new or expanded perspectives or ways of thinking

고객이 새롭거나 확장된 관점이나 사고방식을 탐구하도록 지원하는 코치의 능력

The coach's invitation to and integration of the client's intuition, thinking, and language as critical tools in the coaching process.

코치는 고객의 직관, 사고 및 언어를 코칭 과정의 중요한 도구로 초대하고 통합한다.

At an ACC level, the minimum standard of skill that must be demonstrated to receive a passing score for Competency 7: Evokes Awareness is that the coach uses inquiry, exploration, silence and other techniques to support the client in achieving new or deeper learning and awareness.

ACC 수준에서 역량 7 : 인식 유발에 대한 합격 점수를 받기 위해 입증해

야 하는 최소 기술 기준은 코치가 고객이 새롭거나 심층적인 학습 및 인식을 달성하도록 지원하기 위해 탐구, 탐색, 침묵 및 기타 기술을 사용한다는 것이다.

Specifically, ACC applicants are assessed on the following skills within Competency 7: Evokes Awareness as part of the performance evaluation process:

특히, ACC 지원자는 심사 평가 프로세스의 일부분으로 역량 7: 인식 불러일으키기 내에서 다음 기술에 대해 평가된다.

Coach inquires about or explores the client's ideas, beliefs, thinking, emotions, and behaviors in relation to the desired outcome

코치는 원하는 결과와 관련하여 고객의 생각, 신념, 사고, 감정 및 행동에 대해 질문하거나 탐색한다.

Coach supports the client in viewing the situation from new or different perspectives

코치는 고객이 새롭거나 다른 관점에서 상황을 볼 수 있도록 지원한다.

Coach acknowledges the client's new awareness, learning, and movement toward the desired outcome

코치는 고객의 새로운 인식, 학습 및 원하는 결과를 향한 움직임을 인정한다.

A coach will not receive a passing score for Evokes Awareness on the ACC performance evaluation if the coach focuses consistently on instructing the client or sharing the coach's own knowledge, ideas or beliefs; if the majority of the coach's questions are leading or contain pre-determined answers by the coach; or if the coach's questions and explorations attend to an agenda or issues not set by the client, but set by the coach.

코치가 고객을 지도하거나 코치 자신의 지식, 아이디어 또는 신념을 공유하는 데 지속적으로 초점을 맞추는 경우 코치는 ACC 심사 평가에서 Evokes Awareness에 대한 합격 점수를 받지 못한다. 코치의 질문의 대부분이 유도적이거나 코치가 미리 결정한 답변을 포함하는 경우, 또는 코치의 질문과 탐색이 고객이 설정한 것이 아니라 코치가 설정한 의제나 문제에 관련된 경우 코치는 ACC 심사 평가에서 '알아차림을 불러 일으킨다'에 대한 합격 점수를 받지 못할 것이다.

(8) Facilitates Client Growth
고객의 성장을 촉진한다.

Definition : Partners with the client to transform learning and insight into action. Promotes client autonomy in the coaching process.

정의 : 고객이 학습과 통찰을 행동으로 전환할 수 있도록 협력한다. 코칭 과정에서 고객의 자율성을 촉진한다.

Works with the client to integrate new awareness, insight or learning into their world view and behaviors

· 새로운 알아차림, 통찰, 학습을 세계관 및 행동에 통합하기 위해 고객과

협력한다.

Partners with the client to design goals, actions and accountability measures that integrate and expand new learning

새로운 학습을 통합하고 확장하기 위해 고객과 함께 고객의 목표와 행동, 그리고 책임 측정 방안(Accountability Measures)을 설계한다.

Acknowledges and supports client autonomy in the design of goals, actions and methods of accountability

목표, 행동 및 책임 방법을 설계하는 데 있어서 고객의 자율성을 인정하고 지지한다.

Supports the client in identifying potential results or learning from identified action steps

고객이 잠재적 결과를 확인해보거나 이미 수립한 실행단계로부터 배우는 것을 지지한다.

Invites the client to consider how to move forward, including resources, support and potential barriers

고객이 지닌 자원(Resource), 지원(Support) 및 잠재적 장애물 (Potential Barriers)을 포함하여 어떻게 자신이 앞으로 나아갈지에 대해 고려하도록 한다.

Partners with the client to summarize learning and insight within or between sessions

고객과 함께 세션에서 또는 세션과 세션 사이에서 학습하고 통찰한 것을 요약한다.

Celebrates the client's progress and successes
고객의 진전과 성공을 축하한다.

Partners with the client to close the session
고객과 함께 세션을 종료한다.

Key Skills Evaluated 평가되는 주요 기술

The coach's ability to support the client in exploring their learning about themselves and their situation and the application of that learning toward the client's goals
고객이 자신과 자신의 상황에 대해 학습하고 고객의 목표를 향해 학습한 내용을 적용할 수 있도록 지원하는 코치의 능력

The coach's ability to partner fully with the client in designing actions from their new awareness, which may include thinking, feeling or learning, that support the client in moving toward their stated agenda or goals
고객이 명시된 의제나 목표를 향해 나아갈 수 있도록 지원하는 사고, 느낌 또는 학습을 포함할 수 있는 새로운 인식을 바탕으로 고객의 행동을 설계하는 데 있어서 고객과 완전히 협력하는 코치의 능력

The coach's ability to support the client in developing measurable achievements that are steps toward the client's stated goals or outcomes
고객이 명시한 목표나 결과를 향한 단계인 측정 가능한 성취를 개발하도

록 고객을 지원하는 코치의 능력

The coach's ability to partner with the client to explore and acknowledge the client's progress throughout the session
세션 전반에 걸쳐 고객의 진행 상황을 탐색하고 인정하기 위해 고객과 협력하는 코치의 능력

The coach's depth of partnership in closing the session
세션을 마무리할 때 코치의 파트너십 깊이

At an ACC level, the minimum standard of skill that must be demonstrated to receive a passing score for Competency 8: Facilitates Client Growth is that the coach supports the client in exploring how to apply the client's learning and awareness to post-session actions that are related to the client's stated agenda and have the potential to move the client forward in their thinking, learning, or growth. At this level, the coach may also suggest resources to assist the client in achieving their goals so long as the resources are not forced on the client.

ACC 수준에서 '역량 8: 고객의 성장을 촉진한다'에 대한 합격 점수를 받기 위해 입증해야 하는 최소 기술 기준은 코치가 고객의 학습 및 인식을 세션 후 작업에 적용하는 방법을 탐구하도록 고객을 지원한다는 것이다. 고객이 명시한 의제와 관련이 있으며 고객의 사고, 학습 또는 성장을 발전시킬 수 있는 잠재력을 가지고 있다. 이 수준에서 코치는 자원이 고객에게 강요되지 않는 한 고객의 목표 달성을 돕기 위한 자원을 제안할 수도 있다.

Specifically, ACC applicants are assessed on the following skills within Competency 8: Facilitates Client Growth as part of the performance evaluation process

특히, ACC 지원자는 심사 평가 과정의 일부분으로 '역량 8 : 고객의 성장을 촉진한다'의 범위 내에서 다음 기술에 대해 평가된다.

Coach asks questions to support the client in translating awareness into action

코치는 고객이 인식을 행동으로 전환하도록 지원하기 위해 질문을 한다.

Coach partners with the client to create or confirm specific action plans

코치는 고객과 협력하여 구체적인 행동 계획을 수립하거나 확인한다.

Coach supports the client to close the session

코치는 고객이 세션을 종료하도록 지원한다.

A coach will not receive a passing score for Facilitates Client Growth on the ACC performance evaluation if the coach insists the client carry out specific actions prescribed by the coach, the coach suggests actions or steps to the client that do not have a clear relationship to the client's stated agenda, the coach does not invite the client to identify or explore how the client's learning can be applied to future actions or activities that support the client's agenda, or if the coach does not support the client to close the session.

코치가 고객에게 코치가 지시한 특정 행동을 수행하도록 강요하거나, 코치가 명확한 관계가 없는 행동이나 단계를 고객에게 제안하는 경우, 고객이 명시한 의제와 코치가 고객의 의제를 지원하는 미래의 행동이나 활동에 고객의 학습이 어떻게 적용될 수 있는지 확인하거나 탐구하도록 고객을 초대하지 않거나, 또는 코치가 고객이 세션을 종료하도록 지원하지 않는 경우에 코치는 ACC 심사 평가에서 '고객의 성장을 촉진한다'에 대한 합격 점수를 받지 못할 것이다.

Copyright 2022, International Coaching Federation (ICF), all rights reserved. 저작권 2022, 국제코칭연맹(ICF), 모든 권리 보유.

Minimum Skills Requirements for PCC Credential
PCC 자격 증명을 위한 최소 기술 요구 사항

At the Professional Certified Coach level, the PCC Markers are the criteria for assessment of a recorded coaching session.
PCC 수준에서 PCC 마커는 녹음된 코칭 세션을 평가하는 기준이다.
PCC Marker(Revised November 2020)

Assessment markers are the indicators that an assessor is trained to listen for to determine which ICF Core Competencies are in evidence in a recorded coaching conversation, and to what extent. The following markers are behaviors that represent demonstration of the Core Competencies in a coaching conversation at the Professional Certified Coach (PCC) level.

These markers support a performance evaluation process that is fair, consistent, valid, reliable, repeatable and defensible.

평가 마커는 시험관이 코칭 녹음에서 ICF 핵심역량이 확실하게 발휘되었는지를 결정하기 위해 경청하도록 교육을 받았음을 나타내는 지표이다. 아래의 마커는 PCC(Professional Certified Coach) 수준의 코칭 대화에서의 핵심역량을 보여주는 행동이다. 이러한 마커는 공정하고 일관적이며 타당하고 신뢰할 수 있는, 또한 반복 가능하며 방어 가능한 심사 평가 과정을 지원한다.

The PCC Markers may also support coaches, coach trainers and mentor coaches in identifying areas for growth and skill development in coaching at the PCC level; however, they should always be used in the context of Core Competency development. The PCC Markers should not be used as a checklist in a formulaic manner for passing the PCC performance evaluation.

PCC 마커는 또한 PCC 수준으로의 코칭의 성장 및 스킬 개발을 위한 영역을 식별하는 데 있어서 코치, 코치 트레이너 및 멘토 코치들에게 도움이 될 수도 있다. 그러나 이는 항상 핵심역량 개발의 맥락에서 사용해야 한다. PCC 마커는 PCC 심사 평가를 통과하기 위한 정형화된 방식의 체크리스트로 사용되어서는 안된다.

Competency 1 : Demonstrates Ethical Practice
역량 1 : 윤리적 실천을 보여준다.

Familiarity with the ICF Code of Ethics and its application is required for all levels of coaching. Successful PCC candidates will demonstrate coaching that is aligned with the ICF Code of Ethics and will remain consistent in the role of coach.
ICF 윤리강령과 그의 적용은 모든 수준의 코칭에서 숙지되어야 하는 부분이다. 성공적인 PCC 후보자는 ICF 윤리강령과 일치하는 코칭을 보여주며 코치의 역할에서 일관성을 유지할 것이다.

Competency 2 : Embodies a Coaching Mindset
역량 2 : 코칭 마인드셋을 구현한다.

Embodying a coaching mindset-a mindset that is open, curious, flexible and client-centered-is a process that requires ongoing learning and development, establishing a reflective practice, and preparing for sessions. These elements take place over the course of a coach's professional journey and cannot be fully captured in a single moment in time. However, certain elements of this Competency may be demonstrated within a coaching conversation. These particular behaviors are articulated and assessed through the following PCC Markers: 4.1,

4.3, 4.4, 5.1, 5.2, 5.3, 5.4, 6.1, 6.5, 7.1, and 7.5. As with other Competency areas, a minimum number of these markers will need to be demonstrated to pass the PCC performance evaluation. All elements of this Competency will also be evaluated in the written assessment for ICF Credentials (Coach Knowledge Assessment).

개방적이고 호기심이 많으며, 유연하고 고객 중심적인 코칭 마인드셋을 구현하는 것은 지속적인 학습과 개발, 성찰을 거듭하는 실습의 확립, 그리고 세션에 대한 준비가 요구되는 과정이다. 이러한 요소는 코치의 전문적인 여정 그 어느 한 순간에 온전히 포착될 수 없는 것이며 여정에서 지속적으로 이루어지는 것이다. 그러나 이 역량의 특정 요소는 코칭 대화 내에서 입증될 수 있다. 이러한 특정 행동은 4.1, 4.3, 4.4, 5.1, 5.2, 5.3, 6.1, 6.5, 7.1 및 7.5의 PCC 마커를 통해 명확하게 표현되고 평가된다. 다른 역량 영역과 마찬가지로 PCC 심사 평가를 통과하려면 이러한 마커의 최소 구현 횟수를 입증해야 한다. 이 역량의 모든 요소는 ICF 자격인증의 필기시험(CKA 코치지식 평가)에서도 평가된다.

Competency 3 : Establishes and Maintains Agreements

역량 3 : 합의를 도출하고 유지한다.

3.1 : Coach partners with the client to identify or reconfirm what the client wants to accomplish in this session.

코치는 고객과 파트너가 되어 고객이 이 세션에서 달성하고자 하는 것을 확인하거나 재확인한다.

3.2: Coach partners with the client to define or reconfirm measure(s) of success for what the client wants to accomplish in this session.

코치는 고객과 파트너가 되어 고객이 이 세션에서 달성하고자 하는 성공의 척도(들)를 정의하거나 재확인한다.

3.3 : Coach inquires about or explores what is important or meaningful to the client about what they want to accomplish in this session.

코치는 이 세션에서 달성하고자 하는 것에 대해 고객에게 중요하거나 의미 있는 것이 무엇인지 묻거나 탐구한다.

3.4 : Coach partners with the client to define what the client believes they need to address to achieve what they want to accomplish in this session.

코치는 고객과 협력하여 고객이 이 세션에서 달성하고자 하는 것을 이루기 위해 다룰 필요가 있는 것을 정의한다.

Competency 4: Cultivates Trust and Safety

역량 4 : 신뢰와 안전감을 조성한다.

4.1 : Coach acknowledges and respects the client's unique talents, insights and work in the coaching process.

코치는 코칭 과정에서 고객의 고유한 재능, 통찰력 및 그들이 하는 일을 인정하고 존중한다.

4.2 : Coach shows support, empathy or concern for the client.

코치는 고객에 대한 지원, 공감 또는 관심을 보여준다.

4.3 : Coach acknowledges and supports the client's expression of feelings, perceptions, concerns, beliefs or suggestions.

코치는 고객의 감정, 인식, 우려, 신념 또는 제안에 대한 표현을 인정하고 지원한다.

4.4 : Coach partners with the client by inviting the client to respond in any way to the coach's contributions and accepts the client's response.

코치는 고객이 코치의 기여에 어떤 식으로든 응답하도록 초대하여 고객과 파트너 관계를 맺고 고객의 응답을 받아들인다.

Competency 5 : Maintains Presence
역량 5 : 프레즌스(Presence)를 유지한다.

5.1 : Coach acts in response to the whole person of the client (The Who).

코치는 고객을 전인적으로(존재) 보고 응답하여 행동한다.

5.2 : Coach acts in response to what the client wants to accomplish throughout this session (The What).

코치는 고객이 이 세션을 통해 달성하고자 하는 것(무엇)에 응답하여 행동한다.

5.3 : Coach partners with the client by supporting the client to choose what happens in this session.

코치는 고객이 이 세션에서 일어나는 일을 직접 선택하도록 지원함으로써 고객과 파트너 관계를 맺는다.

5.4 : Coach demonstrates curiosity to learn more about the client.

코치는 고객에 대해 더 많이 배우려는 호기심을 보여준다.

5.5 : Coach allows for silence, pause or reflection.

코치는 침묵, 일시 중지 또는 반영된 생각을 허용한다.

Competency 6 : Listens Actively

역량 6 : 적극적으로 경청한다.

6.1 : Coach's questions and observations are customized by using what the coach has learned about who the client is or the client's situation.

코치의 질문과 관찰은 고객이 누구인지 또는 고객의 상황에 따라 코치가 배운 내용을 활용하여 맞춤화된다.

6.2 : Coach inquires about or explores the words the client uses.

코치는 고객이 사용하는 단어에 대해 문의하거나 탐색한다.

6.3 : Coach inquires about or explores the client's emotions.
코치는 고객의 감정에 대해 질문하거나 탐구한다.

6.4 : Coach explores the client's energy shifts, nonverbal cues or other behaviors.
코치는 고객의 에너지 변화, 비언어적 단서 또는 기타 행동을 탐구한다.

6.5 : Coach inquires about or explores how the client currently perceives themself or their world.
코치는 고객이 현재 자신이나 자신의 세계를 어떻게 인식하고 있는지 묻거나 탐구한다.

6.6 : Coach allows the client to complete speaking without interrupting unless there is a stated coaching purpose to do so.
코치는 명확한 목적이 있지 않은 한 고객이 말하기를 중단하지 않고 완료할 수 있도록 한다.

6.7 : Coach succinctly reflects or summarizes what the client communicated to ensure the client's clarity and understanding.
코치는 고객의 명확성과 이해를 보장하기 위해 고객이 전달한 내용을 간결하게 반영하거나 요약한다.

Competency 7 : Evokes Awareness
역량 7 : 알아차림을 불러일으킨다.

7.1 : Coach asks questions about the client, such as their current way of thinking, feeling, values, needs, wants, beliefs or behavior.

코치는 고객의 현재 사고 방식, 느낌, 가치관, 필요, 욕구, 신념 또는 행동에 대한 질문을 한다.

7.2 : Coach asks questions to help the client explore beyond the client's current thinking or feeling to new or expanded ways of thinking or feeling about themself (The Who).

코치는 고객이 자신의 현재 생각이나 느낌을 넘어 자신에 대해 생각하거나 느끼는 새롭거나 확장된 방식(누구)을 탐색할 수 있도록 질문을 한다.

7.3 : Coach asks questions to help the client explore beyond the client's current thinking or feeling to new or expanded ways of thinking or feeling about their situation (The What).

코치는 고객이 자신의 현재 생각이나 느낌을 넘어 자신의 상황에 대한 새롭거나 확장된 사고 방식이나 느낌(무엇)을 탐색할 수 있도록 질문을 한다.

7.4 : Coach asks questions to help the client explore beyond current thinking, feeling or behaving toward the outcome the client desires.

코치는 고객이 현재의 생각, 느낌 또는 고객이 원하는 결과에 대한 행동 그 이상을 탐구하도록 돕기 위해 질문을 한다.

7.5 : Coach shares—with no attachment—observations, intuitions, comments, thoughts or feelings, and invites the client's exploration through verbal or tonal invitation.

코치는 관찰, 직감, 의견, 생각 또는 감정을 있는 그대로 공유하고 음성 또는 음조의 변화를 통해 고객이 더 깊이 탐구할 수 있도록 한다.

7.6 : Coach asks clear, direct, primarily open-ended questions, one at a time, at a pace that allows for thinking, feeling or reflection by the client.

코치는 고객이 생각, 느낌 또는 반영을 할 수 있는 속도로 한 번에 하나씩 명확하고 직접적이며 주로 개방형 질문을 한다.

7.7 : Coach uses language that is generally clear and concise.

코치는 일반적으로 명확하고 간결한 언어를 사용한다.

7.8 : Coach allows the client to do most of the talking.

코치는 고객이 대화의 대부분을 말할 수 있도록 한다.

Competency 8 : Facilitates Client Growth
역량 8 : 고객의 성장을 촉진한다.

8.1 : Coach invites or allows the client to explore progress toward what the client wanted to accomplish in this session.

코치는 고객이 이 세션에서 달성하고자 하는 것에 대한 진행 상황을 탐구하도록 초대하거나 허용한다.

8.2 : Coach invites client to state or explore the client's learning in this session about themself (The Who).

코치는 고객이 자신(누구)에 대해 이 세션에서 배운 내용을 말하거나 탐구하도록 초대한다.

8.3 : Coach invites the client to state or explore the client's

learning in this session about their situation (The What).
코치는 고객이 자신의 상황(무엇)에 대해 이 세션에서 학습한 내용을 설명하거나 탐구하도록 초대한다.

8.4 : Coach invites the client to consider how they will use new learning from this coaching session.
코치는 고객에게 이 코칭 세션에서 새롭게 학습한 것을 어떻게 활용할 것인지 고려하도록 초대한다.

8.5 : Coach partners with the client to design post-session thinking, reflection or action.
코치는 고객과 협력하여 세션 후에 생각하기, 반영하기 또는 행동하기를 설계한다.

8.6 : Coach partners with the client to consider how to move forward, including resources, support or potential barriers.
코치는 고객과 협력하여 자원, 지원 또는 잠재적인 장벽을 포함하여 앞으로 나아가는 방법을 고려한다.

8.7 : Coach partners with the client to design the best methods of accountability for themselves.
코치는 고객과 협력하여 고객 자신을 위한 최상의 책무 방법을 설계한다.

8.8 : Coach celebrates the client's progress and learning.
코치는 고객의 진전과 학습을 축하한다.

8.9 : Coach partners with the client on how they want to complete this session.
코치는 고객과 협력하여 이 세션을 어떻게 완료하고 싶은지를 설계한다.

This translation of the PCC Markers was prepared by ICF Korea Charter Chapter and published on 16th September 2021. Official translations of this document are accessible from the ICF website at

https://coachingfederation.org/pcc-markers.

PCC 마커의 한글 번역본은 ICF Korea Charter Chapter에서 마련하였으며 2021년 9월 16일에 게재하였다. 이 문서의 공식 번역본은 ICF 웹사이트 https://coachingfederation.org/pcc-markers에서 찾아볼 수 있다.

Minimum Skills Requirements for MCC Credential
MCC 자격 증명에 대한 최소 기술 요구 사항

ICF believes that it has an obligation to support its member coaches in the growth of their skill set. Every Master Certified Coach (MCC) started as a beginner. They progressed through an intermediate level of skill, and became masterful, where the hallmark is complete evidence of the coach's role as learner about the client. ICF's three levels of Credentials reflect the continuum of growth and learning along the coaching journey.

ICF는 회원 코치들의 기술 성장을 지원할 의무가 있다고 믿는다. 모든 MCC(Master Certified Coach)도 초보자로 시작했다. 그들은 중간 수준의 기술을 통과하고 발전하여 능숙해졌으며, 이 특징은 고객에 대한 학습자로서 코치의 역할에 대한 깊은 증거가 된다. ICF의 세 가지 수준의 자격 증명은 코칭 여정에 따른 성장과 학습의 연속성을 반영한다.

This document has been created to support coaches as they prepare for the MCC credential performance evaluation. We also hope that this document will assist mentor coaches and supervisors in supporting these coaches, and coaching education and training providers in undertaking accreditation of their programs. The aim is to support coaches in successfully completing the MCC performance evaluation and in continuing to develop their skill set as coaches, in alignment with the updated ICF Core Competencies (2019).

이 문서는 MCC 자격 심사 평가를 준비하는 코치를 지원하기 위해 작성되었다. 또한 이 문서가 멘토 코치와 감독자가 이러한 코치를 지원하는 데 도움이 되기를 바란다. 교육 및 훈련 제공업체가 프로그램 인증을 수행하도록 코칭한다. 목표는 코치가 MCC 심사 평가를 성공적으로 완료하고 업데이트된 ICF 핵심 역량(2019)에 맞춰 코치로서 기술 세트를 지속적으로 개발할 수 있도록 지원하는 것이다.

For those seeking a credential, this document will provide an understanding of what assessors evaluate in relation to each ICF Core Competency. It will offer the minimum level of skill necessary to successfully demonstrate an MCC level of competency, and also help you understand what non-coaching behaviors might prevent successful completion of the MCC performance evaluation. This document can help each individual coach answer the following queries:

자격 증명을 원하는 사람들에게 이 문서는 평가자가 각 ICF 핵심 역량과 관련하여 평가하는 내용에 대한 이해를 제공한다. 이는 MCC 수준의 역량을 성공적으로 입증하는 데 필요한 최소한의 기술 수준을 제공하고, MCC 심사 평가의 성공적인 완료를 방해할 수 있는 비코칭 행동이 무엇인지 이해하는 데도 도움이 된다. 이 문서는 각 코치가 다음 질문에 답하는 데 도움이 될 수 있다.

What does it mean to be an MCC coach?
MCC 코치가 된다는 것은 무엇을 의미하는가?

What do ICF assessors listen for when they are evaluating my coaching?
ICF 평가자는 내 코칭을 평가할 때 무엇을 듣는가?

As I progress on my coaching journey, what are my strengths and what are the skill set areas that I need to grow to pass the MCC performance evaluation?
코칭 여정을 진행하면서 내 강점은 무엇이며 MCC 심사 평가를 통과하기 위해 성장해야 하는 기술 영역은 무엇인가?

Finally, ICF strongly believes that clients receive real and substantive value from MCC coaches. That value rests always in the coach's complete attention to the client and what the client wishes to accomplish, the complete level of partnership with the client, as well as the coach's complete support of the client's agenda. We honor each and every coach on their journey and look forward to supporting your path of growth as a coach and your credentialing path within ICF.

마지막으로 ICF는 고객이 MCC 코치로부터 실제적이고 실질적인 가치를 받는다고 굳게 믿는다. 그 가치는 고객과 고객이 달성하고자 하는 것에 대한 코치의 관심과 고객의 계획에 대한 코치의 완전한 지원에 있다. 우리는 코치의 여정에 있는 모든 코치를 존경하며 코치로서 성장하는 길과 ICF에서 자격을 취득하는 길을 지원하기를 기대한다.

Overall Behaviors for MCC-level Coaching
MCC 수준 코칭의 전반적인 행동

Among the hallmarks of MCC-level coaching is the fluidity and artistry with which a coach engages in a coaching conversation. This can manifest in a variety of ways. Most commonly, MCC-level coaching is demonstrated through the depth of skill in a specific coaching behavior or through the integration of multiple competencies simultaneously in a seamlessly blended manner.

MCC 수준 코칭의 특징 중 하나는 코치가 코칭 대화에 참여하는 유연성과 예술성이다. 이는 다양한 방식으로 나타날 수 있다. 가장 일반적으로 MCC 수준 코칭은 특정 코칭 행동에 대한 기술의 깊이를 통해 또는 원활하게 혼합된 방식으로 동시에 여러 역량을 통합함으로써 입증된다.

The structure of the Minimum Skills Requirements for MCC-level coaching is designed to reflect the unique characteristics of masterful coaching, with behaviors identified for each of the Core Competency areas, as well as overarching behaviors and skills that reflect MCC-level coaching across the competencies. Both the overall MCC-level coaching behaviors and the competency-specific skills have been identified through research with MCC-credentialed coaches.

MCC 수준 코칭을 위한 최소 기술 요구 사항의 구조는 각 핵심 역량 영역에 대해 식별된 행동과 역량 전반에 걸쳐 MCC 수준 코칭을 반영하는 포괄적인 행동 및 기술을 통해 숙련된 코칭의 고유한 특성을 반영하도록 설계되었다. 전반적인 MCC 수준 코칭 행동과 역량별 기술 모두 MCC 자격을 갖춘 코치와의 연구를 통해 확인되었다.

At the MCC level of coaching, an applicant should demonstrate trust in the client as a full partner throughout the coaching engagement, supporting the client in directing the focus and approach of the session and exploring the client's learning in a way that supports their continued growth. An applicant should exhibit a genuine interest and curiosity in and support for the client as a whole person—beyond the client's situation or immediate goals—and should support the client in reflecting on their learning and discovery about themselves at a holistic level. The applicant should also demonstrate genuine trust in and respect for the client's choices, perceptions, insights and contributions throughout the coaching, engaging in the coaching as a supporter and active learner and encouraging the client to explore their learning and growth at a deep level.

MCC 수준의 코칭에서 지원자는 코칭 참여 전반에 걸쳐 고객이 세션의 초점과 접근 방식을 지시하도록 지원하고 지속적인 성장을 지원하는 방식으로 고객의 학습을 탐구하는 완전한 파트너로서 고객에 대한 신뢰를 보여야 한다. 지원자는 고객의 상황이나 당면 목표를 넘어 전인적 차원에서 고객에 대한 진정한 관심과 호기심 및 지원을 보여야 하며, 고객이 전체적인 수준에서 자신에 대한 학습과 발견을 성찰하도록 지원해야 한다. 지원자는 또한 코칭 전반에 걸쳐 고객의 선택, 인식, 통찰력 및 기여에 대한 진정한 신뢰와 존중을 보여야 하며, 후원자이자 적극적인 학습자로서 코칭에 참여하고 고객이 깊은 수준에서 학습과 성장을 탐구하도록 격려해야 한다.

Specifically, MCC applicants are assessed on the following general coaching behaviors as part of the performance evaluation process:

특히 MCC 지원자는 심사 평가 프로세스의 일부분으로 다음과 같은 일반적인 코칭 행동에 대해 평가된다.

Coach invites the client to explore the lens through which the client is observing their current situation

코치는 고객이 자신의 현재 상황을 관찰하는 렌즈를 탐색하도록 초대한다.

The coach's comments and questions come from the totality of what they have learned about who the client is and their coaching purpose

코치의 의견과 질문은 고객이 누구인지, 코칭 목적에 대해 배운 것의 총체에서 나온다.

Coach's invitations to the client primarily focus on exploring deeper learning or a path forward

코치가 고객에게 보내는 초대는 주로 더 깊은 학습이나 앞으로 나아갈 길을 탐구하는 데 중점을 둔다.

(1) Demonstrates Ethical Practice

윤리적 실천을 보여준다.

Definition : Understands and consistently applies coaching ethics and standards of coaching

정의 : 코칭 윤리와 코칭 기준을 이해하고 지속적으로 적용한다.

Demonstrates personal integrity and honesty in interactions with clients, sponsors and relevant stakeholders

고객, 스폰서 및 이해 관계자와의 상호작용에서 코치의 진실성과 정직성을 보여준다.

Is sensitive to clients' identity, environment, experiences, values and beliefs

고객의 정체성, 환경, 경험, 가치 및 신념에 민감하게 대한다.

Uses language appropriate and respectful to clients, sponsors

and relevant stakeholders
고객, 스폰서 및 이해 관계자에게 적절하고, 존중하는 언어를 사용한다.

Abides by the ICF Code of Ethics and upholds the Core Values
ICF 윤리 강령을 준수하고 핵심 가치를 지지한다.

Maintains confidentiality with client information per stakeholder agreements and pertinent laws
이해 관계자 합의 및 관련 법률에 따라 고객 정보에 대해 비밀을 유지한다.

Maintains the distinctions between coaching, consulting, psychotherapy and other support professions
코칭, 컨설팅, 심리치료 및 다른 지원 전문직과의 차별성을 유지한다.

Refers clients to other support professionals, as appropriate
필요한 경우, 고객을 다른 지원 전문가에게 추천한다.

Important Note: Familiarity with the ICF Code of Ethics and its application is required for all levels of coaching and the standard for demonstrating a strong ethical understanding of coaching is similar for an ICF Credential at any level – Associate Certified Coach (ACC), Professional Certified Coach (PCC) or Master Certified Coach (MCC).
중요 사항 : 모든 수준의 코칭에는 ICF 윤리 강령 및 그 적용에 대한 숙지가 필요하며 코칭에 대한 강력한 윤리적 이해를 입증하기 위한 기준은 모

든 수준의 ICF 자격 증명인 Associate Certified Coach (ACC), Professional Certified Coach (PCC) 또는 Master Certified Coach (MCC)와 유사하다.

An applicant must demonstrate alignment with the ICF Code of Ethics in the performance evaluation. An applicant who commits a clear violation of the ICF Code of Ethics within a performance evaluation recording would not pass this competency and would be denied a Credential.

지원자는 심사 평가를 통해 ICF 윤리강령에 부합함을 입증해야 한다. 심사 평가 기록에서 ICF 윤리 강령을 명백히 위반한 지원자는 이 역량을 통과하지 못하며 자격 증명이 거부된다.

An applicant must also remain consistently in the role of coach within the performance evaluation. This includes demonstrating a knowledge of the coaching conversation that is focused on inquiry and exploration, and a focus based on present and future issues. An applicant would not pass this competency if they focuses primarily on telling the client what to do or how to do it (Consulting Mode) or if the conversation is based primarily in the past, particularly the emotional past (Therapeutic Mode).

지원자는 또한 심사 평가 내에서 지속적으로 코치 역할을 수행해야 한다. 여기에는 질문 및 탐색에 초점을 맞추고 현재와 미래 문제에 초점을 맞춘 코칭 대화에 대한 지식을 입증하는 것이 포함된다. 지원자가 주로 고객에게 무엇을 해야 할지 또는 어떻게 해야 하는지 알려주는 데 중점을 두거나(컨설팅 모드) 대화가 주로 과거, 특히 정서적 과거에 기반을 두고 있는 경우(치료 모드) 지원자는 이 역량을 통과하지 못할 것이다.

If an applicant is not clear on basic foundation exploration and evoking skills that underlie the ICF definition of coaching, that lack of clarity in skill use will be reflected in skill level demonstrated in some of the other competencies listed below. For example, if a coach almost exclusively gives advice or indicates that a particular answer chosen by the coach is what the client should do, trust and safety, presence, active listening, evoking awareness, and facilitating client growth will not be present and a credential at any level would be denied.

지원자가 코칭에 대한 ICF 정의의 기초가 되는 기본 기초 탐구 및 기술에 대해 명확하지 않은 경우, 기술 사용에 대한 명확성 부족은 아래 나열된 다른 역량 중 일부에서 입증된 기술 수준에 반영된다. 예를 들어, 코치가 거의 독점적으로 조언을 제공하거나 코치가 선택한 특정 대답이 고객이 해야 할 일임을 나타내는 경우 신뢰와 안전감, 프레즌스, 적극적인 경청, 알아차림 불러 일으키기 및 고객 성장 촉진이 존재하지 않을 경우 모든 수준의 자격 취득은 거부될 것이다.

(2) Embodies a Coaching Mindset

코칭 마인드셋을 구현한다.

Definition : Develops and maintains a mindset that is open, curious, flexible and client-centered

정의 : 개방적이고 호기심이 많으며, 유연하고 고객 중심적인 사고방식 (마인드셋)을 개발하고 유지한다.

Acknowledges that clients are responsible for their own choices

코치는 선택에 대한 책임이 고객 자신에게 있음을 인정한다.

Engages in ongoing learning and development as a coach

코치로서 지속적인 학습 및 개발에 참여한다.

Develops an ongoing reflective practice to enhance one's coaching

코치는 코칭능력을 향상시키기 위해 성찰훈련을 지속한다.

Remains aware of and open to the influence of context and culture on self and others

코치는 자기 자신과 다른 사람들이 상황과 문화에 의해 영향받을 수 있음을 인지하고 개방적 태도를 취한다.

Uses awareness of self and one's intuition to benefit clients

고객의 유익을 위해 자신의 인식과 직관을 활용한다.

Develops and maintains the ability to regulate one's emotions

감정 조절 능력을 개발하고 유지한다.

Mentally and emotionally prepares for sessions
정신적, 정서적으로 매 세션을 준비한다.

Seeks help from outside sources when necessary
필요하면 외부자원으로부터 도움을 구한다.

Competency 2 : Embodies a Coaching Mindset serves as a foundational competency for coach practitioners, focused primarily on the "being" of the coach. The related behaviors are typically demonstrated across a coach's practice, more so than in any specific coaching session. This competency area is therefore more difficult to consistently assess within the performance evaluation process. As a result, there are no behavioral or skill statements in this Competency area that are used for assessment purposes. Rather, an applicant's knowledge of and ability to apply Competency 2: Embodies a Coaching Mindset is more directly evaluated in the ICF Credentialing written exam.

'역량 2 : 코칭 마인드셋 구현한다'는 주로 코치의 "존재"에 초점을 맞춘 코치 실무자를 위한 기본 역량 역할을 한다. 관련 행동은 일반적으로 특정 코칭 세션보다 코치의 연습 전반에 걸쳐 입증된다. 따라서 이 역량 영역은 심사 평가 프로세스 내에서 일관되게 평가하기가 더 어렵다. 결과적으로 이 역량 영역에는 평가 목적으로 사용되는 행동 또는 기술 설명이 없다. 오히려 '역량 2 : 코칭 마인드셋을 구현한다'에 대한 지원자의 지식과 적용 능력은 ICF

자격 필기 시험에서 더 직접적으로 평가된다.

(3) Establishes and Maintains Agreements
합의를 도출하고 유지한다.

Definition : Partners with the client and relevant stakeholders to create clear agreements about the coaching relationship, process, plans and goals.

Establishes agreements for the overall coaching engagement as well as those for each coaching session.

정의 : 고객 및 이해 관계자와 협력하여 코칭 관계, 코칭 과정, 계획 및 목표에 대한 명확한 합의를 한다. 개별 코칭 세션은 물론 전체 코칭 과정에 대한 합의를 도출한다.

Explains what coaching is and is not and describes the process to the client and relevant stakeholders

코칭인 것과 코칭이 아닌 것에 대해 설명하고 고객 및 이해 관계자에게 프로세스를 설명한다.

Reaches agreement about what is and is not appropriate in the relationship, what is and is not being offered, and the responsibilities of the client and relevant stakeholders

관계에서 무엇이 적절하고 적절하지 않은지, 무엇이 제공되고 제공되지 않는지, 고객 및 이해 관계자의 책임에 관하여 합의한다.

Reaches agreement about the guidelines and specific parameters of the coaching relationship such as logistics, fees, scheduling, duration, termination, confidentiality and inclusion of others

코칭 진행 방법 (Logistics), 비용, 일정, 기간, 종결, 비밀 보장, 다른 사람의 포함 등과 같은 코칭 관계의 지침 및 특이사항에 대해 합의한다.

Partners with the client and relevant stakeholders to establish an overall coaching plan and goals

고객 및 이해 관계자와 함께 전체 코칭 계획 및 목표를 설정한다.

Partners with the client to determine client-coach compatibility

고객과 코치 간에 서로 맞는지 (Client-Coach Compatibility)를 결정하기 위해 파트너십을 갖는다.

Partners with the client to identify or reconfirm what they want to accomplish in the session

고객과 함께 코칭 세션에서 달성하고자 하는 것을 찾거나 재확인한다.

Partners with the client to define what the client believes they need to address or resolve to achieve what they want to accomplish in the session

고객과 함께 세션에서 달성하고자 하는 것을 얻기 위해 고객 스스로가 다뤄야 하거나 해결해야 한다고 생각하는 것을 분명히 한다.

Partners with the client to define or reconfirm measures of success for what the client wants to accomplish in the coaching engagement or individual session

고객과 함께 코칭 과정 또는 개별 세션에서 고객이 달성하고자 하는 목표에 대한 성공 척도를 정의하거나 재확인한다.

Partners with the client to manage the time and focus of the session.

고객과 함께 세션의 시간을 관리하고 초점을 유지한다.

Continues coaching in the direction of the client's desired outcome unless the client indicates otherwise

고객이 달리 표현하지 않는 한 고객이 원하는 성과를 달성하기 위한 방향으로 코칭을 계속한다.

Partners with the client to end the coaching relationship in a way that honors the experience

고객과 함께 코칭 경험을 존중하며 코칭관계를 종료한다.

Key Skills Evaluated 평가되는 주요 기술

The clarity and depth in creating an agreement for the session

세션 합의에 대한 명확성과 깊이

The coach's ability to partner and the depth of partnering with the client in the creation of agreement, measures of success, and issues to be addressed

합의, 성공 척도 및 해결해야 할 문제를 생성하는 데 있어 코치의 협력 능력 및 고객과의 협력 깊이

The coach's ability to attend to the client's agenda throughout the session

세션 전반에 걸쳐 고객의 의제에 주의를 기울이는 코치의 능력

At an MCC level, the minimum standard of skill that must be demonstrated to achieve a passing score for Competency 3 : Establishes and Maintains Agreements is that the coach fully explores with the client what the client wants to work on. The coach partners with the client to thoroughly explore the importance of the topic to the client, measures of success, and any changes in the direction of the coaching conversation. Through a partnering discussion, the coach ensures that both the coach and client are clear about the agenda, the measures of success, and the issues to be discussed, and the coach attends to that agenda and those measures throughout the coaching, unless redirected by the client. The coach regularly checks with the client throughout the session to ensure that the client's goals for the session are being achieved and that the direction and process are supporting the client in moving toward their desired outcome.

MCC 수준에서 '역량 3 : 합의를 도출하고 유지한다'에 대한 합격 점수를 달성하기 위해 입증해야 하는 최소 기술 기준은 코치가 고객이 원하는 것이 무엇인지 완전히 탐색한다는 것이다. 코치는 고객과 협력하여 고객에 대한 주제의 중요성, 성공의 척도, 코칭 대화 방향의 변화를 철저하게 탐색한

다. 파트너 토론을 통해 코치는 코치와 고객 모두가 의제, 성공의 척도, 논의할 문제에 대해 명확히 알고 있는지 확인하고, 고객의 요청이 없는 한 코칭 전반에 걸쳐 해당 의제와 해당 조치에 주의를 유지한다. 코치는 세션 전반에 걸쳐 정기적으로 고객과 함께 세션에 대한 고객의 목표가 달성되고 있는지, 코칭 방향과 코칭 과정이 고객이 원하는 결과를 향해 나아갈 수 있도록 지원하고 있는지 확인한다.

Specifically, MCC applicants are assessed on the following skills within Competency 3: Establishes and Maintains Agreements as part of the performance evaluation process:

특히, MCC 지원자는 심사 평가 과정의 일부분으로 '역량 3: 합의를 도출하고 유지한다'의 범위 안에서 다음 기술에 대해 평가된다.

Coach partners with the client to explore the topic or focus of the session at a level that is meaningful to the client

코치는 고객와 협력하여 고객에게 의미 있는 수준에서 세션의 주제나 초점을 탐색한다.

Coach partners with the client to keep the desired outcome as a guide to the coaching conversation in a flexible, gentle and natural manner

코치는 고객과 협력하여 유연하고 온화하며 자연스러운 방식으로 코칭 대화를 가이드하여 원하는 결과물을 유지하도록 파트너가 된다.

Coach notices subtle shifts in the conversation and invites the client to change direction if the client desires

코치는 대화의 미묘한 변화를 알아차리고 고객이 원할 경우 방향을 바꾸도록 고객을 초대한다.

A coach will not receive a passing score for Establishes and Maintains Agreements on the MCC performance evaluation if full partnership with the client is not demonstrated. Full partnership will not be demonstrated if the coach chooses the topic(s) for the client or if the coach does not coach around the topic(s) the client has chosen. The evaluation for this competency will also be negatively impacted if the coach does not explore the measures of success for each topic with the client to a degree that achieves clarity about the client's intent or direction for the session, does not allow the client full input into the issues that should be discussed relative to the client's stated objectives for the session, or does not check with the client about whether the client is moving toward what the client wanted from the session.

코치는 고객과의 완전한 파트너십이 입증되지 않은 경우 MCC 심사 평가에서 '합의를 도출하고 유지한다'에 대한 합격 점수를 받지 못한다. 코치가 고객을 위해 주제를 선택하거나 코치가 고객이 선택한 주제에 대해 코칭하지 않는 경우 완전한 파트너십이 입증되지 않는다. 만약 코치가 각 주제의 성공 기준을 고객과 충분히 탐색하지 않아 세션에 대한 고객의 의도나 방향에 대한 명확성을 달성하지 못하거나, 세션에 대한 고객의 명시적 목표에 대한 논의에 고객의 완전한 참여를 허용하지 않거나, 고객이 세션에서 원하는 바에 대해 고객과 확인하지 않는다면, 이 역량에 대한 평가도 부정적으로 영향을 받을 것이다.

(4) Cultivates Trust and Safety
신뢰와 안전감을 조성한다.

Definition : Partners with the client to create a safe, supportive environment that allows the client to share freely. Maintains a relationship of mutual respect and trust.

정의 : 고객과 함께, 고객이 자유롭게 나눌 수 있는 안전하고 지지적인 환경을 만든다. 상호 존중과 신뢰 관계를 유지한다.

Seeks to understand the client within their context which may include their identity, environment, experiences, values and beliefs

고객의 정체성, 환경, 경험, 가치 및 신념 등의 맥락 안에서 고객을 이해하려고 노력한다.

Demonstrates respect for the client's identity, perceptions, style and language and adapts one's coaching to the client

고객의 정체성, 인식, 스타일 및 언어를 존중하고 고객에 맞추어 코칭한다.

Acknowledges and respects the client's unique talents, insights and work in the coaching process

코칭 과정에서 고객의 고유한 재능, 통찰 및 노력을 인정하고 존중한다.

Shows support, empathy and concern for the client

고객에 대한 지지, 공감 및 관심을 보여준다.

Acknowledges and supports the client's expression of feelings, perceptions, concerns, beliefs and suggestions

고객이 자신의 감정, 인식, 관심, 신념, 및 제안하는 바를 그대로 표현하도록 인정하고 지원한다.

Demonstrates openness and transparency as a way to display vulnerability and build trust with the client

고객과의 신뢰를 구축하기 위해 코치의 취약성을 드러내고 개방성과 투명성을 보여준다.

Key Skills Evaluated 평가되는 주요 기술

The coach's depth of connection to and support of the client

코치의 고객과의 연결 및 지원의 깊이

The coach's depth of trust in and respect for the client and the client's processes of thinking, creating

고객과 고객의 사고, 창조 과정에 대한 코치의 신뢰와 존중의 깊이

The coach's willingness to be open, authentic and vulnerable with the client to build mutual trust

상호 신뢰를 구축하기 위해 고객에게 개방적이고 진실하며 취약한 태도를 보이려는 코치의 의지

At an MCC level, the minimum standard of skill that must be demonstrated to receive a passing score for Competency 4 : Cultivates Trust and Safety with the client is that the coach demonstrates complete and open trust in the client and the process by engaging the client as an equal partner in the coaching, and by the coach's willingness to be vulnerable with the client and creating a safe space for the client to be vulnerable in return.

MCC 수준에서 '역량 4 : 고객과의 신뢰와 안전감을 조성한다'에 대한 합격 점수를 받기 위해 입증해야 하는 최소 기술 기준은 코치가 고객을 다음과 같이 참여시킴으로써 고객과 코칭 과정에 대한 완전하고 공개적인 신뢰를 입증한다는 것이다. 코칭의 동등한 파트너, 그리고 고객과 함께 취약해지려는 코치의 의지와 그 대가로 고객이 취약해질 수 있는 안전한 공간을 만드는 것이다.

The MCC level coach demonstrates a complete confidence in self, the coaching process, the client as a whole, and a genuine curiosity about and respect for the client's perceptions, learning style, and personal being. The client is treated as an equal partner in the relationship with a full invitation to participate in the development and creation of the coaching process and their own new learning and behaviors.

MCC 수준 코치는 자기 자신, 코칭 과정, 고객 전체에 대한 완전한 자신감을 보여주며, 고객의 인식, 학습 스타일 및 개인적 존재에 대한 진정한 호기심과 존중을 보여준다. 고객은 코칭 과정과 자신의 새로운 학습 및 행동의 개발 및 생성에 참여하도록 완전한 초대를 받아 관계에서 동등한 파트너로 대우받는다.

Specifically, MCC applicants are assessed on the following skills within Competency 4 : Cultivates Trust and Safety as part of the performance evaluation process:

특히 MCC 지원자는 '역량 4 : 신뢰와 안전감을 조성한다'는 범위 내에서 심사 평가 과정의 일부분으로 다음 기술에 대해 평가된다.

Coach engages the client as an equal partner in a collaborative coaching process

코치는 협력적 코칭 과정에서 고객을 동등한 파트너로 참여시킨다.

Coach exhibits genuine curiosity about the client as a whole person by inviting the client to share more about themself or their identity

코치는 고객이 자신과 정체성에 대해 더 많이 공유하도록 초대하여 완전한 인간으로서의 고객에 대한 진정한 호기심을 보인다.

Coach provides space for the client to fully express themself, share feelings, beliefs, and perspectives, without judgment

코치는 판단하지 않으면서 고객이 자신을 완전히 표현하고 감정, 신념 및 관점을 나눌 수 있는 공간을 제공한다.

Coach acknowledges the client and celebrates client progress

코치는 고객을 인정하고 고객의 발전을 축하한다.

A coach will not receive a passing score for Cultivates Trust and Safety on the MCC performance evaluation if the coach does not treat the client as a full partner, choosing not only the agenda but also participating in the creation of the coaching process itself. Lack of full partnership will be demonstrated if the coach exhibits an interest in the coach's view of the situation rather than the client's view, does not seek information from the client about the client's thinking, does not seek information about the client's goals, or the coach demonstrates a lack of interest in or disrespect toward the client as a whole. In addition, the evaluation will be negatively impacted if the coach does not invite the client to share their thinking on an equal level with the coach or if the coach chooses the direction and approach without significant input from the client. Any indication that the coach is teaching rather than coaching will also result in a score below the MCC level for this competency area.

코치가 고객을 완전한 파트너로 대하지 않고 의제 뿐만 아니라 코칭 과정도 고객이 선택하지 않는 경우 코치는 MCC 심사 평가에서 '신뢰와 안전감을 조성한다'에 대한 합격 점수를 받지 못한다. 코치가 상황에 대해 고객의 관점보다는 코치의 관점에서 관심을 보이거나, 고객의 생각에 대한 정보를 고객으로부터 구하지 않거나, 고객의 목표에 대한 정보를 찾지 않거나, 코치가 고객 전체에 대한 관심 부족이나 무례함을 보여주고 또한 코치가 고객에게 고객의 생각을 코치와 동등한 수준에서 공유하도록 요청하지 않거나 코치가 고객의 명확한 의견 없이 코칭 방향과 접근 방식을 선택하는 경우 평가에 부정적인 영향을 미치게 된다. 코치가 코칭이 아니라 가르치고 있다고 보이면 이 역량 영역에 대한 MCC 수준보다 낮은 점수를 받게 된다.

(5) Maintains Presence
프레즌스(Presence)를 유지한다.

Definition : Is fully conscious and present with the client, employing a style that is open, flexible, grounded and confident

정의 : 개방적이고 유연하며 중심이 잡힌 자신감 있는 태도로 완전히 깨어서 고객과 함께 한다.

Remains focused, observant, empathetic and responsive to the client

고객에게 집중하고 관찰하며 공감하고 적절하게 반응하는 것을 유지한다.

Demonstrates curiosity during the coaching process

코칭 과정 내내 호기심을 보여준다.

Manages one's emotions to stay present with the client

고객과 프레즌스(현존)를 유지하기 위해 감정을 관리한다.

Demonstrates confidence in working with strong client emotions during the coaching process

코칭 과정에서 고객의 강한 감정 상태에 대해 자신감 있는 태도로 함께 한다.

Is comfortable working in a space of not knowing

코치가 알지 못하는 영역을 코칭할 때도 편안하게 임한다.

Creates or allows space for silence, pause or reflection
침묵, 멈춤, 성찰을 위한 공간을 만들거나 허용한다.

Key Skills Evaluated 평가되는 주요 기술

The coach's depth of focus on and partnership with the client
코치의 고객에 대한 집중과 파트너십의 깊이

The coach's depth of observation and use of the whole of the client in the coaching process
코칭 과정에서 고객 전체를 관찰하고 활용하는 코치의 깊이

The coach's ability to create space for reflection and remain present to the client through both conversation and silence
성찰의 공간을 만들고 대화와 침묵을 통해 고객과 함께 있는 코치의 능력

At an MCC level, the minimum standard of skill that must be demonstrated to receive a passing score for Competency 5: Maintains Presence is that the coach is fully partnering with the client in the coaching dialogue and is a connected observer to the client, holding both objective and emotional perspectives simultaneously. The connection is to the whole of the client, who the client is, what the client wants, how the client learns and creates, and how the client leads the coaching conversation. The coach evidences a genuine curiosity in the client. As with Cultivates Trust and Safety, the coach is in a complete partnership with the client where the client is an equal or greater contributor to the conversation and direction of the coaching than the coach. At the MCC level, the conversation between coach and client is equal and easy, even in uncomfortable moments.

MCC 수준에서 '역량 5: 프레즌스를 유지한다'에 대한 합격 점수를 받기 위해 입증해야 하는 기술의 최소 기준은 코치가 코칭 대화에서 고객과 완전히 협력하고 고객과 연결된 관찰자가 되어 객관적인 관점과 감정적인 관점 두 가지 모두를 유지한다는 것이다. 그 연결은 고객이 누구인지, 고객이 무엇을 원하는지, 고객이 어떻게 학습하고 창조하는지, 고객이 코칭 대화를 어떻게 이끌어가는지 등 고객 전체와 연결된다. 코치는 고객에게 진정한 호기심을 보여준다. '신뢰와 안전감을 조성한다'와 마찬가지로 코치는 고객과 완전한 파트너십을 맺고 있으며, 여기서 고객은 코치와 동등하거나 더 크게 대화 및 코칭 방향에 기여한다. MCC 수준에서는 불편한 순간에도 코치와 고객 간의 대화가 동등하고 편안하게 이루어진다.

Specifically, MCC applicants are assessed on the following skills within Competency 5: Maintains Presence as part of the performance evaluation process :

특히, MCC 지원자는 심사 평가 프로세스의 일부분으로 '역량 5: 프레즌스를 유지한다' 의 범위 안에서 다음 기술에 대해 평가된다.

Coach responds to the client in a manner that keeps the conversation flowing with the client leading the way

코치는 고객이 주도하는 대화 흐름을 유지하는 방식으로 고객에게 응답한다.

Coach remains curious and attentive to the client, exploring what the client needs throughout the session

코치는 세션 내내 고객에게 호기심과 세심한 주의를 기울여 고객이 필요로 하는 것이 무엇인지 탐색한다.

Coach engages in the coaching conversation with ease and fluidity

코치는 쉽고 유연하게 코칭 대화에 참여한다.

Coach leverages silence to support the client and the client's growth

코치는 고객과 고객의 성장을 지원하기 위해 침묵을 활용한다.

ICF notes that Cultivates Trust and Safety and Maintains Presence are quite related competencies. Therefore, a coach will not receive a passing score Competency 5: Maintains Presence with the client on the MCC performance evaluation if the coach does not treat the client as a full partner, choosing not only the agenda but also participating in the creation of the coaching process itself. Such lack of full partnership is demonstrated if the coach exhibits interest in the coach's view of the situation rather than the client's view, does not seek information from the client about the client's thinking, does not seek information about the client's goals, or if the coach's attention seems to be on the coach's own performance or demonstration of knowledge. In addition, the evaluation will be negatively impacted if the coach does not invite the client to share their thinking on an equal level with the coach.

ICF는 '신뢰와 안전감을 조성한'와 '프레즌스를 유지한다'는 것은 상당히 관련이 있는 역량이라고 언급한다. 따라서 코치가 MCC 심사 평가에서 고객을 완전한 파트너로 대하지 않고 의제를 선택할 뿐만 아니라 코칭 과정 자체를 만들어 가는데 참여할 경우, 코치는 합격 점수를 받기 어렵다. 이러한 완전한 파트너십의 부재는 고객의 관점이 아닌 코치의 상황에 대한 관점에 관심을 보이거나, 고객의 생각에 대한 정보를 고객에게 구하지 않거나, 고객의 목표에 대한 정보를 찾지 않거나, 코치의 관심이 코치 자신의 성과나 지식의 시연에 있는 것처럼 보이는 경우에 해당된다. 또한 코치가 고객을 초대하여 코치와 동등한 수준으로 생각을 공유하지 않으면 평가에 부정적인 영향을 미칠 것이다.

(6) Listens Actively
적극적으로 경청한다.

Definition : Focuses on what the client is and is not saying to fully understand what is being communicated in the context of the client systems and to support client self-expression

정의 : 고객의 시스템 맥락에서 전달하는 것을 충분히 이해하고, 고객의 자기표현(Self-Expression)을 돕기 위하여 고객이 말한 것과 말하지 않은 것에 초점을 맞춘다.

Considers the client's context, identity, environment, experiences, values and beliefs to enhance understanding of what the client is communicating

고객이 전달하는 것에 대한 이해를 높이기 위해 고객의 상황, 정체성, 환경, 경험, 가치 및 신념을 고려한다.

Reflects or summarizes what the client communicated to ensure clarity and understanding

고객이 전달한 것에 대해 더 명확하게 이해하기 위해 반영하거나 요약한다.

Recognizes and inquires when there is more to what the client is communicating

고객이 소통한 것 이면에 무언가 더 있다고 생각될 때 이것을 인식하고 질문한다.

Notices, acknowledges and explores the client's emotions, energy shifts, non-verbal cues or other behaviors

고객의 감정, 에너지 변화, 비언어적 신호 또는 기타 행동에 대해 주목하고, 알려 주며 탐색한다.

Integrates the client's words, tone of voice and body language to determine the full meaning of what is being communicated

고객이 전달하는 내용의 완전한 의미를 알아내기 위해 고객의 언어, 음성 및 신체 언어를 통합한다.

Notices trends in the client's behaviors and emotions across sessions to discern themes and patterns

고객의 주제(Theme)와 패턴(Pattern)을 분명히 알기 위해 세션 전반에 걸쳐 고객의 행동과 감정의 흐름(Trends)에 주목한다.

Key Skills Evaluated 평가되는 주요 기술

The coach's depth of attention to what the client communicates in relation to the client and the client's agenda

고객 및 고객의 의제와 관련하여 고객이 의사소통하는 내용에 대한 코치의 관심의 깊이

The coach's ability to hear on multiple levels, including both the emotional and substantive content of the words

단어의 정서적, 실질적인 내용을 모두 포함하여 다양한 수준에서 듣는 코치의 능력

The coach's ability to hear underlying beliefs, thinking, creating, and learning that are occurring for the client including recognizing incongruities in language, emotions, and actions

언어, 감정, 행동의 부조화를 인식하는 것을 포함하여 고객에게 발생하는 근본적인 신념, 사고, 창조 및 학습을 듣는 코치의 능력

The coach's ability to hear and integrate the client's language and to invite the client to deeper exploration

고객의 언어를 듣고 통합하며 고객을 더 깊은 탐구로 초대하는 코치의

능력

At an MCC level, the minimum standard of skill that must be demonstrated to receive a passing score for Competency 6: Listens Actively is that the coach listens as a learner and demonstrates an ability to listen at the logical and emotional level at the same time. Responses from the coach evidence learning about the client at multiple levels. The coach's responses evidence that the coach is hearing the client's intuitive abilities, the client's energy, when the client speaks of important things, when new growth is occurring for the client, how that growth is related to the client's stated objectives and agenda, and when the client is finding, creating, and using a more powerful sense of self. The coach is also able to hear the client's current thinking and growth and relate it to the future the client is trying to create. An MCC level coach hears the totality of the client's greatness and gifts as well as limiting beliefs and patterns. The coach's listening is cumulative from session to session and throughout each individual session.

MCC 수준에서 '역량 6: 적극적으로 경청한다'에 대한 합격 점수를 받기 위해 입증해야 하는 최소 기술 기준은 코치가 학습자로서 듣고 동시에 논리적, 감정적 수준에서 듣는 능력을 보여주는 것이다. 코치의 반응은 고객에 대해 여러 수준에서 학습했다는 증거이다. 코치의 반응은 코치가 고객의 직관 능력, 고객의 에너지, 고객이 중요한 것에 대해 말할 때, 고객에게 새로운 성장이 일어나는 때, 그 성장이 고객이 명시한 목표 및 의제와 어떻게 관련되는지, 그리고 언제 고객이 말하는지, 강력한 자아감을 찾고, 창조하고, 사용하고 있는지를 듣고 있다는 증거이다. 코치는 또한 고객의 현재 사고와 성장을 듣고 이를 고객이 창조하려는 미래와 연관시킬 수 있다. MCC 수준 코치는 제한된 신념과 패턴 뿐만 아니라 고객의 위대함과 재능에 대한 총체적인 이야기를 듣는다. 코치의 경청은 세션마다, 그리고 각 개별 세션 전반에 걸쳐 누적된다.

Specifically, MCC applicants are assessed on the following skills within Competency 6 : Listens Actively:

특히 MCC 지원자는 역량 6 : 적극적으로 경청한다라는 범위 내에서 다음 기술에 대해 평가된다.

Coach responds to client with an invitation into a deeper exploration of client thinking and behaviors

코치는 고객의 사고와 행동을 더 깊이 탐구하도록 초대하여 고객에게 응답한다.

Coach's responses to the client demonstrates an understanding of the client's emotions, energy, or learning and growth, in alignment with the client's agenda

고객에 대한 코치의 반응은 고객의 의제에 맞춰 고객의 감정, 에너지 또는 학습 및 성장에 대한 이해를 보여준다.

Coach reflects what the client communicates in relation to the context of the whole person

코치는 개인 전체의 맥락과 관련하여 고객이 전달하는 내용을 반영한다.

A coach will not receive a passing score for Listens Actively on the MCC performance evaluation if the coach does not demonstrate listening that is based on the whole client and an ability to hear the client's thinking, learning, and feeling at multiple levels. The coach will not receive a passing grade at this level if the listening is filtered only through the coach's methods of thinking, learning, and creating and does not actively hear and use as a significant coaching tool, the client's methods of thinking, learning, and creating. The score for this competency will also be negatively impacted if nuances of the client's language are not reflected in the coach's responses, or if the coach does not respond to what the client communicates, the coach's response is not related to what the client is trying to achieve, or the coach's listening is primarily focused on the client's problems or weaknesses. The coach will not receive a passing grade on the MCC performance evaluation if the coach appears to be listening for the place where the coach can demonstrate their knowledge about the topic or tell the client what to do about the topic.

코치가 온전한 고객을 기반으로 한 경청과 고객의 생각, 학습, 감정을 다양한 수준에서 듣는 능력을 보여주지 않으면 MCC 심사 평가에서 적극적으로 경청에 대한 합격 점수를 받을 수 없다. 듣기가 코치의 사고, 학습 및 창조 방법을 듣는 것을 걸러내고, 고객의 사고, 학습, 창조의 방법을 중요한 코칭 도구로서 적극적으로 듣고 활용하지 않으면 코치는 이 수준에서 합격점을 받지 못할 것이다. 또한 고객 언어의 뉘앙스를 반영하여 반응하지 않거나, 코치가 고객이 전달하는 내용에 응답하지 않거나, 코치의 반응

이 고객이 달성하려는 것과 관련이 없거나, 코치의 경청이 주로 고객의 문제나 약점에 집중되는 경우에도 이 역량의 점수는 부정적인 영향을 받게 된다. 코치가 주제에 대한 지식을 보여주거나 고객에게 주제에 대해 무엇을 해야 하는지 말할 수 있는 입장으로 듣고 있는 것처럼 보이면 코치는 MCC 심사 평가에서 합격 점수를 받지 못할 것이다.

(7) Evokes Awareness
알아차림을 불러일으킨다.

Definition : Facilitates client insight and learning by using tools and techniques such as powerful questioning, silence, metaphor or analogy

정의 : 강력한 질문, 침묵, 은유(Metaphor) 또는 비유(Analogy)와 같은 도구와 스킬을 사용하여 고객의 통찰과 학습을 촉진한다.

Considers client experience when deciding what might be most useful

가장 유용한 것이 무엇인지 결정할 때 고객의 경험을 고려한다.

Challenges the client as a way to evoke awareness or insight

알아차림이나 통찰을 불러일으키기 위한 방법으로 고객에게 도전한다.

Asks questions about the client, such as their way of thinking, values, needs, wants and beliefs

고객의 사고방식, 가치, 욕구 및 원함 그리고 신념 등 고객에 대하여 질문한다.

Asks questions that help the client explore beyond current thinking

고객이 현재의 생각을 뛰어넘어 탐색하도록 도움이 되는 질문을 한다.

Invites the client to share more about their experience in the moment

고객에게 그 상황에서 더 자세히 자신의 경험을 나누도록 초대한다.

Notices what is working to enhance client progress

고객의 발전 (Client's Progress)을 위해 무엇이 잘되고 있는지에 주목한다.

Adjusts the coaching approach in response to the client's needs

고객의 욕구에 맞추어 코칭 접근법을 조정한다.

Helps the client identify factors that influence current and future patterns of behavior, thinking or emotion

고객이 현재와 미래의 행동, 사고 또는 감정 패턴에 영향을 미치는 요인을 식별하도록 도와준다.

Invites the client to generate ideas about how they can move forward and what they are willing or able to do

고객이 어떻게 앞으로 나아갈 수 있는지, 무엇을 하려고 하고 할 수 있는지 생각해 내도록 초대한다.

Supports the client in reframing perspectives

관점을 재구성(Reframing) 할 수 있도록 고객을 지원한다.

Shares observations, insights and feelings, without attachment, that have the potential to create new learning for the client

고객이 새로운 학습을 할 수 있는 잠재력을 갖도록 관찰, 통찰 및 느낌을 있는 그대로 공유한다.

Key Skills Evaluated 평가되는 주요 기술

The coach's use of inquiry, exploration, silence and other techniques that support the client in achieving new or deeper learning and awareness

고객이 새롭거나 심층적인 학습 및 인식을 달성하도록 지원하는 코치의 탐구, 탐색, 침묵 및 기타 기술 사용

The coach's ability to explore with and evoke exploration by the client of the emotional and substantive content of the words

고객의 말에 담긴 정서적이고 실질적인 의미에 대해 고객과 함께 탐구하고 고객의 탐구를 불러일으키는 코치의 능력

The coach's ability to explore with and evoke exploration by the client of the underlying beliefs and means of thinking, creating, and learning that are occurring for the client

고객에게서 발생하는 사고, 창조, 학습의 기본 신념과 수단을 탐구하고 고

객의 탐구를 불러일으키는 코치의 능력

The coach's ability to support the client in exploring new or expanded perspectives or ways of thinking

고객이 새롭거나 확장된 관점이나 사고방식을 탐구하도록 지원하는 코치의 능력

The coach's invitation to and integration of the client's intuition, thinking, and language as critical tools in the coaching process

코치는 고객의 직관, 사고 및 언어를 코칭 과정의 중요한 도구로 초대하고 통합한다.

At an MCC level, the minimum standard of skill that must be demonstrated to receive a passing score for Competency 7: Evokes Awareness is that the coach's invitation to the exploration of important issues precedes and is significantly greater than the invitation to a solution. At an MCC level, the coach's way of being is consistently curious; the coach is willing to not know and allow the exploration to evolve based on the client's thinking, learning, and creating. The coach asks mostly, if not always, direct, evocative questions that are fully responsive to the client in the moment, to the client's agenda and stated objectives, and that require significant thought by the client or take the client to a new place of thinking. The coach makes frequent and full use of the client's language and learning style to craft questions, insights, or observations that provide a space for a client to use and expand their own style of thinking, learning, and creating, and to discover their power, gifts, and strengths. The coach provides sufficient space and encouragement to allow the client to integrate and use new awareness to identify patterns of thinking or behavior, resolve current challenges, achieve current goals, and think how the new awareness may be used in the future.

MCC 수준에서 '역량 7: 알아차림을 불러 일으킨다'에 대한 합격 점수를 받기 위해 입증해야 하는 최소 기술 기준은 중요 이슈에 대한 탐색에 대한 코치의 초대가 선행하고 해결책에 대한 초대보다 유의하게 크다는 것이다. MCC 수준에서 코치의 존재 방식은 지속적으로 호기심을 갖는 것이다. 코치는 기꺼이 고객의 생각, 학습, 창조를 바탕으로 탐색이 발전하도록 허용한다. 코치는 항상 그런 것은 아니지만 주로 고객의 현재 상황, 고객의 의제 및 명시된 목표에 완전히 반응하고 고객의 중요한 사고를 요청하거나 고객을 새로운 사고의 위치로 데려가는 직접적이고 연상적인 질문을 한다. 코치는 고객의 언어와 학습양식을 자주 그리고 충분히 활용하여 고객이 자신만의 사고, 학습, 창조의 양식을 사용하고 확장할 수 있는 공간을 제공하는 질문, 통찰, 관찰을 만들고, 그들의 힘, 재능, 강점을 발견한다. 코치는 충분한 공간을 제공하고 고객이 새로운 것을 통합하고 사용할 수 있도록 격려한다. 사고 또는 행동 패턴을 식별하고, 현재의 도전과제를 해결하고, 현재의 목표를 달성하고, 새로운 인식이 미래에 어떻게 사용될 수 있는지 생각하게 한다.

Specifically, MCC applicants are assessed on the following

skills within Competency 7: Evokes Awareness as part of the performance evaluation process:

특히, MCC 지원자는 성과 심사 프로세스의 일부분으로 '역량 7: 알아차림을 불러 일으킨다'는 범위 내에서 다음 기술에 대해 평가된다.

Coach partners with the client to explore the client's stories, metaphors and imagery that support growth and learning

코치는 고객과 협력하여 성장과 학습을 지원하는 고객의 이야기, 은유 및 이미지를 탐색한다.

Coach stimulates new client insights with minimal, precise questions

코치는 최소한의 정확한 질문으로 새로운 고객 통찰력을 자극한다.

Coach asks questions that challenge the client to explore more deeply or to go beyond current thinking and feeling

코치는 고객이 더 깊이 탐구하거나 현재의 생각과 감정을 넘어서도록 도전하는 질문을 한다.

Coach shares with fluidity insights, observations, or questions, from the client's words and actions to foster awareness

코치는 고객의 말과 행동에서 얻은 통찰력, 관찰, 또는 질문을 유연하게 공유하여 인식을 촉진한다.

A coach will not receive a passing score for Evokes Awareness on the MCC performance evaluation if the coach does not demonstrate an ability to use questions, insights, silence or other techniques that encourage the client to deepen their thinking in a larger, more reflective space related to the client or the client's agenda. The evaluation will be negatively impacted if the coach frequently asks questions that keep the client in the past or in present detail of a situation rather than in forward thinking, or if the coach drives the client toward solutions without fully exploring issues that may be important to gaining complete solution or accomplishment for the client. The evaluation will also be negatively impacted if the dialogue does not provide sufficient space for the client's full participation in creating awareness; if the coach's communication reflects an agenda or directing of any kind by the coach; if the coach does not evidence frequent use of the client's language, learning, thinking, and creating styles; or if the coach does not often create an easy place for the client to engage in deeper thinking, learning, and discovery. The coach will not receive a passing score for this competency area if the coach's communication limits the thinking and learning direction for the client without specific interaction with, discussion of, and assent by the client to the limitation.

코치가 고객이 더 크고 성찰적인 공간에서 사고를 심화하도록 격려하는 질문, 통찰력, 침묵 또는 기타 기술을 사용하는 능력을 보여주지 않으면 코치는 MCC 심사 평가에서 Evokes Awareness에 대한 합격 점수를 받지 못한다. 고객 또는 고객의 의제에. 코치가 고객을 미래 지향적인 사고보다는 과거나 현재의 세부적인 상황에 머물게 하는 질문을 자주 하거나, 코치가 고객을 충분히 탐구하지 않고 해결 방법을 찾도록 유도하는 경우 평가에 부정적인 영향을 미칠 것이다. 대화가 고객이 알아차림을 형성하는 데 완전히 참여할 수 있는 충분한 공간을 제공하지 못하는 경우, 코치의 커뮤니케이션에 코치가 어떤 종류의 의제나 지시를 포함하는 경우, 코치가 고객의 언어, 학습, 사고 및 스타일을 자주 사용하는 것을 알려주지 못하는 경우, 코치가 고객이 더 깊이 생각하고 학습하고 발견하는 데 쉽게 참여할 수 있는 공간을 제공하지 않는 경우에도 평가에 부정적인 영향을 미칠 것이다. 고객과의 구체적인 상호작용, 토론, 고객의 동의 없이 고객의 의사소통이 고객의 사고와 학습방향을 제한하는 경우, 코치는 이 역량 영역에 대한 합격점을 받지 못할 수 있다.

(8) Facilitates Client Growth
고객의 성장을 촉진한다.

Definition : Partners with the client to transform learning and insight into action. Promotes client autonomy in the coaching process.

정의 : 고객이 학습과 통찰을 행동으로 전환할 수 있도록 협력한다. 코칭 과정에서 고객의 자율성을 촉진한다.

Works with the client to integrate new awareness, insight or learning into their world view and behaviors

새로운 알아차림, 통찰, 학습을 세계관 및 행동에 통합하기 위해 고객과 협력한다.

Partners with the client to design goals, actions and accountability measures that integrate and expand new learning
새로운 학습을 통합하고 확장하기 위해 고객과 함께 고객의 목표와 행동, 그리고 책임 측정 방안(Accountability Measures)을 설계한다.

Acknowledges and supports client autonomy in the design of goals, actions and methods of accountability
목표, 행동 및 책임 방법을 설계하는 데 있어서 고객의 자율성을 인정하고 지지한다.

Supports the client in identifying potential results or learning from identified action steps
고객이 잠재적 결과를 확인해보거나 이미 수립한 실행단계로부터 배운 것을 지지한다.

Invites the client to consider how to move forward, including resources, support and potential barriers
고객이 지닌 자원(Resource), 지원(Support) 및 잠재적 장애물 (Potential Barriers)을 포함하여 어떻게 자신이 앞으로 나아갈지에 대해 고려하도록 한다.

Partners with the client to summarize learning and insight within or between sessions
고객과 함께 세션에서 또는 세션과 세션 사이에서 학습하고 통찰한 것을 요약한다.

Celebrates the client's progress and successes
고객의 진전과 성공을 축하한다.

Partners with the client to close the session
고객과 함께 세션을 종료한다.

Key Skills Evaluated 평가되는 주요 기술

The coach's ability to support the client in exploring their learning about themselves and their situation and the application of that learning to support the client's goals
고객이 자신과 상황에 대해 학습한 내용을 탐색하고 고객의 목표를 향해 학습한 내용을 적용할 수 있도록 지원하는 코치의 능력

The coach's ability to partner fully with the client in designing actions from their new awareness, which may include thinking, feeling or learning, that support the client in moving toward their stated agenda or goals
고객이 명시된 의제나 목표를 향해 나아갈 수 있도록 지원하는 사고, 느낌 또는 학습을 포함할 수 있는 새로운 인식을 바탕으로 고객의 행동을 설계하는 데 있어서 고객과 완전히 협력하는 코치의 능력

The coach's ability to support the client in developing measurable achievements that are steps toward the client's stated goals or outcomes
고객이 명시한 목표나 결과를 향한 단계인 측정 가능한 성취를 개발하도록 고객을 지원하는 코치의 능력

The coach's ability to partner with the client to explore and acknowledge the client's progress throughout the session
세션 전반에 걸쳐 고객의 진행 상황을 탐색하고 인정하기 위해 고객과 협력하는 코치의 능력

The coach's depth of partnership in closing the session
세션을 마무리할 때 코치의 파트너십 깊이

At an MCC level, the minimum standard of skill that must be demonstrated to receive a passing score for Competency 8: Facilitates Client Growth is that the coach fully partners with the client to explore the client's learning about their situation and themselves, and ways to apply new awareness to support the client's agenda, desired goals, and future growth. The coach partners with the client throughout the session to explore the client's progress and learning and supports the client in reflecting on what the client is discovering about themselves. The MCC coach demonstrates trust in the client to develop actions and accountability structures that are reflective of the client's agenda and broader learning or accomplishment that the client wants to obtain, integrate the client's strengths as well as the best of the client's learning and creating methodologies.

MCC 수준에서 '역량 8: 고객의 성장을 촉진한다'에 대한 합격 점수를 받기 위해 입증해야 하는 최소 기술 기준은 코치가 고객과 완전히 협파트너가

되어 고객의 상황과 자신에 대한 학습과 고객의 의제, 원하는 목표 및 미래 성장을 지원하기 위한 새로운 인식을 적용하는 방법을 탐색하는 것이다. 코치는 세션 전반에 걸쳐 고객과 협력하여 고객의 진행 상황과 학습을 탐색하고 고객이 자신에 대해 발견한 내용을 성찰하도록 지원한다. MCC 코치는 고객의 의제와 고객이 얻고자 하는 광범위한 학습 또는 성취를 반영하는 행동과 책임 구조를 개발하고, 고객의 강점은 물론 고객의 최고의 학습 및 창조 방법론을 통합하여 고객에 대한 신뢰를 보여준다.

Specifically, MCC applicants are assessed on the following skills within Competency 8: Facilitates Client Growth as part of the performance evaluation process:

특히 MCC 지원자는 심사 평가 과정의 일부분으로 '역량 8 : 고객의 성장을 촉진한다'의 범위 내에서 다음 기술에 대해 평가된다.

Coach checks in with client and their progress, learnings, and insights in natural and spontaneous ways throughout the session

코치는 세션 전반에 걸쳐 자연스럽고 자연스러운 방식으로 고객과 고객의 진행 상황, 학습 및 통찰력을 확인한다.

Coaches invites the client to sense and reflect on what they are learning about themselves

코치는 고객이 자신에 대해 배우고 있는 것을 감지하고 반영하도록 초대한다.

Coach cultivates an environment for the client to intentionally apply their own learning

코치는 고객이 자신의 학습을 의도적으로 적용할 수 있는 환경을 조성한다.

A coach will not receive a passing score for Facilitates Client Growth on the MCC performance evaluation if the coach does not invite full client participation or does not encourage client leadership in planning strategies, actions and methods of accountability or if the coach dominates in any way the actions or applications of learning that are created. The evaluation will also be negatively impacted if the coach does not invite or partner with the client to explore what the client is learning about themself and possible applications of that learning, or if applications of learning do not reflect a clear potential for forward movement by the client related to the client's agenda, desired outcomes, or to some other learning that the client has defined for as necessary for their growth. The evaluation will also be negatively impacted if designed plans and goals and/or discussion designed actions involves only physical activity with no attention to the thinking, learning, being, and creativity structures of the client.

코치가 고객의 완전한 참여를 유도하지 않거나 전략, 행동 및 책임 방법을 계획하는 데 있어 고객의 리더십을 장려하지 않거나 코치가 어떤 방식으로든 고객을 지배하는 경우, 코치는 MCC 심사 평가에서 고객 성장 촉진에 대한 합격 점수를 받지 못한다. 생성된 학습의 활동이나 적용. 코치가 고객이 자신에 대해 무엇을 배우고 있는지, 그리고 그 학습의 가능한 적용을 탐구하도록 고객을 초대하거나 협력하지 않거나, 학습의 적용이 코치에 의한 전진을 위한 명확한 잠재력을 반영하지 않는 경우에도 평가는 부정적인 영향을 받을 것이다. 고객의 의제, 원하는 결과 또는 고객이 성장에 필요하다고 정의한 기타 학습과 관련된 고객이다. 설계된 계획과 목표 및/또는 논의된 행동이 고객의 사고, 학습, 존재 및 창의성 구조에 관심을 두지 않고 신체 활동만 포함하는 경우에도 평가에 부정적인 영향을 미칠 것이다.

Copyright 2022, International Coaching Federation (ICF), all rights reserved.
저작권 2022, 국제코칭연맹(ICF), 모든 권리 보유.

4. 코치가 되기 위한 조건과 자질

1) 코치가 되기 위한 조건

코치가 되기 위해서는 코칭에 대한 기본적인 이론과 실제를 배우고, 코칭의 원리와 방법을 숙지하고, 코칭의 윤리와 표준을 준수하는 것이 필요하다. 코칭은 인재 개발 기법의 하나로서, 전문적인 지식과 기술이 요구된다. 따라서 코치가 되려면 적절한 교육과 훈련을 받아야 한다. 코칭의 교육과 훈련은 다양한 기관에서 제공되고 있으며, 국제적으로 인정받는 자격증을 취득할 수 있는 곳도 있다. 예를 들어, '국제코칭연맹(ICF)'은 전 세계에서 가장 크고 권위 있는 코칭 협회로서, ICF 인증 코치 자격증을 발급하고 있다. ICF 인증 코치 자격증은 3개의 레벨로 구분되며, 각각 다른 시간과 요건을 충족해야 한다. ICF 인증 코치 자격증을 취득하기 위해서는 ICF가 승인한 교육 프로그램을 이수하고, 필기시험과 실기시험을 통과하고, 윤리강령에 동의하고, 지속적인 교육을 이수하는 것이 필요하다.

2) 코치가 가져야 할 자질

코치가 되기 위한 조건 외에도, 좋은 코치가 되기 위해서는 아래와 같은 몇 가지 특별한 자질이 필요하다.

(1) 소명과 헌신

코치는 자신의 일을 사명으로 여기고 그것에 전념해야 한다. 코칭은 단순히 일이 아니라 다른 사람들이 그들의 목표를 달성하고 성장할 수 있도록 돕는 것이다. 따라서 코치는 자신의 역할에 대해 높은 자부심과 책임감을 가지고 있어야 한다.

(2) 긍정적인 마인드와 동기부여 능력

코치는 고객이 가진 가능성을 믿고 그들에게 긍정적인 영향력을 미쳐야 한다. 코치는 고객이 원하는 목표를 향해 자발적으로 행동하도록 동기를 부여하고 장애물에도 불구하고 낙관적으로 유지할 수 있도록 도와야 한다.

(3) 코치의 자유와 정직성 존중

코치는 고객이 스스로 목표를 설정하고 달성하도록 돕는다. 그 과정에서 고객의 의사와 선택을 존중하고 간섭하지 않는다. 또한 고객에게 정직하게 피드백을 주고 윤리적으로 행동한다.

(4) 자신에 대한 깊은 지식

코치는 자신의 강점과 약점, 신념과 가치, 한계와 가능성 등에 대해 잘 알아야 한다. 이를 통해 자신의 성장과 발전을 추구하고 고객에게 좋은 모델이 될 수 있다.

(5) 적극적인 청취
코치는 고객이 하는 말뿐만 아니라 말하지 않는 것까지도 잘 듣고 이해해야 한다. 고객의 언어적이나 비언어적인 신호를 파악하고 그 의미와 감정을 재현할 수 있어야 한다.

(6) 호기심
코치는 지식에 대한 갈증과 배움에 대한 열정을 가지고 있어야 한다. 코칭 분야뿐만 아니라 다른 분야에도 관심을 가지고 계속해서 배우고 성장하려고 노력한다.

5. 코치가 가져야 할 태도, 역량, 자신감, 윤리

1) 코치가 가져야 할 태도
코치는 자신의 고객에게 지원과 협력의 자세를 보여야 한다. 코치는 고객이 스스로 목표를 설정하고 달성하도록 돕는 역할을 하기 때문에, 지시나 명령보다는 질문과 피드백을 통해 고객의 생각과 행동을 촉진해야 한다. 코치는 고객의 가능성과 잠재력을 믿고 그들에게 긍정적인 영향력을 미쳐야 한다. 코치는 고객의 의사와 선택을 존중하고 간섭하지 않아야 한다. 코치는 고객에게 정직하게 피드백을 주고 윤리적으로 행동해야 한다.

2) 코치가 가져야 할 역량

코치는 다양한 역량을 갖추고 있어야 한다. 그 중에서 가장 중요한 역량은 다음과 같다.

(1) 문제 해결 능력

코치는 고객이 직면한 문제를 해결할 수 있는 방법에 대해 지침을 제공해야 한다. 이를 위해 코치는 데이터 또는 경험으로 조언을 뒷받침하고, 고객을 올바른 길로 안내하는 질문을 하고, 고객이 시도할 수 있는 여러 해결책을 제시하고, 정확하게 파악하기 위해 적극적으로 경청해야 한다.

(2) 커뮤니케이션 능력

코치는 고객과 효과적으로 커뮤니케이션할 수 있어야 한다. 이를 위해 코치는 고객에게 피드백을 요청하고, 말하기 전에 듣고, 질문에 직접 답하고, 대상에 맞는 메시지를 준비해야 한다.

(3) 감성 지능

코치는 대인관계를 다룰 뿐만 아니라 감정을 통제하고 표현하는 능력이 있어야 한다. 이를 위해 코치는 고객의 기분을 고려하고, 자신의 말이나 행동이 다른 사람들에게 어떤 영향을 미칠 수 있는지 알아보고, 다른 사람들이 상황에 대해 어떻게 느낄지 고려하고, 갈등이나 어려운 상황에 대응하기 vs. 반응하기를 구분해야 한다.

3) 코치가 가져야 할 자신감

코치는 자신의 역할과 능력에 대해 높은 자부심과 책임감을 가지고 있어야 한다. 코치는 자신의 일을 사명으로 여기고 그것에 전념해야 한다. 코치는 자신의 강점과 약점, 신념과 가치, 한계와 가능성 등에 대해 잘 알아야 하며, 이를 통해 자신의 성장과 발전을 추구하고 고객에게 좋은 모델이 될 수 있어야 한다.

4) 코치가 가져야 할 윤리

코치는 공직을 이용한 부당한 이득을 추구하지 않아야 하며, 고객의 정보와 신뢰를 보호하고 비밀을 지켜야 한다. 코치는 자신의 업무 범위와 한계를 인식하고 필요한 경우 전문가에게 상담하거나 고객을 안내해야 한다. 코치는 자신이 속한 협회나 기관의 윤리강령과 표준에 동의하고 준수해야 한다.

6. 코치로서 계속 성장

코치는 코칭을 통해 다른 사람의 변화와 성장을 돕는 전문가이다. 코치는 코칭을 잘 하기 위해 필요한 지식과 기술을 습득하고, 코칭의 철학과 원리를 이해하고, 코칭의 윤리와 표준을 준수해야 한다. 또한 코치는 자신의 코칭 역량과 효과를 평가하고, 지속적으로 개선하고 발전시켜야 한다. 이를 위해 코치는 다음과 같은 방법들을 활용할 수 있다.

1) 자기 계발

코치는 자신의 성장과 발전을 위해 끊임없이 자기 계발에 힘써야 한다. 자기 계발은 코치가 자신의 강점과 약점을 인식하고, 자신의 목표와 계획을 세우고, 자신의 행동과 결과를 평가하고, 필요한 변화와 학습을 실시하는 과정이다. 자기 계발은 코치가 자신의 코칭 역량과 효과를 향상시키고, 코칭의 질과 만족도를 높이는 데 기여한다. 예를 들어, A 코치는 자신의 코칭 스타일과 강점과 약점을 파악하기 위해 다양한 자기 진단 도구를 활용했다. 그는 자신이 정서적 자기효능감이 높고, 대인관계 자기효능감이 낮다는 것을 알게 되었고, 이에 따라 자신의 목표와 계획을 세웠다. 그는 대인관계 자기효능감을 높이기 위해 의사소통 기술과 관계 구축 기술에 대해 학습하고, 실제로 고객과의 코칭에서 적용해보았다. 그는 자신의 행동과 결과를 주기적으로 평가하고, 필요한 변화와 학습을 반복적으로 실시했다. 이러한 자기 계발 과정을 통해 그는 자신의 대인관계 자기효능감을 향상시키고, 고객과의 관계와 의사소통에서 더욱 긍정적인 효과를 낼 수 있게 되었다.

2) 학습

코치는 코칭에 관련된 다양한 지식과 기술을 습득하고, 최신의 연구와 동향에 대해 학습해야 한다. 학습은 코치가 코칭의 이론과 실제를 깊이 있게 이해하고, 다양한 상황에 맞게 유연하게 적용할 수 있는 능력을 갖추는 데 기여한다. 예를 들어, B 코치는 교육학 석사 학위를 취득하고 박사과정을 수료한 것도 코치의 자기 계발을 위한 노력의 하나였다. 그는 박사학위를 내년 정도에 취득할 것으로 예상하고 있다. 그는 교육학 분야에서 코칭에 관련된 다양한 연구와 동향에 대해 학습하고, 그것들을 자신의 코칭에 반영하기 위해 노력했다. 그는 교육학적 지식과 기술을 바탕으로 교육 분야에서 교사나 학생들에게 코칭을 제공하는 전문가로서 인정받았다.

C 코치는 최근에 '몰입'이라는 주제에 관심이 생겼다. 그는 '몰입'이란 상태가 고객의 변화와 성장에 어떤 영향을 미치는지 알아보고 싶었다. 그는 '몰입'에 관련된 다양한 서적과 연구논문을 읽고, '몰입'이란 상태를 체험할 수 있는 활동들에 참여해보았다. 그는 '몰입'이란 상태가 고객의 창의력과 동기부여, 몰입감 등을 높여주며, 고객이 스스로 목표를 설정하고 달성할 수 있도록 돕는다는 것을 알게 되었다. 그는 이러한 학습 결과를 바탕으로 고객들에게 '몰입'이란 상태를 경험할 수 있도록 도와주는 방법들을 시도해보았다.

3) 네트워킹

코치는 다른 코치들과 소통하고 협력하며 네트워크를 구축해야 한다. 네트워크는 코치가 코칭의 전문성과 품질을 유지하고 향상시키기 위해 필요한 자료와 정보, 피드백과 지지, 기회와 자원 등을 공유하고 활용할 수 있는 플랫폼이다. 네트워크는 코치가 자신의 코칭 경험과 지식을 다른 코치들과 나누고, 다른 코치들의 코칭 경험과 지식을 배우고, 코칭에 관련된 다양한 활동과 프로젝트에 참여하고, 코칭 커뮤니티에 기여하고 성장할 수 있도록 돕는다. 예를 들어, D 코치는 자신이 속한 코칭 협회의 정기 모임에 참여하여 다른 코치들과 네트워킹을 했다. 그는 모임에서 다른 코치들의 코칭 사례와 기술을 듣고, 자신의 코칭 사례와 기술을 공유하고, 다른 코치들로부터 피드백과 조언을 받았다. 그는 이러한 네트워킹을 통해 자신의 코칭 역량과 효과를 개선할 수 있는 방법들을 배우고, 자신의 코칭 스타일과 철학을 확립할 수 있었다.

E 코치는 자신이 관심 있는 분야의 전문가인 다른 코치와 멘토링 관계를 맺었다. 그는 멘토인 다른 코치와 정기적으로 만나서 자신의 코칭 과정과 결과에 대해 슈퍼비전을 받고, 멘토인 다른 코치의 코칭을 관찰하고, 멘토인 다른 코치의 지도와 도움을 받았다. 그는 이러한 멘토링을 통해 자신이 관심 있는 분야의 전문성과 품질을 높이고, 자신의 코칭 비전과 목표를 명확하게 할 수 있었다.

4) 평가

코치는 자신의 코칭 역량과 효과를 객관적으로 평가하고, 그에 따라 필요한 개선과 발전을 실시해야 한다. 평가는 코치가 자신의 강점과 약점을 파악하고, 자신의 성장과 발전을 확인하고, 자신의 목표와 계획을 수정하고, 자신의 변화와 학습을 실시하는 데 기여한다. 평가는 다음과 같은 방법들로 이루어질 수 있다.

F 코치는 자신의 고객들에게 정기적으로 만족도 조사를 실시하여 자신의 코칭 역량과 효과를 평가했다. 그는 고객들이 자신의 코칭에 대해 어떻게 생각하는지, 어떤 점이 좋았고 어떤 점이 개선되어야 하는지, 어떤 결과와 변화가 있었는지 등에 대해 알아보았다. 그는 이러한 평가 결과를 바탕으로 자신의 강점과 약점을 파악하고, 필요한 개선 사항을 도출하고, 고객들의 요구와 기대에 부응할 수 있는 방법들을 모색했다.

G 코치는 자신이 속한 코칭 협회에서 인증된 슈퍼바이저인 다른 코치와 슈퍼비전 관계를 맺었다. 그는 슈퍼바이저인 다른 코치와 정기적으로 만나서 자신의 코칭 과정과 결과에 대해 상담하고, 슈퍼바이저인 다른 코치의 피드백과 조언을 받았다. 그는 이러한 슈퍼비전을 통해 자신의 코칭 방식과 태도에 대해 깊이 있게 성찰하고, 자신의 코칭 문제와 과제에 대해 해결책을 찾고, 자신의 코칭 전문성과 품질을 높일 수 있었다.

코치는 자기 개발, 학습, 네트워킹, 평가 등의 방법들을 활용하여 자신의 코칭 역량과 효과를 유지하고 향상시켜야 한다. 또한 코치는 코칭의 철학과 원리를 이해하고, 코칭의 윤리와 표준을 준수하며, 코칭 커뮤니티에 기여하고 성장해야 한다. 이렇게 하면 코치는 더욱 전문적이고 효과적인 코칭을 제공할 수 있으며, 다른 사람들의 변화와 성장을 돕는데 더욱 큰 도움이 될 수 있다.

[출처]

1. 좋은 코치가 되기 위한 6가지 자질 - NairaQuest. https://nairaquest.com/ko/topics/18300-6-qualities-to-be-a-good-coach
2. 자녀의 유능한 코치가 되기 위한 자질. https://karapko.tistory.com (제목검색)
3. 평생교육기관의 비전 및 경영 목적과 경영이념 : 네이버 블로그 https://blog.naver.com/PostView.nhn?blogId=singsong628&logNo=222614450373
4. 직업 코치가 되는 법 - 브런치. https://brunch.co.kr/@imagineer/79
5. 리더의 자질 : 효과적인 리더십의 15가지 특성 [2022] · Asana. https://asana.com/ko/resources/qualities-of-a-leader
6. 긍정적 예외 경험을 떠올리게 돕는 〈기적 질문〉과 〈예외 질문 .... https://m.blog.naver.com/PostView.naver?blogId=stewart7&logNo=220906757394
7. 윤리적 리더십 검색 - 위키백과, 우리 모두의 백과사전. https://ko.wikipedia.org/wiki/
8. "코치는 끊임없이 자기 개발 위해 노력해야 하는 존재" : 문화 .... https://www.seouland.com/arti/culture/culture_general/6750.html
9. 코치의 자기효능감 척도개발
   koreascholar https://db.koreascholar.com/Article/Detail/419163
10. 코칭이란? 코칭의 3가지 기본 철학
    브런치 https://brunch.co.kr/@annachoi/229
11. (사)한국코치협회 홈페이지, http://www.kcoach.or.kr/
12. 국제코칭연맹(ICF) 홈페이지, https://coachingfederation.org/

Chapter 04

코칭 스킬

1 질문
2 경청
3 피드백

1. 질문

코칭 스킬 중 하나인 질문은 매우 중요하다. 적절한 질문은 고객의 자기 발견과 인사이트, 그리고 새로운 시각을 제공하는 데 매우 유용하다. 이를 통해 고객은 문제를 해결하고 목표를 달성하는 데 필요한 내재적 능력을 발휘할 수 있다.

1) 질문의 종류

코칭 질문은 고객이 자신의 문제를 해결하고 자기 발견을 할 수 있도록 돕는 중요한 수단이다. 코칭 질문은 다양한 종류가 있으며, 각각에는 그에 맞는 사용 방법과 목적이 있다.

(1) 개방형 질문 (Open-Ended Questions)

개방형 질문은 일반적으로 고객에게 좀 더 자유롭게 대답할 수 있는 기회를 제공한다. 이러한 질문은 일반적으로 "무엇을 생각하십니까?", "어떻게 느끼십니까?"와 같은 형태를 띠며, 개인적인 경험, 인사이트, 가치관 등을 탐색할 때 자주 사용된다.

(2) 폐쇄형 질문 (Closed-Ended Questions)

폐쇄형 질문은 주로 단답형으로 대답할 수 있는 질문으로, 정보를 확인하거나 확인하고자 하는 사실에 대해 묻는 것이 목적이다. 이러한 질문은 일반적으로 "예/아니오", "언제", "누구", "어디"와 같은 형태를 띠며, 정보 수집 및 명확한 의사소통에 자주 사용된다.

(3) 반영 질문 (Reflective Questions)

반영 질문은 고객이 이전에 말한 내용에 대한 반영을 제공하며, 다시 생각하고 반성할 수 있는 기회를 제공한다. 이러한 질문은 일반적으로 "그래서 당신은 무엇을 느끼고 있습니까?", "그것이 무엇을 의미합니까?"와 같은 형태를 띠며, 자신의 생각을 다시 확인하거나 타인의 생각을 이해하는 데에 자주 사용된다.

(4) 확장 질문 (Expanding Questions)

확장 질문은 고객의 대답을 확장하거나 탐구할 수 있도록 자극한다. 이러한 질문은 일반적으로 "더 많은 것을 말씀해보세요", "그것이 무엇을 의미합니까?"와 같은 형태를 띠며, 고객의 대답을 자세하게 탐색하거나 자극하는 데에 자주 사용된다.

(5) 대조 질문 (Contrast Questions)

대조 질문은 두 가지 상황 또는 생각을 비교하거나 대조하도록 자극한다. 이러한 질문은 고객이 선택하고 이해를 깊게 하도록 유도한다. 예를 들어, '어떤 것이 더 중요한가요? A, B 중에서 선택해주세요'와 같은 대조 질문은 고객에게 선택의 폭을 제공하면서 그 선택을 통해 자신의 가치관이나 목표를 깊게 이해할 수 있도록 돕는다.

또한 대조 질문은 고객의 판단과 선택에 대한 의문을 던지는 효과도 있다. 예를 들어, '왜 A가 더 중요한 걸까요?'라는 대조 질문은 고객에게 자신의 선택에 대해 다시 한번 고민하고 그 이유를 명확하게 하도록 돕는다. 그러나 대조 질문을 사용할 때에는 고객의 불안감을 유발하지 않도록 주의해야 한다. 불필요한 경쟁이나 비교를 유도할 수 있기 때문이다. 따라서 대조 질문은 고객의 이해를 돕는 도구로 사용되어야 한다.

대조 질문 외에도, 다양한 유형의 코칭 질문이 존재한다. 예를 들어, "머릿속 생각을 목소리로 말해볼까요?(Thinking out Loud)"와 같은 질문은 고객이 머릿속에서 떠오르는 생각을 구체화하고, 이를 다른 사람에게 전달할 수 있도록 돕는다. 또한, "어떻게 문제를 해결할 수 있을까요?(Problem-Solving)"와 같은 질문은 고객이 문제를 해결하는 과정에서 필요한 스킬을 발전시키도록 돕는다.

또한, "어떻게 느끼시나요?(Emotions)"와 같은 감정에 관한 질문은 고객의 감정을 인식하고, 이를 다른 감정과 연결하여 새로운 관점을 얻을 수 있도록 돕는다. "왜 그렇게 느끼시나요?(Why)"와 같은 질문은 고객의 행동과 감정의 원인을 파악하여, 문제 해결에 도움을 줄 수 있다.

또한, "어떻게 하면 더 발전할 수 있을까요?(Development)"와 같은 질문은 고객의 성장과 발전을 도와주며, 자신의 역량을 개선하는 방법을 찾을 수 있도록 돕는다.

마지막으로, "어떻게 그것을 이해하고 수용할 수 있을까요?(Understanding and Acceptance)"와 같은 질문은 고객이 자신의 생각, 행동, 감정을 이해하고 수용하는 데 도움을 준다. 이러한 질문을 통해 고객은 자신에 대한 이해를 높이고, 새로운 관점을 획득하여 성장할 수 있다.

2) 질문 스킬 가이드

질문은 코칭에서 가장 중요한 수단 중 하나이다. 그러나 질문만 제대로 던진다고 해서 코칭이 효과적으로 이루어지는 것은 아니다. 질문의 목적과 의도를 정확히 이해해야 고객이 자기발견을 하고 새로운 통찰력을 얻을 수 있다.

(1) 질문의 목적과 의도를 이해하라

질문을 하기 전에 목적과 의도를 명확히 이해해야 한다. 고객이 어떤 문제를 가지고 있는지, 목표는 무엇인지, 그리고 어떤 도움이 필요한지 등을 이해하고 질문을 디자인해야 한다.

예를 들어, "왜 그렇게 했나요?"라는 질문은 고객을 방어적으로 만들고 거부감을 일으킬 수 있다. 이 질문은 고객의 행동을 비판하는 것으로 인식될 수 있기 때문이다. 그러나 "그렇게 행동하신 이유가 있나요?"라는 질문은 고객의 행동에 대한 이유와 의도를 파악하는 것으로 인식될 수 있다. 이 질문은 고객에게 이해받고 수용될 가능성이 높아진다.

따라서 코치는 질문을 선택할 때 그 목적과 의도를 고려해야 한다. 고객의 생각과 느낌을 이해하고, 그들이 자신의 상황에 대해 어떻게 생각하고 있는지 파악하는 것이 중요하다. 이를 위해서는 세심한 관찰과 민감한 질문이 필요하다.

예를 들어, 고객이 새로운 아이디어를 제시했을 때, "왜 그렇게 생각하셨나요?"라는 질문보다는 "이 아이디어를 생각해 내신 이유가 무엇인가요?"라는 질문을 사용하는 것이 더 좋을 수 있다. 두 번째 질문은 고객이 자신의 아이디어에 대한 이유와 의도를 설명할 수 있도록 도와준다.

따라서 코칭에서 질문의 목적과 의도를 이해하는 것은 매우 중요하다. 질문을 통해 고객이 자신의 생각과 느낌을 더 잘 이해하고, 새로운 통찰력을 발견하고, 자신의 역량을 더 잘 파악할 수 있도록 돕는 것이 코칭의 핵심이다.

(2) 개방형 질문과 폐쇄형 질문을 적절하게 사용하라

개방형 질문은 고객이 자유롭게 답변할 수 있는 질문으로, 자세한 정보를 얻을 수 있다. 반면 폐쇄형 질문은 대답이 "예" 또는 "아니오"와 같이 제한적인 경우에 사용된다. 적절한 상황에 따라 적절한 유형의 질문을 선택해야 한다.

개방형 질문과 폐쇄형 질문은 코칭에서 매우 중요한 역할을 한다. 개방형 질문은 고객이 자신의 생각이나 감정을 자세히 표현할 수 있도록 도와주며, 폐쇄형 질문은 명확하고 구체적인 답변을 유도할 수 있다.

예를 들어, 개방형 질문은 "어떻게 생각하시나요?"나 "어떻게 느끼시나요?"와 같이 고객이 대답하기에 열린 형태의 질문이다. 이러한 질문을 사용하면 고객이 자신의 생각과 감정을 좀 더 자유롭게 표현할 수 있다.

반면에, 폐쇄형 질문은 "예"나 "아니오"처럼 대답이 명확한 형태의 질문이다. 이러한 질문은 고객이 구체적인 답변을 제시할 때 유용하다. 예를 들어, "그 상황에서 어떻게 대처하셨나요?"와 같은 질문은 고객이 일어난 상황에 대한 구체적인 대처 방법을 제시할 수 있도록 도와준다.

따라서 코칭에서는 개방형 질문과 폐쇄형 질문을 적절하게 사용하여 고객이 자율이고 열린 생각을 하면서 명확한 해답을 얻을 수 있도록 지원해야 한다.

(3) 질문의 수준을 조절하라

질문의 수준은 고객의 이해 수준에 따라 조절되어야 한다. 질문이 너무 어렵거나 쉬울 경우 고객은 불안감이나 실망감을 느낄 수 있다. 질문의 수준을 조절한다는 것은 상황에 맞게 적절한 질문을 선택하는 것을 의미한다. 이는 대화 고객의 지식 수준, 경험, 상황 등을 고려해야 한다.

예를 들어, 고객이 해당 주제에 대해 전혀 알지 못하는 경우에는 초보자를 대상으로 하는 질문 수준으로 시작하여 기초적인 내용부터 이해할 수 있도록 질문해야 한다. 반면에, 고객이 이미 일정 수준 이상의 지식과 경험을 가지고 있다면 보다 깊이 있는 내용에 대해 묻는 것이 좋다.

또한, 고객의 감정 상태와 심리적 안정도 고려해야 한다. 예를 들어, 불안감이나 불편함을 느끼는 상황에서는 간단하고 직접적인 질문을 먼저 하여 고객이 안정감을 느끼도록 하고, 그 후에 깊이 있는 내용에 대해 묻는 것이 좋다.

마지막으로, 고객의 성향과 성격을 고려하여 적절한 수준의 질문을 선택하는 것도 중요하다. 예를 들어, 대화 고객이 혼자 일하기를 선호하는 경향이 있다면 자신의 생각과 경험을 나눌 수 있는 개인적인 질문을 먼저 하여 고객의 신뢰를 얻은 후에 질문 수준을 높일 수 있다.

따라서, 적절한 질문 수준을 선택하여 고객과 상황에 맞게 대화를 이어나가는 것이 중요하다.

(4) 질문의 순서를 계획하라

질문의 순서는 고객이 문제를 더 잘 이해하고 해결할 수 있도록 돕는다. 일반적으로 개방형 질문부터 시작하여 세부적인 내용으로 이어지도록 질문을 계획한다. 질문의 순서를 계획하는 것은 효과적인 코칭 세션을 위해 매우 중요하다. 아래는 "질문의 순서를 계획하라"에 대한 추가 설명과 구체적인 사례이다.

① **순서를 고민해보라.**

질문의 순서를 결정하기 전에, 고객의 상황과 목적에 대해 고민해보라. 그 다음, 질문들을 논리적인 순서로 배열하고, 각 질문이 이전 질문의 대답에 따라 어떻게 바뀔 수 있는지 고려해보라.

② **일반적인 질문으로 시작하라.**

대부분의 경우 일반적인 질문으로 시작하는 것이 좋다. 예를 들어, "오늘 어떤 일이 있었나요?"와 같은 질문은 대화를 시작하기에 좋은 질문이다.

③ **구체적인 질문으로 이어지게 하라.**

일반적인 질문으로 시작한 후, 좀 더 구체적인 질문을 하게 되면, 고객은 자세한 정보를 제공하기 쉬워진다. 예를 들어, "오늘 어떤 일이 있었나요?"라고 물은 후, "어떤 일이 가장 재미있었나요?"와 같은 구체적인 질문을 하면, 고객은 어떤 일에 대해 더 자세히 이야기하기 쉬워진다.

④ **질문의 난이도를 조절하라**

질문의 난이도를 조절하여 고객의 적응 수준에 맞게 질문해야 한다. 어려운 질문을 너무 일찍 하면, 고객은 방어적인 자세를 취하거나, 실망하거나, 불안해질 수 있다. 따라서, 질문의 난이도를 조절하여 고객이 자신의 능력에 맞는 적절한 대답을 하도록 유도하는 것이 좋다.

⑤ **적절한 질문을 통해 목표를 달성하라.**

고객과 함께 목표를 설정하고, 그 목표를 달성하기 위한 적절한 질문을 하여 고객의 이해와 자기발견을 돕는 것이 좋다. 예를 들어, "어떤 행동이 당신의 목표에 더 가깝게 이끌어줄까요?"와 같은 질문을 통해 목표를 구체화하고, 그에 따른 행동 계획을 수립할 수 있다. 또한 "어떤 것이 이전에는 잘 되었었나요?"와 같은 과거 경험에 대한 질문을 통해 고객의 자신감을 높이고, 목표를 달성하기 위한 가능성을 높일 수 있다. 이처럼 적절한 질문을 통해 목표를 설정하고, 달성하기 위한 계획을 수립할 수 있다.

(5) 피드백 질문을 사용하라.

피드백 질문은 고객의 이해와 자기 발견을 돕는 질문이다. 이를 통해 고객은 자신이 무엇을 잘하고 무엇을 개선해야 하는지 깨닫고, 문제의 근본적인 원인을 파악하고, 해결책을 찾아갈 수 있다. 피드백 질문은 과거 경험에서 배움을 추출하거나 현재 문제 상황을 이해하고 개선해 나갈 때 유용한다. 예를 들어, "어떤 부분에서 더 발전할 필요가 있다고 생각하시나요?"와 같은 피드백 질문은 고객이 자신의 능력과 성과를 평가하고, 개선할 부분을 찾아내도록 돕는다.

또한, 피드백 질문은 고객이 자신의 생각을 정리하고, 문제를 분석하고 해결책을 모색하는 데에도 유용한다. "어떤 요소가 문제의 원인이 될 수 있는지 생각해보시겠어요?"와 같은 질문은 고객이 문제 상황을 분석하고, 해결책을 찾아내는 데에 큰 도움이 된다.

또한, 피드백 질문은 고객의 자기 인식을 개선하고, 성장에 도움을 줄 수도 있다. "어떤 강점을 가지고 있나요?"와 같은 질문은 고객이 자신의 능력과 장점을 파악하고, 자신에게 도움이 되는 요소를 깨닫도록 돕는다.

하지만, 피드백 질문을 제대로 사용하기 위해서는 적절한 타이밍과 문맥이 중요하다. 너무 공격적이거나 강압적으로 질문하면 고객의 방어적인 반응을 유발할 수 있다. 따라서, 적극적으로 듣고 이해하며 적절한 질문을 선택하여 고객의 성장과 발전에 도움을 줄 수 있도록 노력해야 한다.

3) 질문 스킬에 대한 자기 점검 포인트

코칭 스킬 중에서 질문 스킬은 매우 중요한 역할을 한다. 좋은 질문은 고객이 자신의 생각과 감정을 더 잘 이해하고, 문제를 해결하고, 목표를 달성하는 데 도움을 줄 수 있다. 따라서, 코치로서 질문 스킬을 개선하기 위해서는 다음과 같은 자기 점검 포인트를 고려해 볼 수 있다.

(1) 질문의 목적 파악

좋은 질문은 목적이 분명해야 한다. 질문을 하는 이유와 목적을 분명하게 정리하고, 그 목적에 맞는 질문을 구성하는 것이 중요하다. 예를 들어, 고객이 어떤 목표를 이루지 못하는 이유를 알고 싶다면, 문제가 어디에 있는지 찾는 데 집중하는 것이 좋다.

(2) 질문의 유형과 범위 확인

질문은 여러 유형과 범위가 있다. 개방형 질문, 폐쇄형 질문, 이중 질문 등이 있다. 각각의 유형과 범위에 따라 질문이 어떻게 달라지는지 이해하고, 상황에 맞는 적절한 질문을 선택하는 것이 중요하다.

(3) 질문의 효과 확인
질문의 효과를 확인하기 위해서는 고객의 반응을 살펴봐야 한다. 질문을 한 이후에는 고객의 반응을 적극적으로 관찰하고, 고객이 질문에 대해 어떻게 대답했는지 적극적으로 듣는 것이 좋다.

(4) 개선 가능성 찾기
질문 스킬을 개선하기 위해서는 어떻게 하면 더 나은 질문을 할 수 있을지 찾는 것이 중요하다. 고객의 피드백을 받아들이고, 질문의 목적, 유형, 범위, 효과 등을 분석하여 더 나은 질문을 할 수 있도록 노력하는 것이 좋다.

(5) 자주 연습하기
좋은 질문 스킬은 경험을 통해 향상될 수 있다. 따라서, 코치로서는 자주 질문 스킬을 연습하고, 다양한 상황에서 적절한 질문을 선택하여 고객의 생각과 감정을 잘 이해하도록 노력해야 한다.

(6) 질문이 명확하고 구체적인가?
코치는 모호한 질문보다는 명확하고 구체적인 질문을 통해 고객이 자신의 생각과 감정을 더욱 자세하게 이야기할 수 있도록 돕는다.

(7) 질문이 개방적인가?

개방적인 질문은 고객의 시각과 생각을 더욱 다양하게 들을 수 있도록 하며, 고객이 자신의 생각을 더욱 자유롭게 표현할 수 있도록 돕는다.

(8) 질문이 비판적인가?

비판적인 질문은 고객에게 방어적인 반응을 유발할 수 있다. 따라서 코치는 비판적인 질문보다는 고객의 생각과 감정을 이해하도록 돕는 구체적인 질문을 사용하는 것이 좋다.

(9) 질문이 고객에게 도움이 되는가?

코치는 항상 고객의 성장과 발전을 돕기 위한 질문을 사용해야 한다. 따라서 질문이 고객에게 도움이 되는지를 고민하면서 질문을 구성하는 것이 중요하다.

2. 경청

코칭은 개인 또는 조직의 성장과 발전을 돕기 위해 필요한 지식과 스킬을 제공하는 전문적인 활동이다. 이러한 코칭 활동에서 가장 중요한 스킬 중 하나는 경청이다. 경청은 고객의 이야기에 집중하고 그들의 생각과 감정을 이해하는 것이다. 즉, 고객이 말하는 내용을 그저 듣는 것이 아니라, 그들이 전달하고자 하는 의도와 메시지를 잘 이해하고 받아들이는 것이다.

1) 경청 스킬

경청 스킬은 코칭에서 매우 중요한 역할을 한다. 이 스킬을 잘 활용하면 고객과의 소통이 원활해지고, 고객의 신뢰를 얻을 수 있다. 이를 통해 코칭 과정에서 고객이 자신의 문제를 솔직하게 이야기하고, 그 문제에 대한 해결책을 찾을 수 있다. 이를 위해 코치는 다음과 같은 경청 스킬을 활용할 수 있다.

첫째, 코치는 고객이 이야기하는 내용에 집중해야 한다. 이를 위해 코치는 고객의 말에 주의를 집중하고, 그들이 전달하고자 하는 의도와 메시지를 이해하려고 노력해야 한다. 이를 위해 코치는 고객이 이야기하는 내용을 정확하게 파악하고, 그 내용을 요약하거나 재구성하여 고객이 이해하기 쉽도록 전달해야 한다.

둘째, 코치는 고객의 감정에도 주의를 기울여야 한다. 고객이 이야기하는 내용뿐만 아니라, 그들의 감정에 대해서도 이해하고 공감하는 것이 중요하다. 이를 위해 코치는 고객의 표정, 목소리, 신체 언어 등을 잘 관찰하고, 고객이 느끼는 감정을 이해하려고 노력해야 한다.

셋째, 코치는 고객의 이야기를 중단하지 않고 들어줘야 한다. 고객이 이야기하는 도중에 코치가 이야기를 중단하거나, 고객의 이야기를 가로막으면 고객은 자신의 의견이나 생각을 말하기 어려워질 수 있다. 따라서 코치는 고객의 이야기를 중단하지 않고 들어줘야 한다. 고객이 이야기하는 도중에 코치가 이야기를 중단하거나, 고객의 이야기를 가로막으면 고객은 자신의 의견이나 생각을 말하기 어려워질 수 있다. 따라서 코치는 고객의 이야기를 중단하지 않고 들어주기 위해서는 코치가 고객에게 집중하는 것이 필요하다. 이를 위해 코치는 고객이 이야기하는 도중에 자신의 생각이나 의견을 끼워 넣지 않고, 기다리는 태도를 유지해야 한다. 고객이 이야기를 끝마칠 때까지 기다린 후 코치가 그들의 이야기를 요약하거나 추가 질문을 하여 상황을 명확하게 이해할 수 있다.

또한, 코치는 고객이 이야기하는 도중에 자신의 표정이나 신체 언어를 통해 이야기를 지지하거나 반대하는 것은 지양해야 한다. 고객이 자신의 이야기에 대해 안전하게 이야기할 수 있는 분위기를 조성하기 위해서는 코치의 비판이나 판단을 드러내는 것보다는 중립적인 태도를 유지하는 것이 중요하다.

마지막으로, 코치는 고객의 이야기를 잘 이해하기 위해 발언 권한을 고객에게 넘겨줘야 한다. 고객이 말을 이어가도록 진행하면서, 코치의 의견을 표현하거나 해결책을 제시하는 것이 아니라, 고객이 자신의 문제를 자유롭게 이야기하도록 해야 한다.

전반적으로, 경청은 코칭에서 매우 중요한 스킬 중 하나이다. 고객의 이야기에 집중하고, 그들의 의견과 감정을 잘 이해하는 것이 코칭 과정에서 문제 해결을 위한 필수적인 전제 조건이다. 따라서 코치는 고객의 이야기를 중단하지 않고, 집중해서 들어주는 것이 중요하며, 고객과의 상호작용을 촉진하기 위해 발언 권한을 넘겨주는 것이 필요하다.

2) 경청 스킬의 요소

경청은 고객의 이야기에 귀를 기울이며 집중하는 스킬로, 코칭에서 매우 중요한 역할을 한다. 경청은 단순히 듣는 것이 아니라, 고객의 말에 대해 이해하고 공감하는 것을 의미한다. 즉, 고객의 의견이나 감정을 더 잘 이해하고, 문제 해결을 위한 적절한 조언을 제공할 수 있는 스킬이다. 경청의 스킬에는 다음과 같은 요소가 있다.

(1) 집중력

경청을 위해서는 집중력이 필요하다. 고객의 말에 대해 집중하고, 그들이 어떤 맥락에서 이야기하는지 이해해야 한다. 이를 위해 코치는 고객에게 집중할 필요가 있다.

(2) 비판과 판단을 하지 않음

코치는 고객의 이야기를 듣는 과정에서 비판이나 판단을 하지 않다. 대신, 고객이 자신의 의견을 자유롭게 이야기할 수 있도록 안전한 분위기를 조성한다.

(3) 발언 권한을 넘김

코치는 고객에게 발언 권한을 넘겨줌으로써 상호작용을 촉진한다. 고객이 자신의 이야기를 마치면, 그 이후에 코치가 요약하거나 추가 질문을 하여 상황을 명확하게 이해할 수 있다.

(4) 공감

경청은 고객의 이야기를 공감하며 듣는 것이다. 고객의 감정이나 의견에 대해 공감한다는 것은 그들의 노력이나 감정을 이해하고 존중한다는 것을 의미한다.

(5) 문제 해결에 도움

경청은 문제 해결에 도움을 주는 스킬이다. 고객이 자신의 문제를 자유롭게 이야기할 수 있도록 안전한 분위기를 조성하고, 그들의 의견과 감정을 잘 이해하면서, 적절한 정보를 제공할 수 있다.

3) 경청 스킬을 활용하기 위한 방법

경청은 코칭에서 매우 중요한 스킬 중 하나이다. 고객의 이야기에 집중하고, 그들의 의견과 감정을 잘 이해하는 것이 코칭 과정에서 문제 해결을 위한 필수 전제 조건이다. 경청의 스킬을 잘 활용하려면 다음과 같은 방법들을 고려해 볼 수 있다.

(1) 인내심 갖기

경청은 시간과 인내심이 필요하다. 고객의 이야기를 들을 때 서두르지 않고 충분한 시간을 투자하고 인내심을 갖는 것이 중요하다.

(2) 적극적으로 질문하기

경청할 때는 적극적으로 질문하여 고객이 의견을 스스로 좀 더 명확하게 이해할 수 있도록 돕는 것이 좋다.

(3) 비언어적인 신호 파악하기

고객이 말하는 내용 외에도 그들의 비언어적인 신호를 파악하는 것이 중요하다. 예를 들어 얼굴 표정, 목소리, 신체 언어 등을 주의 깊게 살펴보는 것이 좋다.

(4) 상황 파악하기

고객의 말을 듣는 것만으로는 충분하지 않다. 상황을 파악하고, 고객이 이야기하는 배경과 문제의 본질을 파악하는 것이 중요하다.

(5) 비판과 판단을 하지 않기

경청할 때는 고객의 의견을 존중하고, 비판과 판단을 하지 않는 것이 중요하다. 이를 통해 고객이 자신의 이야기를 자유롭게 할 수 있도록 도와줄 수 있다.

(6) 요약하기

고객의 이야기를 듣고, 그것을 요약하여 고객 스스로 상황을 명확하게 이해하도록 돕는다. 이를 통해 고객이 자신의 의견을 다시 한번 돌아볼 수 있다.

(7) 공감하기

경청할 때는 고객의 감정에 공감하는 것이 중요하다. 고객의 감정을 이해하고 그들의 노력을 인정하는 것이 상호작용을 촉진하며 고객과의 신뢰를 쌓는 데 도움을 줄 수 있다.

좋은 코치는 경청을 통해 고객을 이해하고, 적절한 조언을 제공할 수 있다. 경청 스킬을 잘 활용하면 코칭 과정에서 더 나은 결과를 얻을 수 있다.

4) 경청 역량을 향상시키는 방법

경청 역량을 향상하기 위해 다음과 같은 방법들을 사용할 수 있다.

(1) 집중력 향상

경청을 위해서는 집중력이 필요하다. 집중력 향상을 위해서는 매일 조금씩 명상이나 집중력 훈련을 하면 도움이 된다.

(2) 꾸준한 연습

경청 역량 향상을 위해서는 꾸준한 연습이 필요하다. 일상 생활 중 대화에서 매번 경청을 연습하면 지속적으로 향상시킬 수 있다.

(3) 비판적인 사고 배제

경청할 때는 고객의 이야기를 비판적으로 평가하지 않아야 한다. 고객의 의견을 존중하며, 비판적 사고를 배제하는 것이 중요하다. 평소 대화에서도 연습을 하면 도움이 된다.

(4) 비언어적인 신호 파악

고객의 음성 톤, 표정, 신체 언어 등 비언어적인 신호를 파악하는 것이 중요하다. 고객의 감정 상태와 의도를 파악하는 것은 경청 역량을 향상하는 데 큰 도움이 된다.

(5) 요약과 확인

고객의 이야기를 요약하고 확인하는 것이 중요하다. 고객이 전달하고자 하는 바를 정확하게 이해할 수 있도록 요약과 확인을 통해 이해도를 높일 수 있다.

(6) 개방적인 태도

경청을 위해서는 개방적인 태도가 필요하다. 고객의 의견을 받아들이고, 코치의 생각을 내세우기보다는 고객을 이해하려고 노력하는 태도가 중요하다.

(7) 피드백 받기

경청 역량 향상을 위해서는 다른 사람들의 피드백을 받는 것이 도움이 된다. 코칭 세션에서 코치나 동료들로부터 피드백을 받으면서 경청 역량을 개선할 수 있다.

위와 같은 방법들을 통해 경청 역량을 향상하면, 좋은 대화가 이루어지고 상호작용이 원활해진다. 이를 통해 대화 상대와의 관계도 개선될 수 있다. 경청 역량이 뛰어난 사람은 다른 사람들로부터 존경받고, 신뢰받는 경험을 할 수 있다. 이는 개인적으로나 직장에서의 성공에도 도움이 된다. 또한, 경청 역량을 향상하면, 다른 사람들이 자신을 이해하고 인정해주는 것을 더 잘 느낄 수 있어 자신감을 키울 수도 있다. 마지막으로, 자신의 시각을 넓히고 새로운 관점을 얻을 수 있다. 이는 창의성과 혁신성을 높일 수 있어, 자신이 처한 상황에서 새로운 아이디어를 창출하는 능력을 키울 수 있다.

5) 경청 스킬의 자기 점검 포인트

코칭 스킬인 경청에 대한 자기 점검 포인트는 다음과 같다.

첫째, 고객의 이야기를 듣고 있는 동안 코치가 그 다음에 할 말을 미리 생각하지 않도록 한다. 코치가 할 말을 미리 준비하면 고객이 말을 마치기 전에 중간에 끼어들거나, 고객의 말을 제대로 듣지 않는 경우가 생길 수 있다. 따라서 고객의 이야기에 집중하고 그 이야기가 끝나면 코치의 생각을 말하는 것이 좋다.

둘째, 고객의 이야기를 들을 때 코치가 이해했다는 것을 보여준다. 이렇게 하면 고객은 자신이 이해받고 있음을 알 수 있다. 이해했다는 것을 보여주려면 코치가 고객의 말을 요약하거나, 코치가 이해한 내용이 맞는지 고객에게 물어보는 방법이 있다.

셋째, 고객이 이야기할 때, 코치가 생각이나 의견으로 끼어들지 않도록 한다. 고객이 이야기를 마친 후 코치의 생각이나 의견을 말할 차례가 되면 코치의 의견을 말하는 것이 좋다.

넷째, 고객이 이야기할 때 코치는 고객이 사용한 단어나 언어표현을 사용하려고 노력한다. 이렇게 하면 코치가 고객을 이해하고 존중한다는 것을 알 수 있다.

  다섯째, 고객이 이야기하는 동안 코치가 그를 지켜보고 있는 것이 중요하다. 눈빛이나 제스처를 통해 고객이 말하는 것 이상의 정보를 얻을 수 있다. 따라서 코치가 고객을 지켜보며 그가 말하는 것을 이해하는 것이 중요하다.

3. 피드백

  코칭 스킬 중 하나인 피드백은 고객에게 자신의 성과나 행동에 대한 지적 사항을 제공하는 것이다. 피드백은 고객이 개인적으로 발전하기 위해 꼭 필요한 도구 중 하나로, 성과 개선과 동기 부여에 매우 효과적이다.

  피드백은 보통 "칭찬"과 "지적" 두 가지로 나뉜다. 칭찬은 고객의 성과를 인정하고 격려하는 것이며, 지적은 고객이 개선해야 할 부분에 대해 말하는 것이다. 이 둘이 적절히 조합되어 상호작용하면 개선 효과가 더 커진다. 코치는 고객의 성과나 행동에 대해 직접적이고 구체적인 피드백을 제공하면서, 고객이 개선할 수 있는 방법을 함께 탐색하고 계획을 세우도록 진행한다. 이를 통해 고객은 자신의 성과나 행동을 다시 한번 돌아보고 개선하려는 의지를 갖게 된다.

그러나 피드백은 단순히 지적이나 칭찬만으로 끝나지 않는다. 적절한 시기와 방법, 그리고 효과적인 표현 방법 등이 매우 중요하다. 적절한 피드백을 제공하기 위해서는 고객의 상황, 성격, 요구사항 등을 고려해야 한다. 또한, 피드백을 받는 고객은 개선을 위한 다양한 방법을 탐색해 나가야 하며, 적극적으로 수용하고 실행해 나가는 노력이 필요하다.

코칭에서 피드백은 상호작용에서 매우 중요한 역할을 한다. 고객과의 개방적인 대화를 통해 성과 개선과 동기 부여를 이루어내는 데 매우 효과적이다.

1) 피드백 스킬

피드백 스킬은 고객에게 적절한 지적을 제공하여 개선이나 성장을 돕는 것을 말한다. 이는 코칭, 리더십, 팀워크 등 다양한 분야에서 중요한 역할을 한다. 피드백 스킬을 통해 개인이나 조직이 성과를 개선하고 발전할 수 있다.

우선 피드백을 제공하는 목적이 명확해야 한다. 목적이 불분명하면 피드백을 받는 사람은 자신이 무엇을 개선해야 할지 모를 수 있다. 코치는 피드백의 목적을 분명하게 하고, 구체적인 사례와 데이터를 제공하여 피드백의 신뢰성을 높이는 것이 좋다.

또한, 피드백을 제공할 때는 적절한 타이밍과 장소를 고려해야 한다. 잘못된 타이밍이나 공간에서 피드백을 제공하면 고객은 불안해지고 방어적인 태도를 취할 수 있다. 이를 방지하기 위해서는 고객의 상황과 감정 상태를 고려하여 적절한 시기와 장소를 선택해야 한다.

또한, 피드백을 제공할 때는 고객의 능력과 잠재력을 인정하면서도, 개선이 필요한 부분을 지적하는 것이 중요하다. 코치는 긍정적인 태도를 유지하면서 고객을 격려하고, 동시에 개선이 필요한 부분을 구체적으로 지적하는 것이 좋다.

마지막으로, 피드백은 상호작용에서 중요한 역할을 한다. 고객은 피드백을 수용하고 실행하기 위해 노력해야 하며, 코치는 고객의 개선을 도와주는 적극적인 역할을 해야 한다. 이를 통해 개인이나 조직은 성과 개선과 성장을 이룰 수 있다.

2) 피드백 스킬의 자기 점검 포인트

코칭 스킬인 피드백에 대한 자기 점검 포인트는 다음과 같다.

첫째, 코치가 고객에게 피드백할 때 그들이 받아들이기 쉬운 방법을 사용하는지 확인한다. 피드백할 때 고객이 불안해하거나 방어적인 태도를 보이는 경우가 있을 수 있다. 이런 경우에는 고객이 피드백을 받아들이기 쉽도록 부드러운 언어와 호감을 줄 수 있는 방식을 사용하는 것이 좋다.

둘째, 코치가 피드백할 때 고객의 성과나 성공을 강조하는 방식을 사용하는지 확인한다. 고객에게 피드백을 줄 때 그들이 이룬 성과와 성공에 대해 언급하면 고객이 더욱 높게 동기부여를 받을 수 있다.

셋째, 코치가 피드백할 때 구체적이고 명확한 예시를 사용하는지 확인한다. 구체적인 예시를 사용하면 고객이 문제를 쉽게 파악하고 해결 방법을 더 쉽게 이해할 수 있다.

넷째, 코치가 피드백할 때 고객의 감정을 고려하는지 확인한다. 피드백을 받은 고객이 어떤 감정을 느낄 수 있는지 생각해 보고, 그 감정을 고려하여 피드백을 주는 것이 좋다.

다섯째, 코치가 피드백할 때 고객의 의견을 존중하고 수용하는지 확인한다. 피드백할 때 고객 의견이나 생각을 고려하여 그들의 의견이나 생각을 존중하고 수용하는 것이 좋다. 이렇게 하면 고객이 더욱 높은 신뢰감을 가질 수 있다.

Chapter 05

미래 트렌드와 VUCA시대에 대응하는 코치의 역량과 역할

1 코칭의 미래 트렌드와 코칭의 미래
2 VUCA 시대에 요구되는 코치의 역량
3 VUCA 시대에 요구되는 코치의 역할
4 VUCA 시대에 요구되는 코치의 태도
5 VUCA 시대에 요구되는 코치의 지식
6 VUCA 시대에 요구되는 코치의 스킬
7 VUCA 시대에 요구되는 코치의 윤리
8 ChatGPT가 보는 코칭

1. 코칭의 미래 트렌드와 코칭의 미래

코칭은 지난 몇 년간 엄청난 성장을 보여왔다. 그리고 미래에도 계속해서 성장할 것으로 예상된다. 코칭의 미래 트렌드 몇 가지를 살펴보자.

1) 기술 기반의 코칭

기술 기반의 코칭은 기술을 이용하여 코칭을 제공하는 것을 말한다. 이는 코칭의 형태와 방법을 다양화하고, 더욱 개인화된 코칭 경험을 제공할 수 있다. 예를 들어, 인공지능 챗봇을 이용한 코칭 서비스를 제공할 수 있다. 이러한 챗봇은 대화형 인터페이스를 통해 고객과 대화하며, 자연어 처리 기술을 이용하여 질문에 대한 적절한 답변을 제공할 수 있다. 또한, 기계학습 알고리즘을 이용하여 고객의 대화 패턴과 행동 양식을 분석하여 개인화된 코칭을 제공할 수 있다.

인공지능(Artificial Intelligence, AI) 기술이 발전하면서 코칭 분야에도 인공지능 기술을 활용한 코칭이 더욱 늘어날 것으로 예상된다. 인공지능이 제공하는 데이터와 분석 결과를 활용하여 개인화된 코칭을 제공하는 것이 가능해질 것이다.

다른 예로는 가상현실 기술을 이용한 코칭 서비스가 있다. 이는 가상 세계에서 고객이 실제 상황을 체험하며 코칭을 받을 수 있는 방식이다. 이를 통해 고객은 안전하게 실패와 성공을 체험하며,

그 경험을 바탕으로 실제 세계에서의 행동에 대한 인사이트를 얻을 수 있다.

기술 기반의 코칭은 더욱 효과적인 코칭 경험을 제공할 수 있으며, 고객과 코치 모두에게 시간과 장소의 제약을 해결할 수 있는 장점을 가지고 있다. 또한, 데이터 분석과 인공지능 기술을 이용하여 코칭의 효과성을 분석하고 개선하는 것도 가능하다. 따라서, 기술 기반의 코칭은 코칭의 미래에 큰 역할을 할 것으로 예상된다.

2) 가치 중심의 코칭

미래에는 가치 중심의 코칭이 더욱 중요해질 것이다. 코칭 고객들은 자신이 추구하는 가치와 목표를 중심으로 코칭을 받을 것이다. 이를 위해서 코치들은 고객의 가치와 목표를 파악하고 그에 맞는 코칭을 제공해야 한다.

가치 중심의 코칭은 고객이 가치관에 따라 행동하도록 돕는 코칭 방법론이다. 이 방법론은 고객의 자기 발견과 개인적인 성장을 장려하며, 고객이 자신의 가치를 인식하고 그 가치를 중심으로 행동하도록 돕는다.

가치 중심의 코칭은 고객의 가치와 믿음을 중심으로 한 코칭이기 때문에 개인의 성장과 발전에 매우 효과적이다. 고객의 가치와 믿음을 중심으로 코칭하면 그들은 자신의 역량을 더욱 자각하고 자신이 원하는 방향으로 나아갈 수 있다.

가치 중심의 코칭은 고객의 가치관과 목표, 욕구를 자세히 파악하여 그들이 더욱 삶에 충실하게 될 수 있도록 돕는다. 이를 위해서는 고객이 자신의 가치를 인식하고, 이를 바탕으로 자신의 행동을 결정하게 된다.

가치 중심의 코칭은 고객 중심의 코칭이기 때문에, 코치는 고객에게 주도적으로 질문을 하고, 그들의 답변에 기반하여 피드백을 제공한다. 이러한 방식은 고객이 자신의 가치와 목표에 대해 더욱 명확한 이해를 하게 하고, 더 나은 결과를 얻게 한다.

코치는 가치 중심의 코칭을 통해 고객의 가치관을 이해하고, 그들이 자신의 가치를 바탕으로 어떻게 행동하면 되는지에 대해 도움을 준다. 이를 위해서는 고객이 자신의 가치를 인식하고, 이를 바탕으로 자신의 행동을 결정하게 된다.

가치 중심의 코칭은 고객의 가치관을 중심으로 하는 코칭 방법론이다. 고객이 자신의 가치를 인식하고, 이를 바탕으로 행동하게 되면 그들은 더욱 효과적인 결정을 내릴 수 있고 개인적인 성장과 발전을 이룰 수 있다.

3) 다양한 분야의 코칭

미래에는 코칭이 더욱 다양한 분야에서 활용될 것이다. 기업 코칭뿐만 아니라 개인 코칭, 학생 코칭, 건강 코칭 등 다양한 분야에서 코칭이 활용될 것이다.

코칭은 다양한 분야에서 적용될 수 있다. 여기에는 조직 개발, 리더십 개발, 직업적 방향성 및 개인적 발전, 건강 및 웰빙, 부모 및 가족, 대인관계, 창업, 마케팅, 세일즈, 커리어 전환, 예술, 스포츠 및 기타 다양한 분야가 포함된다.

조직 개발 코칭은 조직의 목표를 달성하기 위해 조직 전체를 대상으로 하는 프로세스이다. 이러한 코칭은 조직의 목표 달성을 위한 팀의 협업, 리더십 개발, 문제 해결, 성과 개선, 변화 관리 및 조직 문화 개선 등의 영역에서 적용된다.

리더십 개발 코칭은 조직 내에서 리더십 역량을 향상시키는 것을 목표로 한다. 이러한 코칭은 리더들이 조직 내에서 자신의 역할을 더 잘 이해하고 팀을 더 효과적으로 이끌 수 있도록 지원한다.

직업적 방향성 및 개인적 발전 코칭은 개인이 직업적 목표를 설정하고 그 목표를 달성하기 위해 필요한 역량을 향상시키는데 중점을 둔다. 이러한 코칭은 직무 개발, 커리어 관리, 조기 은퇴 준비, 인생 계획 및 삶의 목적에 대한 자기 발견을 포함한다.

건강 및 웰빙 코칭은 개인이 건강한 삶을 영위하도록 돕는 것을 목표로 한다. 이러한 코칭은 운동, 영양, 스트레스 관리, 수면의 질 등 건강과 관련된 영역에서 지원한다.

부모 및 가족 코칭은 부모님과 가족이 자녀와 함께 성장하고 발전할 수 있도록 돕는 것을 목표로 한다. 이러한 코칭은 부모 교육, 가족 관계, 자녀 교육 및 성장 등을 다룬다.

대인관계 코칭은 개인이 대인관계를 더 효과적으로 관리하고 발전시킬 수 있도록 지원하는 것을 목표로 한다.

4) 기술의 발전으로 인한 변화

5G나 인터넷 등의 기술 발전으로 인해 코칭의 형태가 변화할 것이다. 더욱 원활한 통신을 통해 비대면 코칭이 더욱 증가할 것

이다.

 기술의 발전으로 인한 변화는 코칭 업계에도 큰 영향을 미치고 있다. 특히 인공지능과 빅데이터 기술의 발전으로 코칭의 효과적인 수행과 효과 측정, 개인 맞춤형 코칭 등에 있어 많은 기회와 가능성을 제공하고 있다.

 먼저, 인공지능 기술을 활용한 코칭은 코치의 작업 부하를 줄이고, 고객과의 상호작용을 개선하여 코칭 경험을 향상시킨다. 예를 들어, 챗봇(ChatBot) 기술을 활용한 코칭 서비스는 고객의 질문에 대답하는 것뿐만 아니라, 개인화된 코칭 서비스를 제공하고, 고객의 응답을 분석하여 코칭 세션에서 다룰 주제를 결정하는 등의 역할을 수행할 수 있다.

 또한, 빅데이터 기술을 활용한 코칭은 고객의 행동 및 성과 데이터를 수집하고 분석하여 개인 맞춤형 코칭 서비스를 제공하는 데 큰 역할을 한다. 이를 통해 코치는 고객의 성과를 추적하고 개선에 필요한 조치를 취할 수 있으며, 고객은 개인 맞춤형 코칭 서비스를 제공받을 수 있다.

 또한, 가상 혹은 혼합 형태의 코칭 서비스도 인기를 끌고 있다. 가상 코칭 서비스는 거리나 시간적 제약을 극복할 수 있고, 혼합형 코칭 서비스는 가상과 실제 코칭 서비스를 조합하여 더욱 개인 맞춤형 코칭 서비스를 제공할 수 있다.

 마지막으로, 디지털 플랫폼을 활용한 코칭 서비스도 증가하고 있다. 이는 고객과 코치가 온라인에서 상호작용하며, 공간과 시간의 제약을 극복하고 보다 효율적인 코칭 경험을 제공한다. 디지털 플랫폼을 활용한 코칭 서비스는 스마트폰 앱, 비디오 코칭, 웹 코칭, 게임 기반 코칭 등 다양한 방식으로 제공된다. 스마트폰 앱 코칭은 일상적인 삶에서 바로 적용 가능한 간단한 팁과 조언을 제공한다. 비디오 코칭은 비디오 통화나 녹화된 영상을 이용하여 코칭 서비스를 제공한다. 웹 코칭은 웹 캠이나 채팅 기능을 이용하여 코칭을 진행하며, 고객과 코치는 언제든지 인터넷에 접속하여 코칭을 받을 수 있다. 게임 기반 코칭은 게임을 통해 문제 해결 능력을 강화하고 목표 달성에 대한 동기 부여를 제공한다. 이러한 디지털 플랫폼을 이용한 코칭 서비스는 지속적으로 발전하고 있으며, 고객들의 편의성과 접근성을 높이는 데 큰 역할을 하고 있다.

5) 코치의 직업화와 교육화

미래에는 코치의 직업화가 더욱 확대될 것으로 예상된다. 이에 따라 코치 교육도 더욱 확대될 것이다. 코칭의 전문성이 요구되는 만큼 코치 교육은 더욱 중요해질 것이다.

코칭은 전문가의 지식과 기술을 이용하여 개인이나 조직의 성장과 발전을 돕는 직업으로 자리 잡았다. 따라서 코칭 직업화가 이루어지고 있다. 코치 직업화는 코칭의 수요 증가와 함께 이루어지고 있다. 코칭은 개인적인 과제나 성장에 대한 고민을 상담하는 것으로 시작되었지만, 이제는 다양한 분야에서 코칭을 필요로 하고 있다. 이에 따라 코치로 일하는 전문가들의 수요가 증가하고 있다.

또한 코치 교육화도 이루어지고 있다. 코칭은 전문성과 실력이 중요하기 때문에 코치로 일하는 사람들은 적절한 교육과 자격 인증이 필요하다. 이에 따라 코치 교육과 자격 인증 프로그램이 발전되고 있다. 또한, 대학이나 비즈니스 스쿨에서 코칭 프로그램이 개설되어 코칭 교육을 받을 수 있는 기회가 늘어나고 있다. 코칭 교육과정에는 실제 코칭 경험을 바탕으로 한 실습, 이론 교육, 멘토링 등이 포함되어 있다.

코칭 직업화와 교육화는 코칭의 전문성을 높이고, 코칭 서비스를 이용하는 개인과 조직의 성과를 높이기 위해 중요한 역할을 하고 있다.

이러한 코칭의 미래 트렌드를 고려하여 코치들은 계속해서 발전하고 새로운 지식과 기술을 습득해야 한다. 또한 고객들의 다양한 요구를 충족시키기 위해서 코치들은 다양한 분야의 지식과 경험을 갖추어야 한다.

6) 코칭의 미래

코칭은 현재 매우 성장하고 있는 분야 중 하나이다. 기업에서는 리더십 강화와 직원 개발에 코칭을 도입하고 있으며, 개인들도 취업, 진로, 인간관계 등 다양한 문제를 해결하기 위해 코칭을 찾고 있다. 코칭의 미래에 대해서는 다음과 같은 변화가 예상된다.

첫째, 인공지능 기술의 발전으로 인해 코칭이 디지털화될 가능성이 있다. 기계 학습과 자연어 처리 기술을 이용하여, 사람과 대화를 나누는 가상 코치가 등장할 수도 있다.

둘째, 다양한 코칭 툴과 플랫폼이 등장하고 있다. 기존에는 대면 코칭이 주류였지만, 지금은 온라인 코칭이 많이 이루어지고 있다. 이에 따라 코칭 툴과 플랫폼도 발전하고 있으며, 피드백과 목표 설정 등을 도와주는 AI 기술이 도입될 가능성도 있다.

셋째, 코칭의 영향력이 더욱 확대될 것이다. 코칭은 개인적인 문제뿐만 아니라 조직 문제와 사회 문제에도 적용될 수 있다. 이에 따라 코치는 더 많은 분야에서 활동할 수 있게 될 것이다.

넷째, 인증 제도와 규제가 강화될 것이다. 현재는 코치 자격증이 필수적인 것은 아니지만, 코치의 질과 신뢰성을 보장하기 위해 인증 제도와 규제가 강화될 가능성이 있다.

코칭의 미래는 기술 발전과 새로운 시장 요구에 맞추어 지속적으로 변화할 것이다. 하지만 코칭이 가진 핵심 가치인 개인의 성장과 발전은 변하지 않을 것이며, 오히려 더욱 강조될 것으로 예상된다.

또한 AI 기술의 발전으로 코칭 분야에서도 AI를 활용한 자동화된 코칭 서비스가 등장하고 있다. 예를 들어, 챗봇을 활용한 자기 개발 앱이나 AI 코치가 이미 존재한다. 이러한 자동화된 코칭 서비스는 빠르고 저렴하며 언제 어디서든 이용할 수 있어서 접근성이 우수하다.

AI를 활용한 코칭은 개인 맞춤형 코칭을 제공할 수 있다. 예를 들어, 개인의 성향, 성격, 직업 등을 분석하여 맞춤형 코칭을 제공할 수 있다. 또한, 대화 내용을 분석하여 개인이 향상해야 할 부분을 파악하고 이에 대한 조언을 제공할 수 있다.

하지만, 인간 감성과 상호작용의 부재로 인해 자동화된 코칭이 인간 코치보다 부족한 면이 있을 수 있다. 인간 코치는 상대방의 감정을 읽고 공감하며, 상호작용을 통해 상대방의 필요에 따라 적절한 도움을 제공한다. 또한, 인간 코치는 코치와 고객 간의 믿음과 신뢰를 형성하여 개인적인 문제를 논의하고 해결할 수 있다.

따라서, AI를 활용한 자동화된 코칭은 인간 코치와 함께 협업하여 코칭 서비스를 제공하는 방식으로 발전할 것으로 예상된다. 인간 코치는 자동화된 코칭으로부터 분석된 데이터를 기반으로 고객과 함께 진단과 문제 해결을 할 수 있다. 이러한 협업을 통해 더욱 전문적이고 효과적인 코칭 서비스를 제공할 수 있을 것이다.

코칭은 현재 많은 사람들이 관심을 가지고 있는 분야이지만, 아직도 코칭에 대한 오해와 편견이 존재한다. 코칭의 도전과 미래를 살펴 보면 다음과 같다.

(1) 코칭의 정의와 표준화

코칭이란 무엇인지, 어떻게 하는 것인지, 어떤 효과가 있는지 등에 대한 명확하고 공통적인 정의와 표준이 필요하다. 코칭은 다른 상담이나 멘토링과 구분되는 독특한 특성과 방법론을 가지고 있으므로, 코칭의 본질과 가치를 잘 설명하고 전파할 수 있어야 한다. 또한, 코칭을 제공하는 사람들의 역량과 자격을 평가하고 인증하는 체계적인 기준과 절차가 필요하다.

(2) 코칭의 확산과 다양화

코칭은 개인이나 조직의 성장과 변화를 위한 강력한 도구로 인식되고 있으므로, 코칭을 받는 사람들의 범위와 코칭을 적용하는 분야가 점점 확대되고 다양해져야 한다. 코칭은 리더십이나 커리어뿐만 아니라 건강, 관계, 문화, 교육 등 다양한 주제와 관련하여 제공될 수 있다. 또한, 코칭은 개인뿐만 아니라 팀, 조직, 커뮤니티 등 다양한 대상에게 제공될 수 있다.

(3) 코칭의 혁신과 발전

코칭은 시대와 환경에 따라 변화하고 발전해야 한다. 코칭은 과학적인 연구와 근거에 기반하여 자신의 방법론과 기법을 검증하고 개선해야 한다. 또한, 코칭은 기술적인 발전에 따라 온라인이나 모바일 등 다양한 플랫폼에서 제공될 수 있다. 더 나아가, 코칭은 인공지능이나 빅데이터 등의 기술을 활용하여 보다 효율적이고 창의적인 서비스를 제공할 수 있다.

2. VUCA 시대에 요구되는 코치의 역량

VUCA란 Volatility(변동성), Uncertainty(불확실성), Complexity(복잡성), Ambiguity(모호성)의 약자로, 현재의 시대를 대표하는 특징을 나타낸다. VUCA 시대에 요구되는 코치의 역량은 다음과 같다.

1) 융통성 있는 사고력

VUCA 시대는 불확실성이 높아져 예측하기 어렵다. 이에 코치는 미래에 대한 예측이 아닌 다양한 시나리오를 고려하고 융통성 있는 사고력을 갖춰야 한다.

2) 적극적인 변화 대응 능력

VUCA 시대는 빠르게 변화하는 시대이다. 이에 코치는 변화를 적극적으로 대응하고, 조직이나 개인이 변화를 수용하도록 지원해야 한다.

3) 긍정적인 마인드셋

VUCA 시대는 많은 불확실성을 동반한다. 이에 코치는 긍정적인 마인드셋으로 코칭 세션을 이끄는 것이 중요하다.

4) 적극적인 커뮤니케이션 능력

VUCA 시대는 다양한 인터넷 기술의 발전으로 글로벌화와 멀티 컬쳐의 확산으로 인해 커뮤니케이션의 중요성이 커졌다. 이에 코치는 적극적인 커뮤니케이션 능력을 갖추어 다양한 환경에서도 상대방과 원활한 대화를 이어나갈 수 있어야 한다.

5) 창의적인 문제 해결 능력

VUCA 시대는 빠르게 변화하는 상황에서 미래에 대한 예측이 어려우며, 복잡한 문제에 직면하는 것이 일상화되었다. 이에 코치는 창의적인 문제 해결 능력을 갖추어 다양한 문제를 해결하고, 변화하는 상황에 적극적으로 대처할 수 있어야 한다.

6) 강력한 리더십 능력

VUCA 시대는 강력한 리더십이 필요한 시대이다. 코치는 조직 내에서 리더십을 발휘하고, 변화와 불확실성에 대한 대처 방안을 제시하며, 전체적인 조직의 방향성을 제시할 수 있어야 한다.

이러한 역량을 갖춘 코치는 VUCA 시대에 빠르게 변화하는 환경에서도 조직과 개인이 적극적으로 대응할 수 있도록 지원할 수 있다.

3. VUCA 시대에 요구되는 코치의 역할

VUCA 시대에 코치는 다음과 같은 역할을 수행할 수 있어야 한다.

1) 비전과 목표 설정

VUCA 시대는 불확실성이 높아졌기 때문에, 조직이나 개인이 앞으로 어떤 방향으로 나아가야 하는지 명확한 비전과 목표 설정이 중요하다. 코치는 이러한 비전과 목표를 돕고, 그것이 실현되도록 지도해 줄 수 있어야 한다.

2) 변화 대응 능력 강화

VUCA 시대는 변화가 빈번하게 일어나기 때문에, 조직이나 개인이 변화에 빠르게 대응할 수 있는 능력을 갖추는 것이 중요하다. 코치는 이러한 변화 대응 능력을 강화하기 위한 다양한 방법을 제시하고, 지도해 줄 수 있어야 한다.

3) 협력과 팀워크 강화

VUCA 시대는 복잡하고 다양한 문제들이 발생하기 때문에, 조직이나 개인 간의 협력과 팀워크가 중요하다. 코치는 이러한 협력과 팀워크를 강화하기 위한 방법을 제시하고, 지도해 줄 수 있어야 한다.

4) 성장을 위한 개발

VUCA 시대는 불확실성이 높기 때문에, 개인이나 조직이 계속해서 발전하고 성장할 필요가 있다. 코치는 이러한 성장을 위한 다양한 개발 방법을 제시하고, 개인이나 조직의 성장을 지도해 줄 수 있어야 한다.

이러한 역할들을 수행하기 위해서는 코치가 VUCA 시대의 특징과 동향에 대해 충분한 이해와 지식을 갖추어야 한다. 또한, 코치는 개인이나 조직에 대한 이해와 신뢰성을 바탕으로 상황에 맞게 다양한 코칭 기술을 적용하고 유연하게 대처할 수 있어야 한다.

4. VUCA 시대에 요구되는 코치의 태도

VUCA 시대에 대응하는 코치의 태도는 민첩성, 융통성, 적응성, 열린 마음 등이 필요하다.

첫째, 민첩성은 상황 변화에 빠르게 대처하고 적응하는 능력을 의미한다. 코치는 빠르게 변하는 환경에서도 빠르게 대처하고 적극적으로 대응해야 한다.

둘째, 융통성은 다양한 방법과 관점을 수용하고 받아들일 수 있는 능력을 의미한다. 코치는 다양한 배경과 관점을 가진 개인들과 상호작용하므로 융통성이 필요하다.

셋째, 적응성은 새로운 환경에서 빠르게 적응할 수 있는 능력을 의미한다. 코치는 다양한 상황에서 적절한 대응법을 찾아내야 하므로 적응성이 필요하다.

넷째, 열린 마음은 새로운 아이디어나 관점에 대해 수용하고 받아들일 수 있는 능력을 의미한다. 코치는 다양한 시각에서 문제를 바라볼 수 있도록 고객의 이야기에 귀 기울이고, 열린 마음으로 받아들여야 한다.

이러한 태도와 능력을 바탕으로 VUCA 시대에 대응하는 코치는 고객의 성장을 위해 적극적으로 도움을 주고, 적응력과 혁신력을 강화하여 미래에 대비할 수 있는 지속적인 지원을 제공할 수 있다.

5. VUCA 시대에 요구되는 코치의 지식

VUCA 시대에 대응하는 코치에게 필요한 지식은 다양한다. 이 중 몇 가지를 살펴보겠다.

1) 현대 사회의 트렌드와 동향

코치는 현대 사회의 변화와 트렌드를 이해하고, 이를 고객에게 전달하는 역할을 맡다. 이를 위해서는 기존에는 없던 새로운 기술, 경제, 사회 등 다양한 분야의 지식이 필요하다.

2) 문제 해결과 창의적 사고

VUCA 시대에는 다양한 문제가 발생하고, 그 문제들은 복잡하고 비선형적인 성격을 띠고 있다. 이에 대응하기 위해서는 문제 해결 능력과 창의적인 사고가 필요하다.

3) 기업 경영 전략

기업이 VUCA 시대에 대응하기 위해서는 새로운 경영 전략과 방법이 필요하다. 코치는 기업 경영 전략에 대한 이해가 필요하며, 이를 기업에 적용할 수 있는 방법을 제시해야 한다.

4) 다양한 분야의 전문 지식

코치는 고객의 다양한 분야에서 일하는 경우가 많기 때문에, 해당 분야의 전문 지식이 필요하다. 예를 들어, 건강, 금융, 교육, 인사 등 다양한 분야에서 코칭을 제공할 수 있어야 한다.

5) 다양한 문화와 가치관 이해

글로벌 경제가 확대되면서 다양한 문화와 가치관을 가진 인물들과 일하게 되는 경우가 많아졌다. 이에 대응하기 위해서는 다양한 문화와 가치관을 이해하고, 상대방의 관점을 존중하는 태도가 필요하다.

6) 인간 심리학

코칭은 사람과 사람 간의 상호작용이 중요한 역할을 한다. 이를 위해서는 인간 심리학에 대한 이해가 필요하다. 인간의 행동과 마음의 움직임을 이해하고, 적절한 방법으로 접근하는 것이 중요하다.

7) 기술과 도구 활용 능력

VUCA 시대에는 새로운 기술과 도구가 매우 빠르게 발전하고 있다. 코치는 이러한 도구와 기술을 적극 활용하여 고객을 돕는 방법을 연구하고, 고객과의 상호작용, 데이터 수집 및 분석, 그리고 효율적인 의사소통을 위해서는 새로운 기술과 도구를 적극적으로 활용할 필요가 있다. 예를 들어, 비대면 상담을 위한 화상 회의 도구나 인터넷을 통한 온라인 자료 공유 플랫폼 등을 이용하여 고객과의 상호작용을 원활하게 할 수 있다. 또한, 데이터 수집 및 분석을 위한 인공지능 기술, 클라우드 컴퓨팅, 빅데이터 등을 활용하여 고객의 상황과 문제를 더욱 정확하게 파악하고, 그에 맞는 조치를 제안할 수 있다.

코치는 이러한 새로운 기술과 도구를 학습하고 적극적으로 활용하여 고객을 돕는 방법을 연구하고, 항상 변화하는 시대에 적극적으로 대응할 수 있는 능력을 갖추어야 한다. 이를 통해 고객과의 상호작용을 개선하고, 더 나은 코칭 경험을 제공할 수 있다.

6. VUCA 시대에 요구되는 코치의 스킬

VUCA 시대에 대응하는 코치의 스킬은 다음과 같다.

1) 융통성 있는 사고

VUCA 환경에서는 상황이 예측할 수 없기 때문에 코치는 새로운 아이디어와 창의적인 해결책을 찾는 능력을 가져야 한다. 융통성 있는 사고는 새로운 가능성을 발견하고 다양한 상황에 대처하는데 도움이 된다.

2) 긍정적인 마인드셋

긍정적인 마인드셋을 가진 코치는 도전과 실패를 기회로 바라보며 새로운 가능성을 찾는다. 코치는 자신과 고객의 잠재력을 끌어올리는 데 중점을 둔다.

3) 비판적인 사고

코치는 고객이 직면한 문제를 해결하고 자신의 목표를 실현하는데 도움을 주기 위해 비판적인 사고를 가져야 한다. 그들은 고객의 생각과 행동을 분석하고 문제점과 개선 가능성을 찾는다.

4) 커뮤니케이션 스킬

코치는 고객과 원활하게 소통하며 도움을 주기 위해 커뮤니케이션 스킬이 필요하다. 코치는 상황에 맞게 대화를 이끌어 나가고, 목표와 계획을 명확하게 전달할 수 있어야 한다.

5) 리더십 스킬

코치는 고객이 자신의 잠재력을 극대화하고 목표를 달성할 수 있도록 지도하는 리더십 스킬이 필요하다. 코치는 고객이 자신의 역량을 인식하고 발휘할 수 있도록 도와준다.

6) 다양성 존중과 인식

다양한 문화적 배경을 가진 고객을 대상으로 할 때는, 코치는 그들의 다양성을 존중하고 이해해야 한다. 그들은 이러한 다양성을 고려하여 적절한 코칭 전략을 수립하고, 고객이 자신의 고유한 경험과 배경을 존중하고 수용할 수 있도록 도와준다.

VUCA 시대에 대응하는 코치는 위와 같은 스킬을 보유하고, 적극적으로 업데이트하며 발전해나가야 한다.

7. VUCA 시대에 요구되는 코치의 윤리

VUCA 시대에 대응하는 코치에게 윤리는 매우 중요하다. 코치는 고객과 깊은 관계를 형성하고, 그들의 인생에 큰 영향을 미칠 수 있는 역할을 수행하기 때문이다. 따라서 코치는 윤리적인 책임을 다져야 한다.

먼저, 코치는 고객의 이익을 최우선으로 고려해야 한다. 코치는 고객의 목표 달성을 위해 가장 적합한 방법을 찾아야 하며, 고객의 관점에서 문제를 바라보고, 그들의 가치와 목표에 맞게 지도해야 한다.

또한, 코치는 고객의 개인정보와 개인정보 보호에 대한 이해를 가져야 한다. 고객의 개인정보는 민감한 정보이며, 코치는 이를 적절히 보호해야 한다. 고객의 신뢰를 유지하기 위해 개인정보 보호에 대한 책임을 다져야 한다.

마지막으로, 코치는 자신의 역할과 한계를 명확히 이해하고, 고객의 이익을 우선시하는 데 중점을 두어야 한다. 코치는 전문성을 유지하고, 이에 따른 책임과 제한을 인식해야 한다. 또한, 코치는 고객의 문제 해결을 위해 자신의 가치관이나 이익을 우선시하지 않아야 한다.

따라서, VUCA 시대에 대응하는 코치는 윤리적인 책임을 다져야 하며, 고객의 이익을 최우선으로 고려하여 일하는 것이 필요하다.

8. ChatGPT가 보는 코칭

1) CharGPT가 보는 코칭의 트렌드

코칭의 향후 트렌드는 크게 다음과 같이 나타날 것으로 예상된다.

(1) 디지털화와 온라인 코칭

미래 사회에서는 디지털화가 더욱 진전될 것으로 예상된다. 이에 따라 코칭 분야에서도 온라인 코칭의 중요성이 커질 것이다. 온라인 코칭은 지리적 제한을 극복하고, 더 많은 사람들에게 접근성을 제공할 수 있으며, 비용과 시간을 절약할 수 있는 장점이 있다. 또한, 인공지능 기술과 함께 적용되면 더욱 정확하고 효과적인 코칭이 가능해질 것이다.

(2) 헬스 코칭과 웰니스 코칭

미래 사회에서는 건강과 웰니스가 더욱 중요한 이슈가 될 것으로 예상된다. 이에 따라 헬스 코칭과 웰니스 코칭의 수요가 증가할 것이다. 헬스 코칭은 개인의 건강 상태와 목표를 파악하고, 건강한 습관을 형성하는 도움을 제공한다. 웰니스 코칭은 개인의 삶의 질과 행복을 증진시키는데 초점을 두며, 명상, 요가, 식습관 개선 등 다양한 영역에서 개인화된 조언을 제공한다.

(3) 팀 코칭과 리더십 코칭

미래 사회에서는 협업과 팀워크가 더욱 중요한 역할을 할 것으로 예상된다. 이에 따라 팀 코칭과 리더십 코칭의 수요가 증가할 것이다. 팀 코칭은 팀의 목표와 동기부여, 역할과 책임 분담 등 팀의 협업을 향상시키는데 도움을 제공한다. 리더십 코칭은 개인의 리더십 역량을 향상시키는데 초점을 두며, 새로운 리더십 스타일과 기술을 적용하여 팀과 조직을 성장시키는데 도움을 제공한다.

(4) 다양한 코칭 형태와 기법의 발전

현재의 코칭 기법과 형태는 대개 대화와 질문을 중심으로 하는 1:1 코칭이 대부분이다. 하지만 미래에는 다양한 형태와 기법이 개발될 것으로 예상된다. 예를 들어, 그룹 코칭, 멘토링, 피드백, 게임 기반 코칭, 가상 현실 코칭 등 다양한 형태의 코칭이 개발될 것이다. 이러한 다양한 코칭 기법은 더 많은 사람들에게 접근성을 제공하고, 보다 효과적인 코칭 경험을 제공할 수 있다.

(5) 코칭과 AI 기술의 융합

인공지능 기술의 발전으로 인해 코칭 분야에서도 AI 기술이 점차 더욱 중요한 역할을 할 것으로 예상된다. AI 기술을 활용한 코칭은 대량의 데이터를 분석하여 개인화된 조언을 제공하고, 피드백과 평가를 자동화하여 더욱 효과적인 코칭 경험을 제공할 수 있다. 또한, AI 기술은 코치의 역할을 보조하는데 사용될 수 있으며, 코칭과 AI 기술의 융합은 더욱 효과적인 코칭을 제공할 것으로 예상된다.

(6) 코칭의 질적 평가와 인증

미래 사회에서는 코칭 분야에서의 질적 평가와 인증이 더욱 중요한 이슈가 될 것으로 예상된다. 코칭의 효과를 측정하고, 코치의 질적 수준을 평가하는 기준이 필요할 것이다. 이를 위해 코칭 인증 기관과 평가 체계가 발전할 것으로 예상된다. 인증과 평가를 통해 더욱 질 높은 코칭 서비스를 제공할 수 있고, 코칭 분야의 발전을 촉진할 수 있다.

코칭의 향후 트렌드는 다양한 형태와 기법, 인공지능 기술의 활용, 그리고 질적 평가와 인증 등의 발전을 포함한다. 이러한 변화와 발전에 대응하여 코치들은 지속적인 역량 강화와 기술 개발에 주력해야 할 것이다.

2) ChatGPT가 보는 코칭의 미래

코칭은 지속적으로 성장하고 있는 분야이며, 미래에도 계속해서 발전할 것으로 예상된다. 여기에는 다양한 이유가 있다.

첫째, 코칭은 개인 발전에 대한 수요가 지속적으로 늘어나는 추세이다. 개인들은 자신의 업무 역량을 강화하거나 인생의 목표를 달성하기 위해 코칭을 이용한다. 이러한 수요는 지속적으로 증가할 것으로 보인다.

둘째, 인공지능 및 기계학습 등의 기술 발전으로 인해 코칭 서비스의 제공 방식이 변화하고 있다. 인공지능을 활용한 코칭 서비스를 제공하는 회사도 등장하고 있으며, 이러한 기술의 발전은 더욱 많은 사람들이 코칭을 이용할 수 있도록 돕는다.

셋째, 코칭은 많은 분야에서 필요한 스킬이 될 것으로 보인다. 코칭은 리더십, 커뮤니케이션, 업무 역량 등 여러 분야에서 필요한 스킬이기 때문이다. 따라서 코칭은 단순히 업무나 개인 목표를 달성하기 위한 수단으로 머물러 있지 않고, 여러 분야에서 필요한 스킬로 자리 잡을 것으로 예상된다.

마지막으로, 코칭이 개인과 조직의 성장을 돕는 역할이 인정받는 추세이다. 조직에서는 코칭을 통해 인재를 발굴하고 유지하는 데 도움이 된다. 개인들은 코칭을 통해 자신의 능력과 잠재력을 발휘하고, 조직에서는 코칭을 통해 직원들의 역량을 향상시키는 데 기여한다.

이러한 이유들로 볼 때, 코칭은 미래에도 지속적으로 성장할 것으로 예상된다. 다만, 코칭을 제공하는 방식이나 분야에 따라 변화할 수 있을 것이다.

3) ChatGPT가 보는 코치의 역할

미래사회에서 코치의 역할은 매우 중요해질 것으로 예상된다. 코치는 인간의 성장과 발전을 촉진하고, 개인이나 조직이 가진 잠재력을 최대한 발휘할 수 있도록 돕는 역할을 한다.

미래사회에서는 더 많은 사람들이 개인 발전과 성장에 대한 관심을 가질 것으로 예상된다. 개인들은 자신의 역량을 강화하고, 목표를 달성하기 위해 코칭을 이용할 것이다. 이러한 수요를 충족시키기 위해 코치는 더욱 전문적이고 효과적인 코칭 방법을 개발하고, 기존의 코칭 방식을 개선할 필요가 있다.

또한, 코치는 조직의 성장과 발전에도 중요한 역할을 한다. 조직에서는 코치를 통해 직원들의 역량을 향상시키고, 인재를 발굴하고 유지하는 데 도움이 된다. 미래사회에서는 조직들이 코치를 활용해 더욱 경쟁력 있는 인재를 유치하고, 인재를 발전시키는 데 더욱 많은 관심을 가질 것으로 예상된다.

또한, 인공지능 등의 기술 발전으로 인해 코치의 역할은 더욱 다양해질 것으로 예상된다. 인공지능을 활용한 코칭 서비스를 제공하는 회사도 등장하고 있으며, 코치는 이러한 기술을 활용해 개인과 조직의 발전을 돕는 역할을 할 것이다.

마지막으로, 코치는 미래사회에서 사회적 책임을 가지는 리더로서의 역할도 맡게 될 것이다. 코치는 자신이 이끄는 개인이나 조직이 사회적 책임을 다하는 데 기여하도록 돕는 역할을 맡게 된다. 이를 위해 코치는 환경, 사회 문제 등에 대한 인식과 이해도가 높아져야 할 것이다.

요약하자면, 미래사회에서 코치는 개인과 조직의 성장과 발전을 촉진하는 중요한 역할을 맡을 것이며, 더욱 전문적이고 효과적인 코칭 방법을 개발하고, 기존의 코칭 방식을 개선해야 할 것이다. 또한, 인공지능 기술의 발전은 코칭의 미래를 크게 바꿀 것으로 예상된다. 예를 들어, 기계학습을 활용한 코칭 서비스를 제공하는 회사들이 등장하고 있다. 이러한 서비스는 기존의 코칭보다 더욱 개인화된 코칭을 제공할 수 있으며, 대규모의 데이터를 활용해 개인의 성격, 경험, 습관 등을 분석해 코칭 방법을 최적화할 수 있다.

4) ChatGPT가 보는 코치의 역량

미래 코치에게는 다양한 역량이 필요할 것으로 예상된다. 아래는 그 중 몇 가지이다.

(1) 기술 역량

미래 코치는 인공지능 기술과 같은 디지털 기술에 대한 이해와 활용 능력이 필요하다. 코칭 기술뿐만 아니라 디지털 기술도 학습하고 적용할 수 있어야 한다.

(2) 개인화된 코칭 역량

미래 코치는 개인화된 코칭 방법을 개발하고 적용할 수 있는 능력이 필요하다. 이를 위해서는 개인의 성격, 경험, 습관 등을 이해하고 이를 분석할 수 있는 능력이 필요하다.

(3) 사회 문제 인식 및 이해

미래 코치는 사회 문제에 대한 인식과 이해도가 높아야 한다. 이를 통해 개인이나 조직이 사회적 책임을 다하는 데 기여할 수 있도록 돕는 역할을 할 수 있다.

(4) 리더십 역량

미래 코치는 리더십 역량이 높아야 한다. 조직의 문화와 리더십을 개선하고, 직원들의 역량을 향상시키는 데 기여할 수 있어야 한다.

(5) 글로벌 역량

미래 코치는 글로벌 역량이 필요하다. 다양한 문화와 언어를 이해하고 존중할 수 있어야 하며, 다양한 국가와 지역에서 코칭을 제공할 수 있는 능력이 필요하다.

(6) 커뮤니케이션 역량

미래 코치는 커뮤니케이션 역량이 높아야 한다. 이를 위해 명확하고 간결하게 의사소통할 수 있는 능력이 필요하다.

(7) 지속적인 학습 역량

미래 코치는 지속적으로 학습하고 성장해야 한다. 코칭 기술이나 관련 분야의 지식을 업데이트하고 새로운 도전에 대처할 수 있는 유연성이 필요하다.

총체적으로, 미래 코치에게는 다양한 역량이 필요하며, 기존의 코칭 기술 뿐만 아니라 디지털 기술과 사회 문제 등의 분야에 대한 이해와 활용 능력이 필요하다

5) ChatGPT가 보는 코치의 자세

미래 사회에서 코치의 자세는 크게 두 가지로 나눌 수 있다. 첫째는 적극적이고 창의적인 자세, 둘째는 공감적이고 인간적인 자세이다.

(1) 적극적이고 창의적인 자세

미래 사회에서는 변화와 불확실성이 더욱 커질 것으로 예상된다. 이에 따라 코치는 적극적으로 변화에 대응하고, 창의적인 아이디어와 솔루션을 제안해야 한다. 미래 사회에서 코치는 더 많은 도전과 새로운 시도에 적극적으로 대처할 수 있는 자세가 필요하다. 또한, 미래 사회에서는 디지털 기술이 중요한 역할을 할 것으로 예상되므로, 코치는 디지털 기술과 관련된 지식과 역량을 지속적으로 발전시켜야 한다.

(2) 공감적이고 인간적인 자세

미래 사회에서는 인간성과 사회적 책임이 더욱 중요해질 것으로 예상된다. 이에 따라 코치는 공감적이고 인간적인 자세를 유지해야 한다. 코치는 개인의 성격과 가치관, 경험 등을 이해하고, 이를 존중하며, 동시에 조직과 사회에 대한 책임을 이해하고 이를 추구할 수 있는 도움을 제공해야 한다. 이를 위해서는 코치가 상대방의 감정에 공감하고, 상황에 맞는 인간적인 대화와 조언을 제공할 수 있는 능력이 필요하다.

총체적으로, 미래 사회에서 코치는 적극적이고 창의적인 자세와 함께 공감적이고 인간적인 자세를 유지해야 하며, 이를 통해 개인과 조직, 그리고 사회의 발전과 성장에 기여할 수 있을 것이다.

PART 2
코칭하기
COACH & COACHING

Chapter 06

코칭 대화 프로세스

1 GROW 대화 모델
2 GROW 대화 모델의 적용 사례
3 GROW 대화 모델의 질문 예시
4 GROW 대화 모델을 적용한 코칭 대화 사례
5 실제 코칭 진행 프로세스
6 코칭 대화 연습을 위한 상황 설정 사례

1. GROW 대화 모델

코칭 대화는 프로세스가 있는 대화이다. GROW 대화 모델은 코칭 대화 프로세스로 가장 널리 사용되는 기본적인 대화 모델이다. 1980년대 중반 영국의 존 휘트모어(John Henry Douglas Whitmore, 1937-2017) 코치가 컨설팅 회사인 맥킨지를 대상으로 코칭 대화 방법을 가르치면서 GROW라는 명칭으로 정리하였고, 1992년에 출간된 'Coaching for Performance'라는 책에 소개하면서 널리 알려졌다.(국내 번역서 '성과 향상을 위한 코칭 리더십')

GROW는 코칭 프로세스인 Goal(목표 설정) - Reality(현실 점검) - Options(대안 수립) - Will(계획 수립과 의지 확인)의 영어 단어 첫머리 글자로 구성되며, 그 자체로도 '성장한다'는 의미가 있어, 코칭 프로세스 대화를 통해 고객이 성장한다는 이미지를 나타내는 효과도 있다.

1) Goal (목표 설정)

고객의 코칭 목표를 명확히 설정하는 단계이다. 고객이 성취하고자 하는 것이 무엇인지 확인하고, 그것이 중요한 이유, 의미, 목표 달성을 통해 얻고자 하는 것, 제시한 목표를 달성한 후에 도달하고자 하는 궁극적인 모습 등에 대해 이야기할 수 있다. 실행 기간에 따라 전체 목표와 중간 목표로 구분하여 정리할 수도 있다.

초기에 원하는 목표를 명확히 해야 다음 단계의 대화도 방향을 유지하면서 진행할 수 있다.

2) Reality (현실 점검)

현재 상황을 파악하기 위해 현실을 점검하는 단계이다. 고객의 현재 상황, 잠재적 장애요인, 도전, 자신의 강점, 과거의 성공 경험, 도움받을 수 있는 지원 등을 탐색하여 현실을 점검한다.

3) Options (대안 수립)

해결을 위한 잠재적인 대안을 파악하고 실행 전략을 수립하는 단계이다. 고객이 창의적으로 생각할 수 있도록 다양한 접근 방식을 사용할 수 있다. 문제 해결을 위한 다양한 접근 방법, 활용할 수 있는 자원, 관점, 각 방법의 장단점 등을 탐구하여 우선순위화하고 고객의 목표 달성을 위한 잠재적인 옵션이나 전략을 세운다.

4) Will (계획 수립과 의지 확인)

목표 달성을 위한 구체적인 실행계획을 세우고 실천하려는 의지를 강화하는 단계이다. 실행계획을 SMART(구체적인 Specific, 측정 가능한 Measurable, 합의된 Agreed, 현실적인 Realistic, 기한이 정해진 Time-bound) 하게 세부적으로 수립하고, 장애요소를 제거하며 필요한 지원을 점검하고, 실행 점검 방법을 검토한 후 고객이 주인의식을 가지고 실행하도록 의지를 확인하고 격려한다.

> **? 생각해봅시다**
>
> 1. GROW 모델 이외에 어떤 코칭 대화 모델들이 있는지 알아봅시다. 그 차이는 무엇일까요?
> 2. GROW 모델을 이용하여 당신 만의 코칭 대화 스토리를 구성해 봅시다.

2. GROW 대화 모델의 적용 사례

고객이 경영진으로서 조직의 업무 효율성을 높이기 위한 목표를 설정했다면, GROW 모델을 적용한 코칭 대화 과정은 아래와 같다.

1) Goal(목표 설정) : 코치와 고객은 목표를 구체적으로 설정한다. 예를 들어, "조직 생산성 20% 향상하기"와 같은 목표가 될 수 있다.

2) Reality(현실 점검) : 코치는 고객과 함께 현재 조직의 상황을 파악한다. 이 과정에서는 조직 내부의 문제점이나 강점 등을 파악하고, 조직 구성원들의 역할과 업무 흐름을 이해한다.

3) Options(대안 수립) : 코치와 고객은 현재 조직에서 개선할 수 있는 다양한 대안을 모색한다. 이 과정에서는 조직 내부의

문제점을 해결하기 위한 방안, 업무 프로세스 개선을 위한 대안 등이 제안될 수 있다.

4) Will(계획 수립과 의지 확인) : 코치와 고객은 선택한 대안들을 구체화하고 실행하기 위한 의지를 끌어내는 과정을 거친다. 이 과정에서는 선택한 대안들의 구체적인 실행 계획을 수립하고, 이를 실행하기 위한 역량을 끌어내는 데 집중한다.

이러한 GROW 모델을 활용한 코칭 대화는 고객이 목표를 달성하기 위한 구체적인 계획을 수립하고, 이를 실제로 실행해 나가는 데 큰 도움이 된다. 이를 통해 고객은 자신이 원하는 변화를 이루어 낼 수 있고, 더 나은 삶을 살아갈 수 있게 된다. 또한, 코치는 고객과의 대화를 통해 그들의 성장을 지속적으로 돕고, 새로운 도전에 대해 대비하는 데 필요한 역량과 자신감을 함께 강화시킬 수 있다. 이러한 GROW 모델을 비롯한 다양한 코칭 기법과 접근법은 코칭 대화 프로세스를 효과적으로 이끌어가는 데 중요한 역할을 하며, 고객의 성장과 발전을 지원하는 데 큰 도움을 준다.

> **? 생각해봅시다**
>
> 1. 당신이 경험하는 상황에서 발생하는 문제를 GROW 대화 모델을 활용하여 해결 방안을 찾는 프로세스를 정리해 봅시다.
> 2. 다른 사람이 겪고 있는 문제를 GROW대화 모델을 적용하여 해결 방안을 찾는 프로세스를 정리해 봅시다.

3. GROW 대화 모델의 질문 예시

실제 고객과의 코칭 대화에서 GROW 대화 모델을 적용하여 매우 다양한 질문을 사용할 수 있다. 이렇게 질문을 진행하면서 '4장 코칭스킬'에서 소개된 질문, 경청, 피드백 방법들을 적절히 적용하여 코칭 대화를 이어 나갈 수 있다. 기본적인 질문 흐름의 예시는 아래와 같다.

1) Goal (목표 설정)

오늘 어떤 주제에 관해 이야기를 나누면 좋을까요?
그것이 당신에게 어떤 면에서 중요한가요?
그것을 해결하는 것이 당신에게 어떤 의미가 있나요?
그것이 궁극적으로 해결된 모습은 무엇인가요?
궁극적인 해결을 통해 얻고자 하는 것은 무엇인가요?
그런 궁극적인 목표를 달성하기 위해 오늘 세션에서는 무엇을 목표로 이야기하면 좋을까요?

2) Reality (현실 점검)

현재 상황은 어떤가요?
그것과 관련하여 어떤 장애요인이 있나요?
그것을 해결하기 위해 활용할 수 있는 자원은 어떤 것이 있나요?
그것과 유사한 문제를 해결할 때 어떤 강점을 발휘했나요?

3) Options (대안 수립)

그런 자원을 활용하여 어떤 시도를 해볼 수 있을까요?

또 어떤 방법이 있을까요?

비슷한 문제를 해결한 다른 사람이 당신에게 어떤 조언을 해줄까요?

아무 제한이 없다면 어떤 방법을 사용해 볼 수 있을까요?

지금까지 이야기한 방법들의 장단점은 무엇인가요?

그중에서 이번에는 어떤 방법을 적용해보면 좋을까요?

4) Will (계획 수립과 의지 확인)

구체적인 실행계획을 세워본다면 어떻게 될까요?

실행 단계를 나눠서 진행해 본다면 어떻게 할 수 있나요?

실행을 위해 누구의 지원을 받을 수 있을까요?

그렇게 하면 목표 대비 얼마나 달성 가능한가요?

실행하는 데 어떤 장애요인이 있을까요?

실행계획을 다시 한번 정리해 주시겠어요?

그것을 잘하기 위해 어떻게 당신의 의지를 다지면 좋을까요?

그것을 잘하는지 어떻게 스스로 점검할 수 있나요?

코치가 어떤 도움을 드리면 좋을까요?

그것이 달성되면 어떤 기분이 들까요?

> **? 생각해봅시다**
>
> 1. 위 질문들과 함께 상황에 맞는 다른 질문들을 추가해 봅시다.
> 2. 대부분의 코칭에서 꼭 필요한 질문들과 선택적으로 사용할 수 있는 질문들은 무엇일까요?
> 3. 좋은 질문이란 어떤 질문일까요?
> 4. 질문만으로 코칭 대화를 잘 진행할 수 있나요? 무엇을 보완하고 싶은가요?
> 5. 위에 소개된 질문의 흐름으로 코칭 대화를 진행했을 때 잘 되는 것은 어떤 경우이고, 잘 안되는 것은 어떤 경우인가요? 잘 안된 사례에서는 무엇이 더 필요한가요?

4. GROW 대화 모델을 적용한 코칭 대화 사례

1) Goal (목표 설정)

코치 : 오늘 어떤 주제에 관해 이야기를 나누면 좋을까요?

고객 : 몸무게를 줄이는 것에 대해 이야기하고 싶어요.

코치 : 그것이 당신에게 어떤 면에서 중요한가요?

고객 : 겨울 동안 활동량이 줄어서 그런지 몸무게가 이전보다 많이 늘어서 움직임도 불편하고 입던 옷이 꽉 끼어서 불편해졌어요. 몸무게를 줄이면 활동이 훨씬 편해지고 옷맵시도 날 것 같아요.

코치 : 그것을 해결하는 것이 당신에게 어떤 의미가 있나요?

고객 : 요즘 가족들이 저한테 몸무게가 늘어난 것 같다고 이야기하
는 것을 보면 다른 사람들도 제 모습의 변화를 느끼는 것 같
아요. 이전 몸무게가 되면 자신감이 더 커질 것 같아요.

코치 : 그것이 궁극적으로 해결된 모습은 무엇인가요?

고객 : 작년 가을의 제 몸무게로 돌아가서 날렵한 체형을 가지고
싶어요. 체중을 3kg은 줄여야겠어요.

코치 : 궁극적인 해결을 통해 얻고자 하는 것은 무엇인가요?

고객 : 체중 3kg 감량을 통해 날렵한 체형을 회복하고, 성공을 통
해 자신감도 얻고 싶어요.

코치 : 그런 궁극적인 목표를 달성하기 위해 오늘 세션에서는 무엇
을 목표로 이야기하면 좋을까요?

고객 : 몸무게 3kg 감량의 구체적인 계획을 세우고 싶어요.

2) Reality (현실 점검)

코치 : 현재 상황은 어떤가요?

고객 : 지난 겨울 동안 날씨가 춥다 보니 운동도 안 했고, 회식 자
리도 많이 참석한 것 같아요. 그래서 가을보다 체중이 3kg
정도 늘었어요.

코치 : 그것과 관련하여 어떤 장애요인이 있나요?

고객 : 회사 일 때문에 바빠서 운동할 시간을 만들기도 어렵고, 동
료들과의 저녁식사 모임에 가면 식사량 조절이 잘 안되는
어려움이 있네요.

코치 : 그것을 해결하기 위해 활용할 수 있는 자원은 어떤 것이 있

나요?

고객 : 회사 일을 할 때는 항상 세부 일정계획을 구체적으로 세운 후 그것을 지키기 위해 잘 실행해요. 이번에도 세부 목표를 잘 세우고 지키면 될 것 같아요.

코치 : 그것과 유사한 문제를 해결할 때 어떤 강점을 발휘했나요?

고객 : 세부 목표를 세운 후 주간 단위로 스스로 진도 점검하면서 관리를 잘하는 강점이 있네요.

3) Options (대안 수립)

코치 : 그런 자원을 활용하여 어떤 시도를 해볼 수 있을까요?

고객 : 우선 한 달 동안 체중 3kg을 줄이는 세부 일정 목표를 수립해야겠어요. 하루에 100g씩 감량하고 1주일에 700g을 줄이는 것을 목표로 해야겠어요. 계산상으로는 한 달이면 3kg을 줄일 수 있겠네요.

코치 : 또 어떤 방법이 있을까요?

고객 : 버스를 타고 출퇴근을 하는데 한 정거장 전에 내려서 걸어가는 방법도 가능할 것 같아요. 운동하기 위해 별도로 시간을 내기 어려우니 출퇴근 시간을 활용하면 더 좋을 것 같은 생각이 듭니다.

코치 : 비슷한 문제를 해결한 다른 사람이 당신에게 어떤 조언을 해줄까요?

고객 : 운동뿐 아니라 식사량도 조절하라고 할 것 같아요.

코치 : 아무 제한이 없다면 어떤 방법을 사용해 볼 수 있을까요?
고객 : 피트니스 클럽에 등록해서 트레이너의 지도를 받으며 운동하면 근력도 강화하면서 체지방과 체중도 줄일 수 있을 것 같아요.
코치 : 지금까지 말씀하신 방법들의 장단점은 무엇인가요?
고객 : 버스 한 정거장 전에 내려서 걷는 것은 비용도 안 들고 출퇴근 시간을 이용하면 될 것 같아요. 다만 비가 오거나 날씨가 나쁘면 불편할 것 같아요. 피트니스 클럽을 이용하면 체계적으로 체중 감량이 가능할 것 같은데, 비용도 많이 들고 별도 시간도 확보해야 할 것 같아요. 식사량 조절도 중요한데 회식 때 신경 써서 관리해야 할 것 같아요.
코치 : 그중에서 이번에는 어떤 방법을 적용해보면 좋을까요?
고객 : 이번에는 한 정거장 전에 내려서 걷는 것과 식사량 조절을 해보는 게 현실적인 방법으로 생각되네요.

4) Will (계획 수립과 의지 확인)

코치 : 구체적인 실행 계획을 세워본다면 어떻게 될까요?
고객 : 출근과 퇴근 시 버스 한 정거장 전에 내려서 걸어가고, 식사 시에는 밥을 한 숟갈씩 덜어내고, 회식 모임에 참석할 경우는 평소 수준으로 식사량을 관리해 보겠습니다. 또한 탄수화물 음식과 간식도 적게 먹도록 조절해보겠습니다.
코치 : 실행 단계를 나눠서 진행해 본다면 어떻게 할 수 있나요?

고객 : 주간 단위로 700g 감량 목표를 설정하고 달성되는지 모니터링 해보겠습니다. 만일 주간 목표에 미달하면 다음 주는 실천 강도를 조금 더 높여보겠습니다.

코치 : 실행을 위해 누구의 지원을 받을 수 있을까요?

고객 : 식사량을 조절하려면 어머니의 도움과 직장 동료들의 도움도 필요할 것 같아요. 동료들에게 계획을 알려서 도움도 받고 지지와 응원도 받고 싶어요.

코치 : 그렇게 하면 목표 대비 얼마나 달성 가능한가요?

고객 : 지원을 받으면서 의지를 가지고 계획대로 실천하면 충분히 목표를 달성할 수 있을 것 같습니다.

코치 : 실행하는 데 어떤 장애요인이 있을까요?

고객 : 날씨와 회식 모임이 문제인데, 비 오는 날에는 우산을 쓰고 걷기로 하고, 회식 모임 때는 먹는 것에 대해 자제력을 발휘하도록 하겠습니다. 같이 참석하는 동료들에게도 미리 협조를 구해야겠어요.

코치 : 실행계획을 다시 한번 정리해 주시겠어요?

고객 : 1일 100g의 감량 목표 달성을 위해서 출퇴근 시 한 정거장 전에 내려서 걷고, 음식 섭취량을 조절해서 관리한다.

코치 : 그것을 잘하기 위해 어떻게 당신의 의지를 다지면 좋을까요?

고객 : 다른 생각하지 말고 무조건 실행하여 달성한다.

코치 : 그것을 잘하는지 어떻게 스스로 점검할 수 있나요?

고객 : 매일 아침 체중을 측정하겠습니다. 매일 목표 달성 여부를 관찰하면서 관리해 보겠습니다.

코치 : 코치가 어떤 도움을 드리면 좋을까요?

고객 : 제가 주말마다 진도를 코치님께 공유해드리겠습니다. 격려와 응원해주시면 동기부여도 되고 에너지도 얻을 수 있을 것 같습니다.

코치 : 꼭 그렇게 하겠습니다. 그것이 달성되면 어떤 기분이 들까요?

고객 : 당연히 체중이 줄어서 기쁘고, 계획한 내용을 잘 진행해서 목표를 달성한 것에 대해 뿌듯함과 자부심을 느낄 수 있을 것 같습니다.

> **? 생각해봅시다**
>
> 1. 위 질문들을 적용하여 다른 사람들과 다른 주제에 대해 코칭 대화를 해봅시다.
> 2. 위 질문들을 적용하여 자신의 문제에 대해 스스로 묻고 대답하는 셀프코칭을 해봅시다.
> 3. GROW 대화 모델을 적용해서 연습해보니 어떤 어려움이 있나요?
> 4. 위와 같이 GROW 대화 모델을 따라서 진행되는 대화를 '구조화 코칭 대화'라고 한다. 이러한 구조화된 코칭 대화는 (사)한국코치협회의 KAC 자격 실기시험의 기본적인 틀이 된다.
> 5. KPC 실기시험은 '반구조화 코칭 대화'로 진행하며, 기본 모델을 사용하면서 다른 질문들을 적절히 추가하여 진행한다. 특히 고객 존재에 대한 탐구와 의식 확장 등이 반드시 이루어져야 한다.
> 6. KSC 실기시험은 '비구조화 코칭 대화'로 진행되며, 어느 정도 기본적인 코칭 대화 틀은 유지하지만, 전반적으로 자유로운 형식으로 진행한다.

5. 실제 코칭 진행 프로세스

실제 코칭을 진행하는 프로세스의 기본 구조는 다음과 같다. 아래의 기본 구조를 유지하면서 상황에 맞게 다양한 변화를 주며 코칭 대화를 진행한다.

1) 진단

코치와 고객은 현재 상황을 분석하고, 문제의 근본 원인을 찾아내는 과정에서 진단을 수행한다. 진단 과정에서는 문제를 발견하고, 문제를 해결하기 위한 대안을 제시한다.

2) 목표 설정

코치와 고객은 문제의 근본 원인을 파악한 후, 해결하기 위한 목표를 설정한다. 이 과정에서 명확하고 구체적인 목표를 설정하여, 문제 해결의 방향성을 제시한다.

3) 계획 수립

목표를 설정한 후, 코치와 고객은 목표를 달성하기 위한 계획을 수립한다. 계획 수립 과정에서는 해결 방법을 찾고, 목표를 달성하기 위한 전략을 세우며, 성공적인 실행을 위한 준비를 한다.

4) 실행

계획을 수립한 후, 코치와 고객은 목표를 달성하기 위해 실행에 옮긴다. 실행 과정에서는 계획을 실행하고, 결과를 모니터링하여 문제가 발생할 경우 대응할 수 있는 능력을 가지고 있어야 한다.

5) 평가

목표를 달성한 후, 코치와 고객은 평가를 수행한다. 평가 과정에서는 목표를 달성한 정도를 평가하고, 결과를 분석하여 성과를 측정한다. 이 과정에서는 성과를 바탕으로 다음 단계에서 보완할 점을 도출한다.

6) 개선

평가를 통해 발견된 보완할 점을 바탕으로, 코치와 고객은 개선을 위한 대책을 수립한다. 개선 과정에서는 문제를 해결하는 데 필요한 새로운 전략과 방법을 찾고, 성과를 향상시키기 위한 노력을 한다.

7) 유지

목표를 달성한 후에도, 코치와 고객은 지속적으로 유지를 위한 노력을 해야 한다. 유지 과정에서는 성과를 지속적으로 평가하고, 새로운 문제가 발생하면 대응할 수 있는 능력을 유지해야 한다.

> **? 생각해봅시다**
> 당신이 고객과 만나는 상황을 가정하고 코칭 진행 프로세스를 생각해봅시다. 위의 프로세스에서 어떤 변화가 필요한가요?

6. 코칭 대화 연습을 위한 상황 설정 사례

1) 조직 내 의사소통 개선

당신은 ABC 주식회사에서 근무하는 팀 리더이다. 최근 팀 내 의사소통의 부족으로 인해 업무 처리가 원활하지 않아지고 있다. 그리고 이로 인해 팀원들 간 갈등도 생기고 있다. 코칭 대화 연습을 위한 상황 설정으로서, 팀원들 간 의사소통을 원활하게 하기 위해 코칭 대화를 시도해보려고 한다. 이를 위해 다음과 같은 상황을 설정할 수 있다.

(1) 상황

최근에 팀 내 의사소통이 부족해져서 업무 처리에 문제가 생기고 있다. 또한 이로 인해 팀원 간 갈등도 생기고 있다.

(2) 목표

팀원 간 의사소통을 개선하여 업무 처리를 원활하게 하고, 갈등을 해결한다.

(3) 대화 내용

팀원들이 서로 자신의 의견을 자유롭게 나눌 수 있도록 환경을 조성하고, 상호 이해를 돕는 질문과 피드백을 제공한다. 그리고 팀원들이 느끼는 문제와 이유를 함께 분석하고, 그에 따른 대안과 해결책을 고민한다.

(4) 기대 효과

고객인 팀원들은 서로의 의견을 이해하고, 대화를 통해 상호적인 신뢰를 구축한다. 또한 문제를 해결하기 위한 구체적인 계획을 수립하고, 실행할 수 있는 실질적인 조치를 함께 결정한다. 이를 통해 팀 내 업무 처리 효율성이 개선되며, 팀원들 간 갈등도 해소된다.

2) 기존 직무에서 진로 전환을 고민하는 직원

직원은 현재 일에 만족하지 못하며, 새로운 분야에서 새로운 경험을 쌓고자 한다. 하지만 어떤 분야로 갈지, 어떻게 준비해야 할지 막막하게 느낀다. 코치는 직원의 관심 분야와 역량을 파악하고, 그 분야에서 필요한 스킬을 함께 탐색한다. 이후 직원과 함께 실제로 새로운 경험을 쌓을 수 있는 계획을 수립하고, 지속적인 피드백과 지도를 제공한다.

3) 팀 역할 충돌 문제

회사 조직 내에서 역할 충돌이 발생하여 팀원 간의 소통과 협력이 원활하지 않아 업무 진행이 어려운 경우가 있을 수 있다. 이러한 상황에서 코치는 각 팀원의 의견을 수렴하고 이해하며, 상호 간의 이해 관계를 구축하도록 도와줄 수 있다. 코치는 각 팀원의 성격, 행동 양식 등을 파악하고, 이를 바탕으로 팀원들 간의 충돌을 조율하고 협업을 촉진할 수 있는 방법을 찾아내는 것이 중요하다. 이를 통해 팀의 성과 향상을 이룰 수 있다.

4) 업무 프로세스 개선

한 회사의 새로 부임한 매니저가 부서 내 업무 프로세스 개선과 직원들의 역량 강화를 목표로 코칭을 받고자 한다. 현재까지의 업무 방식과 문제점, 개선이 필요한 부분을 파악하고, 효율적인 프로세스 개선과 직원 역량 강화를 위한 목표를 수립하고 실행해 나가는 계획을 세우는 상황이다. 이를 위해 코치는 GROW 모델과 다양한 코칭 스킬을 활용하여 매니저의 목표 달성을 돕는다.

5) 승진한 직책에 효과적으로 적응하기

한 사람이 경영진으로 승진하여 새로운 직책에서 막막한 상황에 처해있다고 가정해보자. 이 직책에서는 새로운 책임과 과제가 많이 생겼고, 이전보다 더 많은 업무와 대인관계를 적극적으로 관리해야 한다. 이 사람은 이전에는 일과 삶의 균형을 유지할 수 있었지만, 새로운 직책에서는 어떻게 할지 모르겠다는 걱정을 하고 있다. 코치는 이 사람의 감정을 이해하고, 이전에 어떻게 균형을 유지했는지, 현재 어떤 도전이 있는지, 그리고 어떻게 대처할 수 있는지에 대해 논의할 수 있다. 이를 통해 코치는 고객이 스스로 해결책을 찾을 수 있도록 도움을 줄 수 있다.

> **? 생각해봅시다**
>
> 1. 위 사례의 상황을 가정하고 코칭 대화 연습해봅시다.
> 2. 당신이 주변에서 만날 수 있는 문제 사례에 대해 코칭 대화 프로세스를 정리하고 연습해봅시다.

[출처]

1. 존 휘트모어, 김영순 역(1판 2007년. 2판 2019년), 성과 향상을 위한 코칭 리더십, 서울 : 김영사

Chapter 07

코칭 분야와 코칭 비즈니스

1 코칭 분야
2 코칭 관련 비즈니스
3 비즈니스 코칭
4 라이프 코칭
5 커리어 코칭 (진로 코칭)

1. 코칭 분야

코칭 분야는 영역, 비용 지불 방법, 대상, 주제, 내용, 규모, 진행 방법 등 다양한 기준으로 분류해 볼 수 있다.

1) 코칭 영역에 따른 구분

(1) 비즈니스 코칭(Business Coaching)

기업의 경영자, 임원, 부서장, 구성원 등을 대상으로 하는 코칭이다. 기업의 운영, 리더십, 역량향상, 성과 향상, 조직 문화, 소통과 협업, 육성, 비전 수립, 전략 수립, 재무, 영업, 기술 개발, 안전 등 다양한 비즈니스 이슈들이 코칭 주제가 될 수 있다.

(2) 라이프 코칭(Life Coaching)

개인이나 여러 관계와 관련된 생활이나 삶에서 발생하는 이슈들을 대상으로 하는 코칭이다. 인간관계 개선, 삶의 균형, 만족도 향상, 삶의 의미와 목적의 발견, 개인적 문제의 해결 등이 코칭 주제가 될 수 있다. 개인, 가족, 부부, 부모와 자녀, 청소년, 은퇴자, 노인, 장애인, 다문화 가정 등 다양한 고객에게 필요한 주제를 정할 수 있고, 코칭 목적에 따라 관계 개선 코칭, 학습 코칭 등으로 세분화할 수도 있다.

(3) 커리어 코칭(Career Coaching, 진로 코칭)

개인의 성격이나 배경, 경력, 주변 환경 등을 바탕으로 직업이나 진로, 성장 방향 등에 대해 진행하는 코칭이다. 직업을 정하려는 학생, 재취업이나 전직을 계획하는 사람, 자신의 경력 과정을 설계하는 사람, 제2의 인생을 계획하는 은퇴자 등이 코칭 대상이 될 수 있다.

2) 코칭 비용 지불 주체에 따른 구분

(1) 기업 코칭

기업의 구성원을 대상으로 하는 코칭에서는 기업에서 코칭 비용을 지불한다.

(2) 개인 코칭

코칭을 받는 본인이나 가족 등 개인이 비용을 지불하는 코칭이다.

3) 코칭 대상, 주제, 내용에 따른 구분

코칭의 대상과 주제, 내용에 따라 다양한 코칭이 있다.

(1) 직업군 대상 코칭

직업군이 가진 문제의 특성을 반영하여 진행되는 코칭이다. 의료인, 군인, 회사원, 공무원, 사무직 관리자, 생산직 관리자, 교사, 학생, 전화 상담원, 영업사원, 재무관리자 등 다양한 직업군에 특화된 코칭이 가능하다.

(2) 학습코칭

초중고 학생들의 성향, 진로 등을 고려하여 학습하는 방법 개선을 목적으로 하는 코칭이다. 학생의 자기 탐구, 진로 목표 설정, 학습 의지 수립, 공부 습관 만들기, 자기주도 학습 등의 프로그램이 포함될 수 있다. 기업 형태 또는 개인 코칭 센터로 운영되는 경우가 많다.

(3) 독서 코칭

독서를 매개로 하여 학생 또는 일반인의 성장과 발전을 목적으로 진행하는 코칭이다. 일정 기간 읽을 책을 먼저 정하고 참여하는 인원들이 함께 읽은 후 토의하고 코칭 질문을 통해 성찰하는 방식 등 다양한 구성으로 운영할 수 있다. 단원별로 성찰 질문이 포함된 책의 경우는 각자 성찰한 내용을 함께 토의하며 그룹 코칭 형태로 진행할 수도 있다. 그림책을 이용하여 생각을 불러일으키기도 한다.

(4) 인성 코칭

2015년 제정된 인성교육진흥법, 한국대학교육협의회, 종교계 등에서 제시하는 인성 덕목들을 중심으로 인성 계발과 통찰력 성장을 목적으로 진행하는 코칭이다. 인성 덕목 관점에서 존재나 가치를 확인하며 코칭을 진행한다.

(5) 프로세스 코칭

코칭 주제에 대해 여러 사람이 아이디어를 모으고 의사결정을 할 수 있도록 도와주는 코칭이다. 퍼실리테이션 방법론을 활용할 수 있으며, 기업이나 단체의 인원들을 대상으로 진행하는 그룹 코칭에 적용할 수 있다.

(6) 안전 코칭

산업현장의 안전관리 관련하여 안전 확보를 위한 기술적 측면과는 별도로 관련자들의 마인드셋 강화를 통한 기업의 안전 문화 구축과 지속성 확보를 위한 코칭이다.

(7) 공익 코칭

봉사를 목적으로 진행하는 코칭이다. (사)한국코치협회에서는 다양한 의미를 담은 공익코칭 프로그램을 진행하며, 협회 회원들이 참여 신청할 수 있다.(프로그램 사례: 경철서 및 소방서 대상 코칭, 자립준비 청년 대상 코칭, 한 부모 및 미혼모 대상 코칭, 보육원 및 그룹홈 청소년 대상 코칭, 대학생 및 중고생 대상 진로 코칭, 다문화 가정 대상 코칭, 시민단체 대상 코칭 등) 대학을 포함한 여러 단체들에서도 대학생 진로탐색 코칭, 사법처리 대상 청소년 코칭 등 다양한 공익 코칭을 진행하고 있다.

(8) 기타

그 밖에도 건강 코칭, 다이어트 코칭, 습관개선 코칭, 가족관계

코칭, 행복 코칭 등 다양한 형태가 있다.

4) 코칭 대상자의 숫자에 따른 구분

(1) 1:1 개인 코칭
코칭 대상자 1명과 코치 1명이 진행하는 코칭이다.

(2) 그룹 코칭
코치 1명과 다수의 코칭 고객이 함께 참여하는 코칭이다. 기업 또는 단체의 구성원들을 대상으로 하는 코칭이나 업무 관련자들을 대상으로 하는 코칭, 다수의 학생이 참여하는 코칭 등 다양한 사례가 있으며, 참여자들 사이의 이해 확대, 의사결정, 의사소통 개선, 상호 벤치마킹(Benchmarking), 시너지(Synergy) 상승효과를 기대할 수 있다. 그룹코칭은 참석자 개개인이 개별적인 목표를 가지고 각자 자신의 문제를 해결하기 위해 진행된다. 그룹 코칭의 경우 인원이 너무 많으면 제한된 시간 내에 개인적 성찰의 기회가 줄어들 수 있으므로 적정 수준으로 제한할 필요가 있다.

(3) 팀 코칭
그룹 코칭과 구분하여 팀 코칭은 공동의 목적과 목표를 가지는 집단을 대상으로 하는 코칭이다. 팀 코칭은 팀이 지속 가능한 결과와 지속적인 개발을 만들도록 지원한다. 높은 팀 성과를 달성하려면 목표를 향해 정렬하고, 혁신을 유지하며, 내부 및 외부 변화에 빠르게 적응해야 하므로 기업에서 팀 코칭을 시도하고 있다. 팀 코칭은 개인의 성과 공헌도를 강화시키고, 팀 전체 차원의 통합 자원을 목표 달성에 적절히 활용할 수 있도록 돕는다. 이러한 이유로 팀 코칭은 구성원간의 갈등을 최소화하고, 갈등이 생겼을 때 생산적인 관점으로 접근하여 해결할 수 있으며, 삶에 대한 만족도를 높이고, 하나의 목표를 향해 협력할 수 있으며, 개인과 팀, 기업의 전문성을 강화하여 성과를 높일 수 있다. 팀 코칭에는 팀 빌딩, 팀 교육, 팀 컨설팅, 팀 멘토링 및 팀 퍼실리테이션을 포함한 많은 형식이 포함될 수 있다.

5) 고객과 코치가 만나는 방법에 따른 구분

(1) 대면 코칭
직접 만나서 진행하는 코칭이다.

(2) 코칭
전화나 각종 음성통화 방법을 이용하여 진행하는 코칭이다.

(3) 화상 코칭
각종 화상 대화 방법을 이용하여 진행하는 코칭이다.

(4) SNS 코칭
다양한 메신저 프로그램을 통하여 문자 메시지나 통화 형태로 진행되는 코칭이다. 인터넷 홈페이지, 카카오톡 채널, 휴대폰 어플리케이션, 블로그, 인터넷 카페, 숨고, 크몽, 탈잉 등 다양한 플랫폼을 통하여 코칭이 연결되고 있다. 여러 코치들이 개인 또는 그룹으로 다양한 코칭 프로그램을 앱(app)으로 만들어 다양한 고객들이 손쉽게 접근할 수 있도록 운영하고 있다.

6) 코칭 진행 방법에 따른 구분

초기 단계의 코칭은 주로 GROW 대화 모델이나 유사한 대화 모델을 따르는 구조화된 대화로 진행된다. 그러나, 주제나 상황에 따라 코칭 대화의 효과를 높이기 위해 다양한 진행 방법을 추가로 사용하여 주제에 대해 생각의 유연성과 열린 탐구를 확대하고, 평소에 인식하지 못하던 고객의 생각을 불러일으키며, 새로운 아이디어를 끌어낼 수 있다. 이러한 대화 방식은 매우 다양하게 연구되고 개발되고 있으며, 많은 코치가 배우고 활용하고 있으며, 몇 가지를 살펴보면 다음과 같다.

(1) 긍정심리학 코칭

긍정심리학 코칭은 인간의 강점, 웰빙, 최적의 기능에 관한 과학적 연구인 긍정심리학의 원칙에 기초한 코칭 유형이다. 긍정심리학 코칭은 고객이 자신의 고유한 강점과 미덕을 식별하고 개발하도록 돕고, 이를 목표달성과 전반적 웰빙 개선을 위한 기반으로 사용하는 데 중점을 둔다.

긍정심리학 코칭에서 코치와 고객은 협력하여 고객의 강점과 가치를 찾아낸 후 목표를 설정하고 긍정적인 변화를 만들기 위한 프레임워크로 사용한다. 코칭 대화에는 감사, 기쁨 또는 탄력성과 같은 긍정적인 감정과 경험을 탐구하고, 이러한 감정을 활용하여 인생에서 더 큰 성공과 성취를 얻는 방법 탐색이 포함될 수 있다.

긍정심리학 코칭은 개인이 자기 삶에 긍정적인 변화를 일으키는 힘을 가지고 있으며, 강점과 긍정적인 경험에 초점을 맞춤으로써 회복탄력성을 키우고, 목적과 의미에 대한 감각을 키우며 전반적인 건강 상태를 개선할 수 있다는 생각을 기반으로 한다.

(2) 정신역동 코칭

정신역동 코칭은 행동, 생각, 감정을 형성하는 무의식적인 과정의 역할을 강조하는 코칭이다. 정신역동 코칭에서 코치와 고객은 고객의 행동과 사고 패턴에 대한 통찰력을 얻기 위해 고객의 무의식적인 생각과 감정을 포함하여 고객의 내면 세계를 탐구하기 위해 협력한다.

코치는 반성 경청, 개방형 질문, 고객의 꿈, 환상 및 기타 무의식적 자료 탐색과 같은 다양한 기술과 방법을 사용하여 고객을 지원할 수 있다. 정신역동 코칭의 목표는 고객이 자신과 자기 행동을 더 깊이 이해하고, 이러한 이해를 바탕으로 삶에 긍정적인 변화를 일으키도록 돕는 것이다.

정신역동 코칭은 무의식적인 과정에 뿌리를 둔 오랜 행동 패턴이나 정서적 어려움으로 어려움을 겪고 있는 고객에게 도움이 될 수 있다. 이러한 무의식적 역학을 탐구함으로써 고객 문제의 근본적인 원인에 대한 통찰력을 얻을 수 있고 이를 해결하기 위한 전략을 만들어 갈 수 있다.

정신역동 코칭은 고객이 자신을 더 깊이 이해하고 개인 성장의 장애물을 극복하며 목표를 달성하도록 도울 수 있는 지원적이고 탐색적인 접근 방식을 사용한다.

(3) 내러티브 코칭(Narrative Coaching)

내러티브 코칭은 사람들이 자신의 경험을 이해하고 자신의 정체성을 구성하기 위해 이야기를 사용하는 방법론인 내러티브 심리학에 기반한 코칭이다. 내러티브 코칭에서 코치와 고객은 함께 작업하여 고객이 자신과 자기 삶에 대해 말하는 이야기를 탐색하고 고객이 목표를 달성하는 데 도움이 될 수 있는 새롭고 더 강력한 이야기를 만든다.

코치는 성찰적 경청, 개방형 질문, 고객의 개인적인 내러티브 및 은유 탐색과 같은 과정을 통해 고객을 지원한다. 내러티브 코칭의 목표는 고객이 자신의 경험을 재구성하고 보다 긍정적이고 의미 있으며 목표 및 가치와 일치하는 새로운 내러티브를 개발하도록 돕는 것이다.

내러티브 코칭은 자신의 정체성, 목적 또는 삶의 의미와 관련된 문제로 어려움을 겪고 있는 고객에게 특히 도움 될 수 있다. 개인 내러티브를 탐색하고 재구성함으로써 고객은 주체성과 권한을 활용해 더 큰 감각을 얻을 수 있으며 자신과 자기 경험을 이해하는 방법을 개발할 수 있다.

(4) 게슈탈트 접근법(Gestalt Approach)

게슈탈트 접근법은 게슈탈트 요법의 원칙을 따르는 코칭으로, 순간에 존재하는 것, 자신의 감정과 경험을 탐구하는 것, 자신의 성장과 발전에 대한 개인적인 책임을 지는 것의 중요성을 강조하는 방법이다.

게슈탈트 접근법에서 코치는 고객과 협력하여 고객의 생각, 감정 및 신체적 감각에 대한 인식을 개발하고 이들이 어떻게 상호 연결되는지 탐구한다. 코치는 경험적 연습, 역할극 및 시각화와 같은 다양한 방법을 사용하여 고객이 새로운 경험을 하도록 지원할 수 있다.

게슈탈트 접근법의 목표는 고객이 더 큰 자기 인식을 개발하도록 돕고 목표와 포부를 향해 행동하도록 지원하는 것이다. 고객은 자신의 내면세계를 탐구하고 필요와 욕구를 깊이 이해함으로써 초점을 명확하게 정하고 목표 달성을 위한 의식적인 노력을 해나갈 수 있다.

게슈탈트 접근법은 고객이 더 큰 자기 인식을 개발하고 개인 성장의 장애물을 극복하며 자신의 성장과 발전에 대한 책임을 짐으로써 목표를 향해 행동하도록 지원하는 방식이다.

(5) NLP 코칭(Neuro-Linguistic Programming coaching, 신경 언어 프로그래밍 코칭)

NLP 코칭은 NLP 원칙에 기반한 코칭이다. NLP는 개인이 의사소통을 개선하고 제한적인 신념을 극복하며 개인적 및 직업적 목표를 달성하도록 돕기 위해 고안된 방법이다.

NLP 코칭에서 코치는 고객과 협력하여 제한된 신념과 사고 및 행동의 부정적인 패턴을 식별하고 극복하도록 돕는다. 코치는 시각화, 앵커링 및 재구성과 같은 다양한 기술을 사용하여 고객이 목표 및 포부에 더 부합하는 새로운 사고와 행동 방식을 개발하도록 지원한다.

코치는 고객과 협력하여 관계 구축, 듣기 능력 향상, 다른 사람에게 영향을 미치고 설득하기 위한 언어 패턴 사용과 같은 의사소통 기술을 개발하도록 지원할 수 있다. NLP 코칭은 경력 개발, 관계 및 개인 성장과 같은 다양한 영역에 적용될 수 있다.

NLP 코칭의 목표는 고객이 더 큰 자기 인식을 개발하고 제한적인 신념과 사고 및 행동의 부정적인 패턴을 극복하고 개인적 또는 직업적 목표를 달성하도록 돕는 것이다. 더 효과적으로 의사소통하는 방법을 배우고 더 긍정적인 사고방식을 개발함으로써 고객은 관계를 개선하고 경력에서 성공을 거두어 성취감과 만족감을 경험할 수 있다.

(6) 해결 중심 코칭

해결 중심 코칭은 협력 및 강점 기반 접근 방식을 통해 고객이 목표를 설정하고 달성하도록 돕는 데 중점을 둔 코칭이다. 문제에 연연하기보다는 해결책을 찾는 것을 강조한다.

해결 중심 코칭에서 코치는 고객과 협력하여 원하는 결과를 설정한 다음 해당 결과를 달성하기 위한 계획을 개발하도록 돕는다.

코치는 고객이 자신의 목표와 달성 방법을 명확하게 이해하도록 지원하기 위해서 척도 질문, 기적 질문, 미래 페이싱과 같은 다양한 기술을 사용할 수 있다.

해결 중심 코칭은 일반적으로 간단하고 목표지향적이며 고객의 약점이나 문제에 연연하지 않고 고객의 강점과 자원을 구축하는 것에 중점을 둔다. 코치는 고객이 자신의 강점, 자원 및 이전 성공을 정리하도록 돕고, 이것을 원하는 결과를 달성하기 위한 계획을 세우는 기초로 사용할 수 있다.

해결 중심 코칭의 목표는 고객의 강점, 자원 및 목표 달성을 위해 취할 수 있는 단계에 초점을 맞춤으로써 고객이 원하는 결과를 가능한 한 빠르고 효과적으로 달성하도록 돕는 것이다. 문제보다는 해결에 초점을 맞춤으로써 고객이 힘을 얻고 동기를 부여받으며 목표를 달성할 수 있다고 느끼도록 돕는다.

해결 중심 코칭은 개인이나 전문성 개발에 대한 실용적이고 긍정적인 접근 방식을 제공하며 원하는 결과를 달성하기 위해 고객의 강점과 리소스를 구축하는 데 중점을 둔다.

> **? 생각해봅시다**
>
> 1. 당신이 경험한 코칭은 어떤 것들인가요?
> 2. 고객을 대상으로 코칭을 한다면 당신은 어떤 코칭들이 가능할 것으로 생각되나요? 또한, 어떤 코칭에 도전해볼 수 있을까요? 그러기 위해서는 어떤 준비가 필요한가요?

2. 코칭 관련 비즈니스

코칭과 관련한 비즈니스는 다양한 방법으로 이루어지고 있다.

1) 코칭

앞에서 소개한 바와 같이 고객, 주제, 진행 방법 등에 따라 다양한 형태의 코칭이 가능하다.

(1) 종류

비즈니스 코칭, 커리어 코칭, 라이프 코칭, 교육 코칭, 코치 자격을 준비하는 사람들을 위한 멘토 코칭, 안전 관련 코칭, 공익 코칭 등이 있다.

(2) 대상 고객

기업체 대표, 임원, 부서장, 사원. 학생(초/중/고/대), 취업준비자, 전직을 검토하는 사람, 가정주부. 사업가를 포함한 각종 직업인, 군인, 경찰, 소방관, 의료인 등 특수직업인, 외국인 취업자, 외국인 유학생, 다문화 가정 등 다양한 그룹이나 개인이 코칭 대상이 될 수 있다.

2) 코칭 교육

(사)한국코치협회, 코칭 전문기업들, 각종 교육기관, 개인 코치

등이 다양한 형태로 코칭 관련 교육 프로그램을 운영하며, 여기에 참여하여 강의를 할 수 있다.

① 코치들의 역량 강화를 위한 교육은 (사)한국코치협회의 기준에 따라 개발된 기초, 역량, 심화 교육 프로그램들이 여러 코칭 관련 교육기관에서 운영되고 있으며, 여기에 강사로 참여할 수 있다.
② (사)한국코치협회의 인증 프로그램과는 별도로 개별 프로그램을 개발하여 운영할 수 있다. 각종 코칭방법론(대화방법, 소통/경청/질문 방법 등), 코칭 대화법, 가족 코칭, 심리이해, 진단방법, 습관코칭, 상담기법 등과 관련된 다양한 프로그램을 개발하여 강의할 수 있다.
③ 코칭 관련 학과가 있거나 코칭 관련 과목을 강의하는 대학 및 대학원에서의 강의에도 참여할 수 있다.
④ 멘토 코칭(Mento Coaching), 코치더코치(Coach the Coach) 활동 : (사)한국코치협회에서는 코치 자격시험 준비 사항으로 일정 시간 이상의 멘토코칭과 코치더코치를 받아 코칭 역량을 강화하도록 규정하고 있다. 멘토 코칭은 본인보다 상위 자격을 가진 코치에게 코칭을 받는 것이다. 코치더코치는 본인보다 상위 자격을 가진 코치에게 코칭하는 모습을 보여준 후 자신의 역량, 스킬에 대해 피드백(지도) 받는 활동이다. 이러한 활동에 멘토 코치로 참여할 수 있다. 상위 자격을 가진 코치와의 멘토 코칭이나 코치더코치 과정을 통

해 다양한 실제 코칭 사례에 대한 간접적인 경험과 노하우를 배우고, 상위 자격시험 준비를 위한 가이드를 받을 수도 있다. 멘토 코칭과 코치더코치는 개인 코치의 활동으로도 많이 수행되고 있다.

⑤ 코칭 수퍼비전(Coaching Supervision) : 수퍼비전은 코치가 코칭하는 과정을 다른 코치에게 보여주고 코칭 방법, 자세, 태도 등에 대해 점검받는 과정이다. 코치로서 자신의 코칭 방법을 점검하고 보완하는 방법이다. 코칭 수퍼비전은 기업 또는 개인적으로 운영할 수 있다.

3) 인증심사위원

(사)한국코치협회에서 정한 자격규정에 따라 선발되고, 일정한 교육을 받은 후 코치 자격시험 심사위원 또는 교육 프로그램 인증심사위원으로 활동할 수 있다. (사)한국코치협회에서는 코치인증심사위원 지원 자격을 다음과 같이 정하고 있다.

① KSC 또는 KPC 자격 3년 이상(취득일로부터 3년) : (사)한국코치협회 정회원 이상
② 3개 이상의 코칭 펌에서 ACPK 인증 프로그램 100시간 이상의 교육을 이수하였을 것
③ 코칭 실습시간 : 400시간 이상 (실습시간이 많을수록 우대)
  KAC 자격은 교육 인증을 받은 기관에서도 실기시험이 진행

되므로, 해당 교육기관에 소속되어 자격을 갖춘 심사위원으로 활동할 수 있다. 기관 KAC 심사위원의 자격조건은 (사)한국코치협회에서 별도로 정하여 공지하고 있다.

4) 코칭 전문기업(코칭 관련 서비스를 전문적으로 제공하는 기업)

코칭 전문기업들은 전문 코치 또는 파트너 코치들과 함께 기업이나 공공기관, 단체의 코칭이나 교육 프로젝트에 참여하고 있다. 주로 경영자, 임원, 부서장/팀장, 팀원 등을 대상으로 하는 1:1 코칭, 그룹 코칭과 교육 프로그램을 운영한다. 1~2명이 운영하는 소규모 기업들도 있고, 수십 명의 코치들이 함께 참여하는 대형 코칭 전문기업들도 있다.

코칭 전문기업의 고객사인 기업들에서는 코칭 프로젝트에 참여하는 코치들에 대해 전문성을 평가하는 자체 기준을 갖고 있다. 따라서, 코칭 전문기업의 전문 코치나 파트너 코치가 되려면 KPC 또는 PCC 이상의 코치 자격을 요구하는 경우가 많으며, 자신의 역량을 개발하고 발전시키기 위한 꾸준한 학습 노력이 필요하다. 또한 신뢰 관계 유지와 비즈니스 윤리의 준수도 중요하다.

5) 퍼실리테이션

퍼실리테이션은 그룹의 구성원들이 효과적인 기법과 절차에 따라 적극적으로 참여하고, 상호작용을 촉진하여 목적을 달성하도록 돕는 활동을 말한다. 또한 전문성을 갖고 이러한 퍼실리테이션 활동을 능숙하게 해내는 사람을 퍼실리테이터라고 한다.

퍼실리테이션은 그룹의 의사결정을 내리기 위한 활동으로 많이 활용되고 있으며, 그 방법론을 활용하여 그룹코칭을 진행할 수도 있다. 많은 코치들이 퍼실리테이션 방법론을 활용하여 코칭을 진행하거나 퍼실리테이터 활동을 병행하기도 한다.

한국퍼실리테이터협회에서는 규정된 교육과 심사를 통해 퍼실리테이터 자격 인증을 해주고 있다.

> **? 생각해봅시다**
> 1. 당신이 코칭 관련 비즈니스에 참여한다면 어떤 분야에 관심이 있나요?
> 2. 당신은 코칭 관련 비즈니스 중 어떤 분야에 도전해볼 수 있나요?
> 3. 그러한 도전을 하기 위해서는 어떤 준비가 필요한가요?

3. 비즈니스 코칭

1) 비즈니스 코치와 경영

유명한 비즈니스 코치의 사례로 미국의 빌 캠벨 코치가 언급되곤 한다. 캠벨이 코칭한 기업들의 시가총액 합계가 1조 달러를 넘어 그를 '1조 달러의 코치'라고 불렀다. 국내에서도 많은 비즈니스 코치들이 기업과 단체의 리더들을 대상으로 코칭 하며 성장을 지원하고 있다. 비즈니스 코칭의 주요 효과로 조직문화 개선, 리더의 자신감 향상, 객관적 인식 확대, 사업성과 향상, 책임감 증대, 통찰력 확대 등을 들 수 있다.

2) 비즈니스 코칭의 특징

비즈니스 코칭은 다양한 경험을 가진 숙련된 코치가 기술, 성과 및 경력을 발전시키는 데 도움이 되는 코칭을 기업이나 단체의 구성원에게 제공하는 활동이다. 코칭은 기업 구성원의 역량 강화와 문제 해결을 위한 방법의 하나이며, 일반적인 경영교육보다 적용 범위가 넓다.

최고의 코칭은 "전문가"가 고객을 가르치는 것이 아니라 코치와 고객이 파트너십을 갖고 문제를 해결하는 것이다. 고객은 자신이 소속된 조직과 직무의 전문가이며, 코치는 고객이 더 높은 수준의 전문성을 개발할 수 있도록 도와주는 것이다.

코칭은 고객의 성격과 코치의 지식, 기술 및 능력에 따라 달라지는 고도로 개별화된 프로세스이다. 많은 조직이 코칭의 목적과 장점을 경험하면서 크게 성장했고, MZ 세대 직원의 증가로 일부 조직에서는 적극적으로 사내 코칭 문화를 조성하여 세대 간, 직급 간 소통 개선을 위해 노력하고 있다. 중요한 코칭 방법론인 라포 형성, 경청, 인정, 공감, 인식 전환, 고객과 함께 해법 찾기 등은 조직 내에서 다른 사람과 소통하고 관리하고, 성과를 피드백하고, 영향력을 발휘하는 수단으로 그대로 활용할 수 있는 효과적인 방법이기도 하다. 그래서 국내 일부 기업들은 관리자급 간부 직원들에게 코칭 교육과 코치 자격증 취득을 지원하기도 한다.

3) 비즈니스 코칭 진행 방법

(1) 코칭 요구의 발생

비즈니스 코칭의 요구는 주로 회사 내부의 요인을 정리하여 HR 관련 부서가 코칭 전문기업 등에 코칭을 요청하는 형태로 발생한다. 중소기업의 경우는 경영진이 직접 코칭 기업이나 코치에게 코칭을 요청하기도 한다. 외국에서는 새로운 경영자나 임원을 채용하는 경우 일정 기간 전담 비즈니스 코치를 배정하기도 한다. 여기에는 새로 일하는 조직과 담당하는 업무에서 겪을 수 있는 여러 문제점을 신속하고 효과적으로 해결해 가면서 더 좋은 사업성과를 내도록 하려는 기대가 담겨 있다. 기업 리더에 대한 코칭 목적은 대체로 다음과 같다.

  가. 성과 창출을 위해 리더의 관리 및 소통 역량의 향상
  나. 상위 레벨 후보자를 대상으로 한 역량향상
  다. 성과나 관리 역량이 부족한 리더에게 개선 기회 부여

부서장 등 관리자를 대상으로 한 코칭은 주로 성과향상, 소통 개선, 부하 육성, 다른 조직과의 협력 증대, 관리 방법 개선, Work-Life Balance 개선 등의 목적으로 진행된다. 팀 구성원 전체를 대상으로 팀워크 향상을 위한 팀 코칭을 진행하기도 하고, 갈등이 심한 여러 팀의 구성원들이 모두 참여하여 협력 강화

를 위한 그룹 코칭을 진행하기도 한다. 외국 회사로 이직하거나 지사로 이동할 때 국가와 기업의 문화적 차이에 빨리 적응하도록 지원하는 코칭도 있다. 중소기업에서는 비전 및 전략 수립, 사업계획 수립, 경영문제 해결, 소통강화, 조직문화 개선 등을 위한 코칭도 한다. 코칭 요구가 발생하면 개선하고자 하는 문제점, 기대사항, 코칭 목적, 진행 방법, 코칭 비용, 효과평가 방법 등에 대해 기업(고객)과 코치(또는 코칭 전문기업) 간에 사전 협의가 이루어져야 한다.

(2) 진단

코칭 시작 전 필요에 따라 현재 수준 점검을 위한 진단을 하기도 한다. 리더십 개선이 목적인 경우는 리더 개인의 리더십 스타일 관련 진단, 구성원들의 특성 진단, 리더에 대한 관계자나 구성원들의 반응 진단 등 다양한 방법으로 진단하여 주변인의 객관적 시각으로 리더를 바라보는 정보를 제공한다. 조직문화가 대상인 경우는 조직 전체 대상으로 조직문화 진단을 할 수 있고, 팀워크 향상이 목적인 경우는 구성원 개인의 특성이나 기대 수준을 진단할 수도 있다. 해결하려는 주제가 무엇인가에 따라 적절히 진단하면 코칭 진행 방향을 정하고 코칭 효과를 높이는 데 큰 도움이 된다. 코칭 전후에 사전 및 사후 진단하여 성과를 비교 평가하기도 한다.

(3) 코칭의 진행

비즈니스 코칭은 일반적으로 여러 차수로 진행된다. 코칭 효과를 최대로 확실하게 만들고 싶은 코치는 많은 횟수가 필요하고, 기간과 비용이 제한된 기업은 가능한 적은 횟수로 진행하여 큰 효과를 기대하는 경향이 있다. 실제 운영은 1회기부터 12회기 등 다양하며, 수개월이나 년 단위로 계약하여 진행하는 사례도 있다.

코칭 1회차에는 코칭 소개, 코칭계약서 설명 및 서명, 윤리규정 및 그라운드룰 설명, 라포 형성, 코칭 주제 및 목표설정, 진행일정 합의 등이 포함된다. 2회차부터는 1회에서 설정한 코칭 주제와 목표에 따라 코칭 진행하고 다음 코칭 시간까지 고객이 수행할 과제와 실행계획을 정한다.

코칭은 일반적으로 1~2시간 진행되며 이 코칭만으로 성과를 내기는 어렵다. 코칭에서 과제를 설정하면 고객은 다음번 코칭까지 1~2주의 기간에 걸쳐 계획내용을 실행하면서 변화와 성과를 만들게 된다. 이 실행과정을 'Between the Session'이라고 부르거나, 코칭 세션(Coaching Session, C-Session)과 실행 세션(Doing Session, D-Session)으로 구분하여 부르기도 한다. 코치는 코칭과 코칭 사이에 이메일이나 메시지 등 다양한 방법으로 고객이 계획실행에 관심 두도록 지원할 필요가 있다.

종료 코칭에서는 주제와 목표 대비 성과를 정리하고, 종료 후에도 고객이 스스로 실천할 계획을 세우고 실행 의지를 다지도록 한 후 마무리한다.

임원 코칭을 여러 차수 진행하는 동안 팀장 관련 이슈가 발견되면 팀장 대상 추가 코칭을 진행할 수도 있다. 만일 다른 임원과의 협력에 이슈가 있다면 다른 임원이나 팀장들과 함께 그룹 코칭을 진행하여 코칭 성과를 올리는 데 도움을 줄 수도 있다. 상황에 따라서는 관련자들이 모두 참석하는 워크숍을 추가로 진행할 수도 있다.

4) 비즈니스 코치에게 필요한 성장 노력

비즈니스 코칭에서 만나는 고객은 매우 다양하며, 코칭 주제도 사업전략, 연구개발, 구매, 생산, 영업, 마케팅, HR, 조직문화, 개인 생활 등 매우 다양하다. 기업경영 관련 환경, 이슈와 정보들은 계속 변화하고 해마다 새로운 내용들이 계속 발표되고 발전되고 있다. 새로운 용어도 계속 나오고 있다. 비즈니스 코치도 기업 경영자나 임원 등 다양한 활동 경험을 가지면 고객을 이해하고 지원하는 데 도움이 되기도 한다. 또한, 다양하게 발생하는 변화와 새로운 정보에 지속해 관심을 가지고 스스로 학습하고 성장하는 노력을 계속할 필요가 있다.

> **? 생각해봅시다**
> 1. 당신이 비즈니스 코치로 활동한다면 어떤 활동이 가능한가요?
> 2. 그러한 활동을 하기 위해서는 어떤 준비가 필요한가요?
> 3. 가장 먼저 어떤 시도를 해보면 좋을까요?

4. 라이프 코칭

사람은 누구나 행복을 추구하는 욕구가 있다. 산업사회가 발달할수록 개인 또는 관계에서 행복을 추구하는 욕구도 복잡하게 변화해 왔다. Work(일)와 Life(삶)의 균형을 잘 유지하는 것도 이런 욕구의 하나다. 이러한 다양한 욕구에 능동적으로 대처하는 방법으로 라이프 코칭이 많이 활용된다. 라이프 코칭의 주제로 삶의 목적 찾기, 실패나 어려움의 극복, 삶에서 균형 찾기, 가족이나 타인과의 관계 개선, 스트레스 관리, 습관 개선 등 다양한 내용이 포함된다. 산업사회의 발달과 함께 사람의 고민도 증가하고 있어 라이프 코칭에 대한 수요가 계속 증가하고 있다. 국회도서관 소장 자료들에서 라이프 코칭 관련 연관 단어를 검색해보면 다음과 같다.

청소년, 흡연 학생, 비진학 학생, 예비 유아교사, 안정된 노년기, 엄마, 주부의 행복과 삶, 탈북민, 과학기술인 마음 챙김, 운동선수 라이프, 복지단체에서 활용, 피부 관리사, 부부관계, 자녀 인생, 자녀 경쟁력, 인생 설계, 인생 이모작, 건강관리 코칭, 수면 문제, 재무 코칭으로 안정적 미래 설계, 지역사회 인적자원 개발, 일상생활 고민, 개선 동기부여, 습관, 열정, 신앙으로 마음 치유, 워라밸, 행복 연습, 감정 코칭, 성공적인 인생....

라이프 코칭 관련 비즈니스를 하기 위해서는 다음과 같은 것들이 필요하다.

1) 라이프 코치가 되기 위해 필요한 기술

라이프 코칭의 고객들은 대체로 삶 속에서 성장과 개발이 필요한 부분을 가지고 있으며, 그것을 달성하는 방안을 주제로 코칭하게 된다. 라이프 코치는 환자의 감정과 정신건강을 치료하는 심리치료사가 아니며, 중요한 질문을 통해 고객이 미래를 계획할 수 있도록 도와주는 역할을 한다. 라이프 코치가 되려면 코칭 기술과 함께 사업적 마인드, 비용관리, 마케팅, 네트워킹, 창의성, 윤리의식 등과 같은 역량도 필요하다.

2) 자신의 전문 분야 찾기

라이프 코치로서 활동하려면 삶의 주제 전분야를 대상으로 하는 것보다는 특정 분야에 초점을 맞추어 전문성을 개발하는 것이 도움될 수 있다. 라이프 코칭은 리더십, 경력, 개인 개발, 영성, 가족 및 대인관계, 조직, 기타 등의 분야를 대상으로 할 수 있다.

전문성을 찾기 위해서 자신에게 다음과 같은 질문을 해보면 도움이 될 수 있다.

① 다른 사람과 공유할 수 있는 나의 소중한 전문지식은 무엇인가?
② 인생에서 큰 장애를 극복한 경험은 무엇인가? 어떻게 극복했나?
③ 사람들이 일반적으로 어떤 문제들로 나에게 조언을 구하러 오는가?
④ 내가 도움을 받으러 가는 친구, 동료, 가족은 누구인가? 어떤 도움을 받는가?

또한, 직장이나 사회 경험은 중요한 강점이 될 수 있다. 따라서, 자기 경험, 장점, 기술을 정리해보는 것도 도움이 될 수 있다. 예를 들어,

① 강연이나 발표 경험이 많다면 발표 두려움을 극복하는 방법을 코칭할 수 있다.
② 마케팅/브랜딩 경험이 있다면, 중소기업을 대상으로 브랜드 구축이나 마케팅에 대해 코칭할 수 있다.
③ 인사관리 또는 채용 관련 경험이 있다면 취업 희망자들을 대상으로 코칭할 수 있다.
④ 금융 관련 경험이 많다면 재산 증식이나 관리에 대한 코칭이 가능하다.
⑤ 영업 전문가라면 판매나 고객 확대에 대해 코칭할 수 있다.

3) 라이프 코칭 관련 비즈니스 설정

라이프 코칭 사업을 하려면 사업유형을 정해야 한다. 즉, 개인 사업을 할 것인지, 다른 코치와 함께 공동으로 사업할 것인지 등을 정하는 것이다. 이를 위해서는 책임 범위, 각종 비용, 법률, 세금 등에 대해 사전에 검토해 볼 필요가 있다.

4) 라이프 코칭 서비스 및 가격 계획

코칭 비용은 세션당으로 정하거나 기간 별 또는 패키지 단위 등으로 정할 수 있다. 처음 시작할 때는 맞춤형 코칭 패키지를 제시

할 수도 있다. 패키지로 진행하면 고객이 코칭에 더 진지하게 임하고, 일정 기간 코칭을 계속 유지할 수 있다. 계약기간 동안 더 많은 코칭 세션을 진행하면 고객에게 더 많은 도움을 줄 수 있다. 시장 조사도 중요하다. 자격과 경력에 따른 다른 코치의 코칭 비용을 인터넷 홈페이지나 SNS 등에서 사전 조사해 보는 방법도 가능하다.

새로운 고객과 코칭을 시작할 때는 반드시 코칭계약서를 작성해야 분쟁의 소지를 미리 예방할 수 있다. 계약서는 이해하기 쉬운 용어로 작성하고, 고객의 권리와 코치의 요청사항 등을 함께 표현하는 것이 좋다.

정식 코칭 패키지를 소개할 준비가 아직 되어 있지 않다면 지인이나 가족에게 무료 또는 할인된 미니 코칭 세션을 제공하고 초기 입소문 마케팅을 하는 방법도 있다.

5) 온라인 활용

라이프 코칭도 디지털 사업이 될 수 있으며, 디지털 세상에서 존재감을 구축하는 것이 중요하다. 즉, 인터넷 홈페이지나 SNS 등을 활용하는 방법이다.

(1) 인터넷 웹 사이트의 활용

라이프 코칭 웹 사이트에는 다음과 같은 내용을 포함할 수 있다.

① 고객에게 제공하는 서비스의 세부 정보 : 코칭시간, 코칭방

법, 안내문 등
② 코칭 패키지 및 가격 정보
③ 각종 자격 증명, 코칭 수준 및 경험 사례. 잠재 고객에게 신뢰감을 줄 수 있는 내용들
④ 추천 및 소감
⑤ 자신을 소개하는 프로필, 자신을 소개하는 사진과 정보, 고객이 코칭을 통해 얻을 수 있는 혜택과 코치의 강점을 소개하는 짧은 동영상 등
⑥ 전화번호나 이메일 주소 등의 연락처
⑦ 자신의 코칭 프로그램을 소개하는 스마트폰용 앱을 만들고 코칭 프로그램, 활동 프로그램 소개와 함께 코칭이나 라이프 문제에 도움이 되는 정보 제공하기

처음부터 전문적으로 보이기 위해 인터넷 홈페이지를 만드는데 큰 비용을 들일 필요는 없다. 각종 포털 사이트에서 제공하는 블로그, 인터넷 카페, SNS 등 여러 플랫폼에서 제공하는 기본 템플릿들을 활용해도 된다. 우선 새로운 고객을 만나고 입소문을 내는데 시간, 노력, 비용을 집중하는 것이 중요하다. 비용을 들여 웹 사이트를 멋지게 다듬는 것은 일정한 수준에 도달한 후에 해도 된다.

(2) SNS를 사용하여 많은 고객과 접촉하기

SNS는 입소문 마케팅 효과와 팔로워 증가를 위한 강력한 방법이다. 인스타그램, 페이스북, 포털 사이트(블로그, 카페, 밴드) 등

에 계정을 만들고 정기적으로 업데이트하는 코치들이 많다. 고객 특성에 따라 각각의 플랫폼이 다른 효과를 낼 수도 있으므로 특성에 맞는 준비가 필요하다. 코칭 비즈니스 확대를 위해 SNS에서 활용할 수 있는 다양한 아이디어들이 있다.

① 미니 코칭 과정을 만들고 SNS에 홍보하기
인스타그램, 블로그, 카페, 밴드, 카카오톡 등을 활용한다. 카카오톡에는 수십~수백명의 코치들이 참여한 단체방이 여러개 있고, 많은 코치들이 자신의 코칭 및 교육 프로그램을 홍보하는 데 활용하고 있다.

② 해시태그 사용
틈새시장에서 가장 인기 있는 해시태그 단어를 찾고, 그 태그들과 관련된 내용들을 게시한다. 예를 들어 #코칭 #라이프코칭 #개인성장 #습관개선 #미래설계 등으로 표현하는 것이다.

③ 페이스북에서 코칭 관련 그룹 가입하기
많은 코치들이 페이스북의 다양한 그룹들에서 활동하고 있다. 이러한 활동에 참여하면 다른 코치 및 고객들과의 연결할 수 있고, 자신의 프로그램을 홍보할 수도 있다.

④ SNS 채널에 홈페이지의 자료 내용을 소개하여 홈페이지 방문자 늘리기

⑤ 다양한 플랫폼에서의 대화나 활동에 참여하고 자신의 지식과 전문성을 공유하며 존재 알리기

이러한 SNS 활용 전략은 비용이 거의 발생하지 않으므로, 새롭게 비즈니스를 시작하는 코치에게 적합하다.

6) 이메일 마케팅 등을 통한 고객 확대

이메일은 고객 확대를 위한 효과적 수단의 하나이다. 각종 코칭 프로그램이나 코칭 관련 교육, 컨퍼런스 등에 대한 홍보나 안내가 이메일로 많이 전달되고 있다. 그러나, 처음에 고객의 이메일 주소 정보를 확보하려면 많은 노력이 필요하다. 각종 채널을 통해 이메일 정보를 수집하여 잠재 고객에게 광고성 이메일을 보낼 수도 있지만, 코치 윤리와 개인정보보호법을 위반하지 않도록 주의해야 한다. 잠재 고객의 이메일 주소 정보를 얻기 위해 다음과 같은 방법을 사용할 수 있다.

① 짧은 시간의 무료 교육이나 코칭을 이메일로 신청받기(화상회의 활용 등)
② 유용한 무료 자료 제공을 이메일로 신청받기
③ 유용한 정보의 정기적 제공을 이메일로 신청받기

7) 코칭 역량강화

코치는 개인의 성장과 전문성 강화를 위해 지속적으로 노력해야 한다. 이를 위해서는 다음과 같은 방법을 활용할 수 있다.

① (사)한국코치협회 등 기관의 각종 교육 및 활동에 참여 : (사)한국코치협회는 홈페이지 게시, 이메일 안내, 월간 이메일 매거진 등으로 각종 교육 프로그램 정보를 제공하고 있다.
② 대학 및 대학원의 코칭 관련 과정에 진학
③ 코칭 전문기관의 각종 역량강화 교육 프로그램에 참여
④ 코칭 컨퍼런스 또는 워크숍 참여
⑤ 온라인 또는 오프라인 교육이나 세미나 등에 참여
⑥ 코칭 관련 각종 서적, 기사 및 연구 자료 등 읽기 : 개인 학습과 함께 소모임 학습 활동도 많이 운영되고 있다.
⑦ 각종 온라인/오프라인 커뮤니티에 참여하여 교육 기회 찾기
⑧ 경험이 많은 멘토를 찾아 배우기
⑨ 코칭 후 고객에게 피드백을 요청하고 이를 통해 학습하고 보완하기

> **? 생각해봅시다**
>
> 1. 당신이 라이프 코치로 활동한다면 어떤 활동이 가능한가요?
> 2. 그러한 활동을 하기 위해서는 어떤 준비가 필요한가요?
> 3. 가장 먼저 어떤 시도를 해보면 좋을까요?

5. 커리어 코칭 (진로 코칭)

인간은 계속 성장하고 발전하려는 욕구가 있으며, 가치 있는 삶, 자기실현과 성장을 추구한다. 그런 성장과 발전을 추구하는 사람에게 진로나 직업은 매우 중요하다. 직업은 사람의 생계 수단이면서 동시에 생활양식이기도 하다. 개인이 커리어를 통해 성장하려 할 때 나타나는 고민은 학생부터 노년까지 전체 생애를 통해 일어날 수 있다. 커리어 코칭은 개인의 성격이나 배경, 경력, 환경 등을 바탕으로 직업이나 진로, 성장 방향 등의 설정을 대상으로 하는 코칭이다.

1) 커리어 코칭의 대상

커리어 코칭은 직업을 정하려는 학생, 재취업이나 전직을 계획하는 사람, 경력 과정을 설계하는 사람, 제2의 인생을 계획하는 은퇴자 등을 대상으로 진행할 수 있다. 국내에 발표된 커리어 코칭 관련 각종 논문들을 조사해 보면 다음과 같이 다양한 대상들에 관한 연구가 진행되어 왔다.

(1) **초중고등학생** : 지역아동센터 학생, 학업 중단 위기 학생, 보호처분기관 청소년, 특성화고 학생, 대안학교 학생, 저소득층 학생, 운동선수, 빈곤가족 아동, 기독청소년, 조리전공 고등학생, 자유학기제 참여 중학생, 교육복지대상 중학생 등 포함

(2) **대학생** : 여대생, 직업전문학교 학생, 탈북 대학생, 전문대학생, 간호대학생, 중국인 유학생, 아시아 출신 유학생, 체육전공 학생, 장애 대학생 등 포함

(3) **취업 준비생** : 항공사 승무원 취업준비생, 공기업 취업준비생 등 포함

(4) **여성** : 경력단절 기혼여성, 중년기 여성 포함

(5) **실업자, 구직자**

(6) **직장인** : 기업체 팀장, 중간관리자, 전직희망자, 유치원 교사 등 포함

(7) **은퇴자**

2) 커리어 코칭의 진행

(1) 커리어 코칭은 일반적인 코칭 프로세스와 함께 다음의 내용을 필요에 따라 추가하여 진행한다.

① 미션, 비전, 잘하는 것, 좋아하는 것, 자원 탐색, 장래 희망, 직업 로드맵 탐색을 위한 코칭 대화
② 성격, 적성, 가치, 강점, 흥미 등 직업 관련 진단도구 활용
③ 직업군의 특성 및 미래 가능성 관련 정보 조사
④ 취업 관련 정보 조사 또는 조사 방법의 코칭 또는 제공

(2) 커리어 코칭의 진행은 1:1 또는 그룹코칭 형태로 진행할 수 있다.

(3) 기업의 구조조정에 따른 전직자나 은퇴자의 경우는 퇴직 전에 기업에서 커리어 설계 전문가와의 상담을 지원하기도 한다.

3) 커리어 코칭을 위한 진단 방법

커리어 코칭을 위한 진단 방법은 여러 가지가 있으며, 고용노동부와 한국고용정보원에서 운영하는 워크넷(https://www.work.go.kr)에 무료회원 가입을 하면 다음과 같은 20종의 직업심리검사를 무료로 지원받을 수 있어 학교나 커리어 코칭 센터에서 많이 활용하고 있다.

(1) 청소년 심리검사(8종) : 고등학생 적성검사, 직업가치관검사, 청소년 진로발달검사, 초등학생 진로인식검사, 청소년 인성검사, 청소년 직업흥미검사, 중학생 진로적성검사, 직업흥미탐색검사(간편형)

(2) 성인용 심리검사(12종) : 직업선호도검사 S형, 직업선호도검사 L형, 구직준비도검사, 창업적성검사, 직업가치관검사, 영업직무 기본역량검사, IT직무 기본역량검사, 준고령자 직업선호도검사, 대학생 진로준비도검사, 이주민 취업준비도, 중장년 직업역량검사, 성인용 직업적성검사

> **? 생각해봅시다**
>
> 1. 당신이 커리어 코치로 활동한다면 어떤 활동이 가능한가요?
> 2. 그러한 활동을 하기 위해서는 어떤 준비가 필요한가요?
> 3. 가장 먼저 어떤 시도를 해보면 좋을까요?

[출처]

1. 한국퍼실리테이터협회 홈페이지. http://www.facilitators.kr/
2. 에릭 슈미트, 조너선 로젠버그, 앨런 이글, 김민주(역), 이엽(역), '빌 캠벨, 실리콘밸리의 위대한 코치', 2020, 서울: 김영사.

Chapter 08

코칭 사례

다음은 실제 코칭 대화의 사례이다. 코칭 대화의 흐름을 소개하기 위하여 해설을 추가하였으며, 실제 고객과의 대화 내용에 대한 비밀유지를 위해 구체적인 세부 내용은 생략하였음을 밝힌다.

[코칭 시작]

코치 : 안녕하세요? 반갑습니다. 저는 A 코치라고 한다. 지금부터 코칭 대화를 시작할까 하는데 준비가 되셨나요?

고객 : 예, 좋습니다.

> **해설** 코칭 대화를 처음 시작하는 대화로서, 코치를 소개하고 코칭 대화를 시작한다. 다 회기 코칭에서 2 회기부터는 코치 소개 없이 자연스럽게 시작한다.

[호칭 정리]

코치 : 오늘 코칭 대화를 진행하는 동안에 제가 어떻게 불러드리면 편하실까요?

고객 : 김 코치라고 불러 주세요.

> **해설** 코치 소개 이후 고객에 대한 호칭을 먼저 정리한다. 가능하면 고객이 요청한 방법으로 호칭을 정한다. 다만, 불편한 호칭에 대해서는 코치가 다른 제안을 할 수도 있다.

[윤리규정과 비밀유지]

코치 : 네, 김 코치님으로 불러드리겠습니다. 지금부터 우리가 나누는 모든 대화는 (사)한국코치협회 윤리규정과 개인정보보호법을 준수하여 내용에 대해 철저하게 비밀을 보장해 드리겠습니다. 추가로 제가 코칭 수퍼비전을 받기 위해 오늘 코칭 대화를 녹음하고자 하는데, 동의해주실 수 있으신지요?

고객 : 네, 녹음에 동의한다.

코치 : 동의해주셔서 감사한다. 오늘 코치로서 최선을 다할 생각이다. 혹시 대화 진행과 관련하여 제가 김 코치님을 위해 특별히 고려해드려야 할 사항이 있을까요?

고객 : 특별한 것은 없어요. 나중에 진행하다가 생각나는 게 있으면 말씀드리겠습니다.

코치 : 예, 언제든지 편하게 말씀해주시기 바랍니다.

고객 : 네, 잘 알겠습니다.

> **해설** 코치가 고객을 부를 호칭을 재확인한다. 그리고, 윤리규정과 비밀유지에 대해 고지한다. 비밀 유지 관련 소개는 1회기 코칭에서만 하고, 2 회기부터는 생략한다. 실제 코칭에서는 코칭 동의서나 코칭 계약서 내용을 소개하면서 비밀 유지에 관해 설명할 수도 있다. 녹음 관련 승인은 꼭 필요한 경우에 요청할 수 있는 예시이다. 코치의 다짐이나 고객의 요청사항 확인 등도 필요에 따라 포함할 수 있다.

[라포 형성 대화]

코치 : 오늘 토요일인데 하루를 어떻게 시작하셨나요?

고객 : 딸 생일로 가족 모임을 장소에 대한 계획을 세웠네요. 어디 좋은 데가 있는지 인터넷을 검색해봤어요.

코치 : 좋은 데 가서 딸 생일 모임을 잘해주고 싶은 아버지의 마음이 느껴지네요.

고객 : 1년에 한 번 있는 생일이라 잘해주고 싶네요.

코치 : 잘해주고 싶다고 하시는 말씀은 어떤 의미일까요?

고객 : 직장 때문에 딸이 독립해서 살고 있어서 평소에 자주 못 만나니까 그걸 감안해서 생일상이라도 마음을 좀 써주고 싶네요.

코치 : 그러시군요. 평소 자주 못 만나니까, 마음은 있으나 잘해주지 못했던 부분들을 생일 모임을 통해서 의미 있는 시간을 만들어 보시려는 마음이시군요. 오늘 가족들과 좋은 시간을 가지시기 바랍니다.

고객 : 그렇게 말씀해주시니 감사합니다.

> **해설** 라포 형성 대화는 고객이 부담 없이 답할 수 있는 가볍고 편안한 주제로 진행하여 편안하게 대화할 수 있는 분위기를 만드는 것이 좋다. 긍정적인 에너지를 가질 수 있도록 대화를 진행하고, 고객의 강점, 가치관, 삶의 태도, 좋은 점 등에 대한 인정과 칭찬을 포함하면 더 좋다.

[코칭 세션 동의 얻기]

코치 : 그러면 지금부터 코칭을 시작해도 될까요?

고객 : 네, 좋습니다.

> **해설** 코칭 시작에 대해 고객의 동의를 얻는다. 코칭의 시작, 진행, 종료는 고객이 권한을 가진다. 코치는 질문을 통해 고객의 동의를 얻고 코칭을 시작한다.

[코칭 주제 합의]

코치 : 오늘 어떤 이야기를 나눠볼까요?

고객 : 제가 코칭을 하고 있는데, 코칭 진행에 어려움을 겪은 사례가 있어서 이야기를 나눴으면 합니다.

> **해설** 코칭을 위한 개략적인 주제를 파악한다. 주제에 대한 대화를 진행해 가면서 코치는 그 주제로 계속 대화를 진행할지 확인 질문을 하고 코칭 주제를 고객과 합의할 수 있다.

[주제 관련 내용 구체화, 현실 탐색]

코치 : 예, 조금 더 자세히 말씀해 주시겠습니까?

고객 : 제가 기업코칭에 참여하고 있거든요. 6회기 코칭을 하기로 해서, 1회기는 상당히 분위기 좋게 진행되었어요. 고객과 코칭 주제를 같이 설정해 가면서 서로 대화가 잘 진행되었지요. 그리고 1회기와 2회기 사이에 진행할 실행 계획도 잘 수립했어요.

> **해설** 코치는 고객이 언급한 주제에 대해 좀 더 상세한 내용과 의미, 중요성 등을 파악한다. 고객이 언급한 주제가 피상적이거나 고객의 실제 삶과 연결되지 않는 경우, 고객이 문제 해결의 주체가 될 수 없는 경우 등을 감안하여 세부 내용을 파악하는 질문을 진행한다.

코치 : 네
고객 : 그런데, 1회기 며칠 후 회사에서 연락이 와서 제 고객의 평소 모습에서 개선이 필요한 부분을 알려주시면서 이번 코칭에서 반드시 변화가 있었으면 한다고 말씀하시더군요. 제 고객이 평소 다른 부문과 대화와 소통이 잘 안된다고 해요. 중요 업무를 맡고 있어서 먼저 일을 처리해 주어야 하는데, 다른 부문의 요청에 대해 일정이나 결과의 대응이 미흡해서 다른 조직에서 불만이 많다고 하더군요.
코치 : 코칭 시작 전에 그런 정보를 받지 못했나 보군요?
고객 : 네, 받지 못했어요.
코치 : 그러셨군요.
고객 : 사전에 그런 정보를 알았다면 1회기 때 미리 대비를 하고 들어갔을 텐데, 1회기 대화를 편안하게 진행해서 전혀 예상을 못했어요. 저와 대화할 때는 오히려 다른 이유 때문에 소통이 잘 안된다고 했었거든요.
코치 : 그러셨군요.
고객 : 그리고 며칠 전 2회기 코칭을 진행했는데, 고객이 말하는 내용과 회사에서 전달받은 내용 사이에 큰 차이가 있었어요.

코치 : 그래서 어떻게 하셨나요?

고객 : 저는 양쪽의 이야기를 고려하면서 대화를 진행한다고 했는데, 고객은 문제 원인이 자신이 아닌 환경이나 외부에 있다고 하니까 회사와 제 고객 사이에 인식 차이가 크게 느껴지고…

코치 : 정말 어려웠겠어요. 그때 기분이 어떠셨어요?

> **해설** 코치는 사실 확인과 더불어 중요한 상황에 대한 고객의 감정, 기분 등에 대해 질문한다. 감정이나 기분은 고객의 기대, 욕구, 열망으로부터 나오므로 고객의 가치관이나 존재 탐구를 위한 중요 연결 고리가 될 수 있다.

고객 : 처음에는 상당히 당황했죠. 아니 사전에 정보를 좀 제대로 주지, 이제 와서 이런 일이 벌어지다니… 굉장히 당황했어요. 그래도 코치로서 회사와 고객을 위해서 최선을 다해야겠다. 그 고객에게는 마지막 기회가 될 수도 있으니까 최선을 다해야겠다고 생각했어요.

코치 : 회사와 고객에게 최선을 다해야겠다고 생각하셨군요.

> **해설** 코칭 중 고객의 표현에 대한 코치의 요약은 가능한 간단하게 하는 것이 좋다. 코치의 표현이 고객의 생각 연결을 끊지 않도록 주의해야 한다. 코치의 말이 길어질수록 코치의 의도가 개입되고 고객의 생각이 끊어질 가능성이 높아진다.

고객 : 네, 2회기 코칭을 하러 가면서 회사의 시각에 직면시키는 방법도 생각해 보고, 방어적인 반응에 대처할 방법도 생각

해 보고, 개선 방안도 생각하는 등 여러 준비를 해서 코칭에 임했어요.

코치 : 결과가 어떠셨나요?

고객 : 사전에 준비한 대로 잘 안되더군요.

코치 : 그러셨군요. 사전에 준비한 구체적인 내용을 들어볼 수 있을까요?

고객 : 만일 본인이 회사의 시각을 수긍한다면 본인이 상황을 인정하고 알고 있는 거니까 본인 생각과 주변 동료와의 차이 나는 부분에 대해 개선 방안을 다루면 될 거라고 생각했어요. 문제가 나열되면 개선 방안에 대해 대화를 나누고요. 그런데, 고객은 자신은 문제가 없다는 입장을 강력하게 유지하더군요.

코치 : 그러셨군요. 그러면 김 코치님이 두 가지 관점에서 대화를 준비하고 진행한 결과, 김 코치님 자신은 어떤 느낌이 드셨나요?

고객 : 좀 답답했고요.

코치 : 답답했군요.

고객 : 답답했고, 안타깝기도 하고...

코치 : 안타깝고

고객 : 제가 좀 더 강하게 제 생각대로 밀어붙여야 하나 이런 생각이 들기도 했구요. 또 하나 고민되는 부분이 코칭 철학에서 '고객은 무한한 가능성이 있고, 고객 스스로 답을 찾을 수 있다. 거기에 파트너가 되어 주어야 한다'고 했잖아요. 그런

데, 제가 부정적인 측면을 강하게 드러내고 강조할 수밖에 없는 상황이 되어서… 그런 경우는 어떻게 해야할지 제 생각이 정리가 덜 되었다는 생각도 들었구요. 코치로서 배운 것들을 잘 지키면서 역할을 잘하고 있는가에 대한 고민도 들었어요.

코치 : 정말 그럴 수 있겠네요.

고객 : 예, 저는 회사에서 전달한 주변 사람들의 이야기는 객관성이 있다고 생각했었어요.

코치 : 고객 나름대로는 어떤 이유가 있었을까요?

고객 : 모르겠어요. 자세한 내용을 아직 확인하지 못했으니까요.

> **해설** 자신의 생각에만 갇혀 있는 고객에게 다른 관점의 질문을 하여 생각할 여지를 제공할 수 있다.

[이상적인 목표 확인]

코치 : 그러면 이 상황이 이상적으로 잘 해결된 모습을 그려보면 어떻게 생각이 되시나요?

고객 : 네, 고객이 이 상황을 받아 들인다. 주변 사람들의 시각을 객관적으로 받아들이고, 자신이 변해야 할 방향들을 찾아서 계획을 세우고, 실질적으로 변화한다. 자신이 가진 장점은 살리고, 주변의 부정적인 평가 부분은 개선하고 보완해서 회사에서 긍정적으로 인정받는 모습으로 나가면 좋겠어요.

> **해설** 문제를 갖고 있는 고객에게 이상적으로 해결된 모습을 생각하여 정리해보도록 질문하면 고객이 생각을 정리하여 답변하면서 대화가 진행될 방향을 스스로 정리해 가는데 도움이 된다. 문제가 해결된 긍정적인 모습을 생각하면서 해결을 위한 긍정 에너지를 만들어 낼 수 있다.

[오늘 세션의 코칭 목표 설정]

코치 : 음. 그렇게 하기 위해 김 코치님이 노력을 하시는데, 오늘 우리의 코칭 대화를 무엇을 목표로 진행해보면 좋을까요?

고객 : 이제 앞으로 4 회기가 남았잖아요? 그래서 코칭을 어떻게, 어떤 방향으로 진행해 가면 실질적으로 고객한테 도움이 될지 방향성에 대한 아이디어를 얻으면 좋겠어요.

> **해설** 오늘 세션의 코칭 목표를 명확히 하고 대화를 진행해야 한다. 여행 목적지가 어딘지 정하는 것과 같다. 코칭 대화 연습 초기에는 코칭 목표 설정을 빠뜨리는 경우를 흔히 볼 수 있는데, 이것은 여행 목적지가 부산인지 목포인지 정하지 않고 여행의 세부 내용만 고민하는 것과 같다.

코치 : 코칭의 진행 방향성에 대한 아이디어를 얻고 싶어 하시는 군요. 그러면 오늘 코칭 대화가 끝날 때 기대하시는 결과는 어떤 것들이 되면 좋을까요?

고객 : 지금 가장 필요한 것은 다음 3회기 코칭에서 대화 진행 계획인 것 같아요. 오늘 코칭이 끝날 때 그 계획이 세워지면 좋겠네요.

코치 : 그러시군요. 3회기 코칭이 언제인가요?

고객 : 2주 후이다.

> **해설** 오늘 코칭 대화에서 얻을 예상 결과의 내용을 좀 더 구체화해두면 코칭 종료 단계에서 코칭이 제대로 진행되었는지, 누락된 것은 없는지 점검하는데 도움이 된다.

[오늘 세션 코칭 목표 재확인]

코치 : 그러면 어떤 방향으로 이끌어 나갈지, 코칭의 방향성에 대한 아이디어 얻기를 목표로 대화를 진행하면 될까요?

고객 : 네, 좋습니다.

> **해설** 코칭 목표를 재확인하고 코칭 목표에 대해 코치와 고객이 합의하는 단계로서, 코치 자격 실기시험에서 반드시 요구되는 사항이다.

[대안 수립]

코치 : 그러면 고객님이 생각하시는 코칭 철학에 의거해서 그 고객을 바라본다면 코치로서 어떤 작용을 해주면 당황스럽고 답답한 상황을 해소할 수 있을 거라고 기대하시나요?

고객 : 인식 차이를 먼저 좀 줄여야 하지 않을까요?

코치 : 인식 차이요? 그렇게 생각하시는 이유는 뭘까요?

> **해설** 고객이 사용하는 단어나 표현에 대해서는 고객의 정의나 목적을 재확인할 필요가 있다. 많이 사용되는 표현이더라도 고객이 대화 맥락에서 생각한 정의는 코치가 생각하는 정의와 다를 수 있다.

고객 : 네, 인식 차이요. 아까 말씀드렸듯이 제 고객과 그 회사의 다른 사람과의 인식 차이가 있어서, 그것을 정리해야 할 것 같아요. 그런데, 제 고객이 그런 인식 차이가 있다는 것을 이미 들어서 알고 있지 않을까 하는 생각이 드네요. 모를 리가 없을 것 같아요. 크든 작든 무언가 피드백을 들은 게 있을 것 같아요. 그런 상황에 대해 고객은 계속 싸워왔을 수도 있다는 생각이 드네요

코치 : 주위의 피드백에 대해서요?

고객 : 네, 고객이 말했던 내용 중에 타 부분의 업무 요구에 자기 부문이 대응하는 데 리소스나 여건상 어려움이 크다는 내용이 있었어요. 자신은 최대한 맞춰 주려고 노력하고 있지만, 일정을 너무 촉박하게 요구한다든지, 많은 시간이 필요한 내용을 단기간에 검토해서 확정해 달라든지. 누가 해도 불가능한 일을 요구받지만 자신은 최선을 다해서 가능한 수준에서는 대응해 주고 있다고 했었어요. 타 부문과 이 부문의 기대와 입장 차이가 있었어요.

[관점 전화]

코치 : 입장 차이가 있었군요. 그러면 제3 자 입장에서 김 코치님께 질문을 드려볼게요. 지금 김 코치님의 고객 입장과 회사에서 전달한 입장과 내용이 차이가 있어 보이는데, 김 코치님은 그것을 어떻게 받아들이고 있으신가요?

고객 : 지금 코치님의 말씀을 듣고 보니 제가 회사의 입장이 맞다고 생각하여 더 우선적으로 생각하고 있고, 제 고객을 의심하는 눈으로 보고 있는 것 같아요.

> **해설** 고객이 자신의 생각이나 말에 대해 다시 고려해 볼 수 있도록 제3자적 관점의 질문을 할 수 있다.

[관점 재구성]

코치 : 이 상태에서 지금 코치로서 가장 최선을 다해야 할 부분은 무어라고 생각하세요?

고객 : 그렇게 말씀을 들으니까 두 가지 이해관계가 충돌되는 생각이 들어요. 하나는 스폰서인 회사의 성과라는 측면이고, 다른 하나는 제 고객이네요. 회사는 성과를 내기 위해서 제 고객이 변화하기를 바라고 있고, 제 고객은 자기가 열심히 노력을 하고 있지만, 리소스나 여건상 역부족인 상황이고, 그리고 자기 편은 없는 것 같아요. 그리고 코치는 코칭한다고 와서는 회사 입장에서 성과를 내려는 마음으로 전달하고 있는 모습에 대해 상당히 불편해 하고 있을 것 같은 느낌이 드네요.

코치 : 그런 느낌이 드셨군요.

고객 : 네. 코치가 보통은 고객의 편에 서서 고객이 생각을 확장하거나 정리하도록 도움을 준다고 하면, 이번 코칭에서는 제가 회사 편에 서서 고객을 압박하고 있다는 느낌이 드네요.

코치 : 고객을 압박하고 있다는 느낌까지 드셨군요.

고객 : 고객은 자기 코치가 자기 편, 아군이 아닌 적군 같은 느낌을 좀 받았을 것 같아요.

> **해설** 제 3자 관점에서 바라본 후 자신의 관점을 재정리하도록 도와주고 있다. 코치가 고객이 실행할 방향을 지정하는 것이 아니라 고객의 생각에 질문을 함으로써 고객이 자신의 생각과 행동을 설계하도록 도와준다.

[방향 확인]

코치 : 자, 그러면 지금 김 코치님이 그런 느낌이 드셨다면, 오늘 남아 있는 시간에 우리가 어떤 부분에 더 집중해서 이야기를 나누면 좋을까요?

고객 : 일단 코치로서 고객 편에 서서 뭔가를 좀 찾아야 될 것 같아요.

코치 : 고객의 편에 서서요?

고객 : 네, 비록 코칭 비용은 회사가 주지만, 제 고객은 자기 혼자만 세워 놓고 회사와 코치가 같이 뭔가 답을 요구한다고 하면 그 사람의 내면에서 일어난 답을 찾지 못할 수도 있겠다는 생각이 들거든요. 근본적인 답이 아니라 지금까지 하던 어떤 활동을 좀 더 열심히 하겠다는 정도로 끝나지 않을까 하는 생각이 들어요.

> **해설** 코칭의 진행 방향에 대해서 코치가 주도하여 끌고 가지 않고, 고객의 생각과 희망을 확인하고 고객이 결정하는 내용의 대화를 진행한다.

[관점 전환]

코치 : 그렇군요. 그렇다면 회사 입장에 대해서는 어떻게 하면 좋을까요?

고객 : 제 고객의 입장에 대한 회사 상황에 대한 사실 확인도 필요할 것 같아요. 주변 사람 인터뷰를 해보는 것도 좋을 것 같아요.

> **해설** 고객이 생각하고 달려가는 것과 다른 측면도 생각해 볼 수 있도록 코치가 질문한다

[세션 목표 유지 확인]

코치 : 우리가 3회기 코칭 방향성 잡기를 목표로 오늘 대화를 진행해 왔는데요. 지금도 계속 유효한가요?

고객 : 네, 계속 진행하면 좋겠습니다. 3회기를 어떻게 진행할지 약간 답답한 느낌이 드네요.

> **해설** 코칭 대화의 방향성을 중간에 확인하고 점검한다. 이 질문에 답하면서 고객은 자신의 대화 방향의 일관성을 유지할 수 있다. 고객이 세션 목표의 변경을 희망할 수도 있으며, 그때에는 고객과 합의하여 세션 목표를 조정할 수도 있다.

[통찰 질문]

코치 : 그러면 이런 질문을 드려볼게요. 코치는 지금 회사 편을 드는 게 맞을까요? 아니면 고객의 입장에 서주는 게 맞을까요?

고객 : 그러게요. 어려운 질문이네요. 다른 코칭에서는 이런 고민이 필요 없었어요. 고객을 위해서 진행하는 것이 회사를 위한 것이었거든요. 그런데, 이 경우는 제 생각에 고객의 입장을 헤아려야 되는 거 아닌가 하는 생각이 들어요.

> **해설** 코치는 고객의 답변 내용 중 가치가 상충되고 있음을 인지하고 고객이 방향을 정리하도록 통찰 질문을 한다.

[의미 구체화]

코치 : 그렇게 생각하시는 이유는 뭘까요?

고객 : 네, 고객의 편에 서면 고객과 공감을 하면서 대화를 할 수 있을 것 같아요. 지금은 회사에서 제 고객 편에 서서 공감이나 지지를 해주는 사람이 없는 것 같아요. 그러다 보니까 솔직한 자기 입장을 제대로 표현하거나 정리하지 못하는 상황인 것 같아요. 고객 편에서 상황을 다 펼쳐놓고, 당신이 할 수 있는 것과 당신이 할 수 없는 것, 잘하기 위해서 회사가 지원할 내용이 무엇인지, 다른 부문이 해야 할 일이 무엇인지 정리가 필요해 보여요. 그중에 자신이 할 수 있는 것은 무엇이고, 도움을 받을 내용은 무엇인지를 먼저 정리해보면 좋을 것 같아요. 만일 회사의 입장에서만 대화한다면 제 고객은 편하게 자신의 의견을 펼칠 수 없을 것 같아요. 그렇게 정리가 되네요.

> **해설** 이유나 배경에 대한 코치의 질문은 고객의 생각이 타당한지 스스로 생각해 보도록 만들고 고객 자신의 논리를 강화하도록 도울 수 있다.

코치 : 예, 좋습니다. 그러면 고객 편에서 서서 하시겠다는 거군요.
고객 : 네, 고객 편에 서서 하게 되면 나름대로 어떤 상황이라도 정리될 것 같고, 좀 더 의미 있는 실행 계획이 세워질 수 있을 거라는 기대감이 생기네요.

[세부 실행 계획 수립]

코치 : 그 기대감으로 남은 시간에는 3회기를 어떻게 준비하실 건지 잠시 생각해 볼까요?
고객 : 예, 3 회기에서는 그동안의 고객이 겪은 상황과 그때의 느낌들을 자세히 이야기해 보면 좋겠어요. 부정적인 피드백을 받았을 때의 느낌 같은 것도 정리하구요.
코치 : 네
고객 : 그런데 고객이 원하는 게 뭔지를 이야기해 보면 좋을 것 같아요. 정말 자기가 회사를 위해서 열심히 일한다는 건 변함없을 거라는 생각이 들어요. 그 부분을 확인하면서, 잘했을 때의 이상적인 모습을 같이 이야기해 보는 것도 좋을 것 같아요. 그리고, 그 이상적인 모습과 현실의 갭을 얘기해 보고. 그다음에 그 갭을 메울 방안을 누가 어떻게 하면 좋겠

는지. 아, 잠깐. 누가 하는지는 얘기하지 말고, 어떻게 할지 방안들만 먼저 정리해보면 좋을 것 같아요. 그 후에 그 중에서 당신이 할 수 있는 건 뭐고, 다른 사람의 지원이 필요한 건 뭐냐? 이렇게 얘기를 해보면서 지원 필요한 상황들에 대한 구체적인 실행 계획도 이야기해 보면 어떨까 한다.

[통찰]

코치 : 네, 이렇게 3회기 진행에 대해 정리해보시니까 어떤 마음이 드세요?

고객 : 이렇게 하면 고객에게 부정적인 피드백을 하지 않으니까. 문제점을 얘기하는 게 아니고 잘되고자 하는 좋은 모습들을 표현하고 얘기하는 모습이 되서, 방어적이 아닌, 적극적인 자세로 참여해 주지 않을까 그런 기대감이 드네요. 2 회기에서는 상당히 방어적인 태도 때문에 대화가 많이 어려웠거든요.

코치 : 그러셨군요. 이렇게 진행해 보면 적극적인 모습을 기대해 볼 수 있을까요?

고객 : 네, 아무래도 '당신이 잘못했어. 당신 문제야'라는 대화는 상대를 방어적으로 만들 것 같아요.

코치 : 그렇죠

고객 : 그런 측면이 아니고. 그동안 노력한 점을 이제 인정해 주고. 고생 많았다. 그 얼마나 힘들었겠냐? 주변의 그런 상황에도 불구하고 이렇게까지 해온 것은 당신이기에 가능하지

않았겠냐? 이렇게 고생했던 부분을 인정해 주고. 그렇다면 어떻게 하면 좋아지겠냐고 얘기한다면 좀 더 긍정적으로 대화가 가능할 거 같아요.

[인정, 공감]

코치 : 김 코치님의 말씀을 듣고 보니, 제가 그 고객이더라도 그런 마음이 좀 들지 않을까 하는 생각이 드네요.
고객 : 고맙습니다.

[성과 확인]

코치 : 오늘 이렇게 좀 대화를 좀 나눠봤는데요. 기대하셨던 만큼 우리 대화가 진행이 되었다고 생각되시나요?
고객 : 예. 제가 진행할 방향의 계획을 세울 수 있었어요. 조금 더 세부적인 내용은 제가 개인적으로 좀 보완할 수 있을 것 같아요.

[통찰 확인]

코치 : 오늘 대화를 통해서 새롭게 느끼신 거나 발견하신 게 있다면 무엇일까요?
고객 : 아까 질문 주셨었잖아요. 회사 관점에서 코칭을 진행해야 할지, 고객 관점에서 해야할지. 그 질문이 제가 생각을 정리하는데 큰 도움을 준 것 같아요.

[인정, 축하, 실행 계획]

코치 : 그런 깨달음이 있으셨군요. 축하드립니다. 그러면 남은 회기 동안의 코칭은 어떻게 해 나갈 수 있으실 것 같으신가요?

고객 : 예, 제가 확실하게 방향과 중심을 잡고 잘 진행할 수 있을 것 같아요. 고객보다는 회사 편에 더 섰었다는 생각이 들면서 반성을 하게 되네요.

[축하, 응원, 추가 대화 필요성 확인]

코치 : 그런 발견도 축하드립니다. 저도 앞으로 좋은 결과를 기대하고 응원해 드리겠습니다. 더 나누고 싶은 이야기가 있으신가요?

고객 : 아니요. 충분합니다.

[코칭 세션 종료 동의]

코치 : 그러면 이상으로 코칭 대화를 마무리 해도 될까요?

고객 : 네, 감사합니다. 정말 많은 도움이 되었습니다.

에필로그

　오랜 직장 생활에서 은퇴한 후 제2의 인생은 많은 사람들에게 도움을 줄 수 있는 코치가 되기로 결심했었다. 그러나 초반에 길을 잘 몰라 안개 속에서 많은 시간을 보냈다. 유용린 코치님과 과거의 아쉬운 경험에 관한 대화를 나누던 중 같은 상황에 있는 분들에게 도움을 줄 수 있도록 해보자는 제안받고 함께 책을 쓰게 되었다. 코치의 길을 공부하려는 분들에게 조금이라도 도움이 되었으면 한다. 〈강승천〉

　코치 자격을 취득하고 전문 코치로 활동하면서 나름대로 의미 있는 작품을 만들자고 시작한 것이 이렇게 세상 속에 모습을 드러내게 되었다. 그래서 그런지 더 값어치 있어 보인다. 이 책 한 권이면 금방이라도 코치가 될 것 같은 자신감이 생긴다. 코치가 될지 망설이는 분들에게 마음을 결정하는데 도움이 되기를 기대한다. 〈유용린〉